Portugal: Língua e Cultura

Writing Manual and Language Lab Manual

BY

EDUARDO MAYONE DIAS

TOM LATHROP

Drawings by
HAL BARNELL

LinguaText, Ltd.

LinguaText, Ltd.

/11

ED STATES OF AMERICA

Prefácio

THE WRITING MANUAL and Language Lab Manual are contained in this volume. Each lesson starts out with exercises to be written, followed by what you need to do for your lab work.

In the Writing Manual, exercises bear the same number as the structural sections in the book, and page numbers in the manual refer to the pages that the section occupies in the textbook. You will notice by the heft of the book that there is a lot of exercises—too many! We know this, and hope that instructors will pick the exercises that will do you the most good. If you should need to have lots of practice on a certain point, then there are plenty of exercises for that purpose. Some writing manuals in recent years have included a key to the exercises in the back of the book. We feel this is counterproductive and have not used that feature here, although a key has been made available to instructors.

The textbook is filled with lots of natural language. We have used a similar technique here. Not all words in every exercise will be known to you, but these new words will mean what you *think* they mean! This is obviously a challenge, but we think it'll pay off. We also think that you should have a Portuguese-English dictionary, just in case.

The lab program that accompanies *Portugal: Língua e Cultura* starts with a pronunciation exercise, each one dealing with one major sound responsible for the typical North American accent in European Portuguese.

There is then a series of grammatical exercises. Some are fully oral, some are fully written, and some are half-oral and half-written. Some of them are accompanied by drawings so that you can answer questions which are confirmable by the tape. No exercise seen in the textbook or writing manual is duplicated in the lab program, so you will always be doing something fresh in the lab.

Ending each taped lesson is a comprehension text, based on or continuing the cultural information from the book's lesson, and a dictation (given without indication of punctuation).

The language lab is where you go *after* you have thoroughly studied the lesson to practice and master what you have learned. You should be thoroughly familiar with the **Vozes Portuguesas** and the **Leitura**—there are three **Vozes** from the lesson on every tape and the **Leitura** is frequently adapted into a comprehension text.

E.M.D. and T.A.L.

Contents

Lição 1—Caderno de Trabalho
Tenho aula às três!

1. O verbo SER to be, pp. 2-4

1a. Fill in the blanks with a form of SER:

1. Nós _____ americanos.

2. O professor _____ português.

3. Vocês _____ vegetarianos.

4. Ele _____ italiano.

5. Os restaurantes _____ modernos.

6. Lisboa _____ a capital de Portugal.

7. Tu _____ jovem.

8. Elas _____ competentes.

9. Eu _____ optimista.

10. Eles e eu _____ estudantes.

1b. Answer the questions below. Use SIM for yes.

MODELO: Tu és inteligente?
          Sim, eu sou inteligente.

1. Nova Iorque e Chicago são cidades grandes?

_____

2. O professor é americano?

_____

3. Tu és estudante?

_____

4. O apartamento é confortável?

_____

5. Vocês são brasileiros?

_____

6. A cafetaria é moderna?

_____

7. Eles são artistas famosos?

_____

8. Eu sou indiscreta?

_____

Sim, tu estás indiscreta.

9. As câmaras de vídeo são japonesas?

_____

Sim, as câmaras de vídeo são japonesas.

10. O senhor doutor é psiquiatra?

_____

Sim, eu sou psiquiatra.

1c. After each sentence write **certo** for true or **errado** for false.

1. Berlim é a capital da Holanda. _____

2. O,-a professor,-a de Português é simpático,-a. _____

3. O elefante é um réptil. _____

4. Telavive e Haifa são em Israel. _____

5. Eu sou professor de Microbiologia. _____

6. Leonardo da Vinci e Rafael são artistas chineses. _____

7. O hipopótamo é um insecto. _____

8. Nós somos alunos da Universidade de Lisboa. _____

9. Os Estados Unidos são uma nação africana. _____

10. A Columbia Britânica e o Ontário são províncias canadianas. _____

2. O que é isto? pp. 4-9

2a. Use **um** or **uma** before each of the following words:

_um_ prédio		_um_ homem		_um_ caderno	
_um_ lápis		_um_ envelope		_um_ giz	
uma caneta		_uma_ pasta		_uma_ porta	
uma chave		_uma_ mulher		_uma_ mesa	

2b. Write MASCULINA or FEMININA aftere each of the following words:

1. flauta _feminina_

2. carro _masculina_

3. professor _masculina_

4. rapaz _masculina_

5. título _masculina_

6. toalha _femenina_

7. janela _femenina_   9. cinema _feminina_

8. palácio _masculina_   10. identidade _feminina_

3. É um livro; é o livro de Português, pp. 9-12

3a. Answer the question "O que é isto?" according to the model:

MODELO: O que é isto? livro de Cálculo / É o livro de Cálculo.
           O que é isto? gramática de Português / É a gramática de Português.

O que é isto?

1. dicionário de Italiano

É o dicionário de Italiano

2. Hospital de Cardiologia

É o hospital de Cardiologia

3. mapa de Portugal

É o mapa de Portugal

4. caderno de Psicologia

É o caderno de Psicologia

5. Faculdade de Odontologia

É a Faculdade de Odontologia

6. Departamento de Música

É o Departamento de Música

7. Escola Superior de Medicina Veterinária

É a Escola Superior de Medicina Veterinária

8. laboratório de Física

É o laboratório de Física

9. Federação Nacional de Futebol

É a Federação Nacional de Futebol

10. estação de rádio

É a estação de rádio

3b. Is the gender of the article **certo** or **errado**? If correct, write **certo**. If incorrect, correct.

1. a mar _errado O mar_   4. as cinemas _errado os cinemas_

2. o hotel _certo_   5. o composição _errado a composição_

3. o projector _errado certo_   6. os possibilidades _certo_

7. a garagem _Certo_

8. o pão _certo_

9. a nome _O nome_

10. as chaves _certo_

4. Uso da preposição DE: posse ou origem, pp. 12-18

4a. Fill in the blanks with **de** or an appropriate contraction:

1. O estetoscópio é _____ Dr. Francisco Ribeiro.

2. O campus _____ Universidade é enorme.

3. O carro _____ professora é japonês.

4. A sala _____ apartamento não é grande.

5. A capital _____ Estados Unidos é Washington, D.C..

6. O clima _____ Portugal é moderado.

7. Nós somos _____ cidade pequena.

8. É a casa _____ amigos americanos.

9. O ginásio _____ alunas é moderno.

10. La Paz é a capital _____ país sul-americano.

4b. Answer the following questions with a complete sentence. You may have to use contractions. Feel free to use your imagination.

De onde é/são ...

1. o director do Departamento de Linguas Modernas?

_____

2. o,-a professor,-a de Português?

_____

3. os Forty-Niners?

_____

4. a Polícia Montada?

_____

5. os cangurus?

_____

6. o Presidente dos Estados Unidos?

_____

7. os alunos do curso de Português?

_____

8. os *mariachis*?

_____

9. o Presidente do Brasil?

_____

10. a Ana Mafalda?

_____

4c. Complete the following sentences according to the model. You must always use **de, do, da, dos** or **das**. Remember that Portugal, Israel and Cuba do not take the definite article.

MODELO: O Pelé (Brasil)   *copies*
                O Pelé é do Brasil

1. A professora (Argentina)

_____

2. O Alípio (Portugal)

_____

3. O artista (Filipinas)

_____

4. A pianista (Itália)

_____

5. Fidel Castro (Cuba)

_____

6. A secretária (Estados Unidos)

_____

5. O futebolista (México)

_____

6. A psicóloga (Holanda)

_____

7. O cientista (Israel)

_____

8. O Sr. Suzuki (Japão)

_____

9. A nova aluna (Nigéria)

_____

5. Um verbo importante: TER, pp. 18-20

5a. Answer with a complete sentence. You may use your imagination.

1. Tu tens um milhão de dólares no banco?

2. Vocês têm uma aula de Árabe?

3. O,-a professor,-a de Português tem um Ferrari?

4. Os Estados Unidos têm colónias em África?

5. O Presidente da República Portuguesa tem uma família grande?

6. A Orquestra Sinfónica de Lisboa tem prestígio?

7. O laboratório de Biologia tem bons microscópios?

8. Vocês têm dicionários de português-inglês?

9. O Algarve tem muitos hotéis?

10. O Restaurante Atlântico, no Funchal, tem ar condicionado?

5b. Use the following elements and a form of **ter** to write original sentences:

1. Lisboa e Porto/museus.

2. Nós/aula de Astronomia.

3. Vocês/computador?

4. Eu/apartamento.

5. O senhor/carro?

6. O director da firma/salário?

7. A Áustria/indústrias?

_____

8. Portugal/colónias.

_____

9. A Bélgica e a Holanda/fronteiras/ com?

_____

10. Tu/cassetes?

_____

6. Dias e números, pp. 20-23

6a. Assume that today is Monday, the tenth of the month. Complete the following sentences using the correct names for the days of the week:

1. Hoje é _____, dia dez [10].

2. A consulta com o dentista é _____, dia treze [13].

3. A festa é _____, dia quinze [15].

4. O exame de Português é amanhã, _____, dia onze [11].

5. O jogo de futebol é _____, dia catorze [14].

6. O concerto é _____, dia doze [12].

7. O piquenique é _____, dia dezasseis [16]

6b. Write in full. Use **e** or **mais** (+), **menos** (-), **vezes** (x), **dividido por** (÷), and **são** (for plural numbers) or **é** (=) (for 1).

MODELO: 2 x 3 = 6 Duas vezes três são seis.
  5 - 4 = 1 Cinco menos quatro é um.

1. 5 x 2 = 10
Cinco vezes dois são dez

2. 3 + 3 = 6
tres mais tres são seis

3. 9 - 8 = 1
nove menos oito é um

4. 8 ÷ 2 = 4
eighto dividido por dois são quarta

5. 3 x 3 = 9

três vezes três são nove

6. 2 x 2 = 4

dois vezes dois são quatro

7. 5 - 3 = 2

cinco menos três são duas

8. 6 + 2 = 8

seis mais dois são oito

9. 9 ÷ 3 = 3

nove dividido por três são três

10. 6 - 4 = 2

seis menos quarto são duas

6c. Jorge, a Portuguese seven-year old, is very bad at arithmetic. Here are some calculations he made. Write **certo** or **errado** after each, and correct those that are wrong.

1. Quatro vezes dois são oito.

certo

2. Três vezes dois são sete.

errado/Três vezes dois são seis

3. Oito menos seis são três.

errado/Oito menos seis são duas

4. Cinco e cinco são dez.

certo

5. Três vezes três são seis.

errado/Três vezes três são nove

6. Oito dividido por dois são cinco.

errado/Oito dividido por dois são quatro

7. Sete menos quatro são quatro.

errado/Sete menos quatro são três

8. Quatro e cinco são sete.

errado/Quatro e cinco são nove

9. Nove dividido por três são três.

_____*certo*_____

10. Oito menos seis é um.

___*errando/Oito menos seis são duas*_____

6d. Fill in the blanks with the correct ordinal number:

1. "O *terceiro*_____ [3rd] Homem" é um filme clássico de Orson Welles.

2. Filipe *segundo*_____ [2nd] é o pai de Filipe III.

3. A *quinta*_____ [5th] Emenda à Constituição é muito importante.

4. O _*primeiro*____ [1st] de Maio é o Dia do Trabalho na Europa.

5. D. João *quarto*_____ [4th] é o primeiro rei da dinastia de Bragança.

6. O presente do verbo **ir** aparece na *sétima*_____ [7th] lição do livro.

7. O Porto é a _*segunda*____ [2nd] cidade portuguesa.

8. A _*nona*_____ [9th] Sinfonia de Beethoven é muito famosa.

9. O _*quinto*____ [5th] livro do Antigo Testamento é o Deuteronómio.

10. Qual é o _*oitavo*____ [8th] Mandamento?

Instantâneos portugueses—O traje académico

O traje tradicional dos estudantes das universidades portuguesas, usado somente em ocasiões cerimoniais, consiste numa capa, batina, gravata e calças (ou saia) negras e uma camisa branca. A batina é frequentemente adornada com vários emblemas. Este traje é um vestígio do tempo em que a universidade era controlada pela Igreja e os estudantes se vestiam como clérigos. Ainda no século dezanove usavam um colarinho branco, como os sacerdotes de hoje, em vez da camisa e gravata.

ainda still	**colarinho** collar	**gravata** necktie	**somente** only
batina long coat	**como** like	**hoje** today	**tempo** time
branca white	**em vez da** instead of	**Igreja** Church	**traje** dress
calças pants	**era** was	**negras** black	**usado** worn
camisa shirt	**este** this	**sacerdotes** priests	**usavam** used to wear
capa cape	**estudantes** students	**saia** skirt	**vários** several
clérigos clerics		**século** century	**vestiam** used to dress

Complete the following sentences:

1. O traje académico é usado somente em _____.

2. Os estudantes usam uma camisa _____ e uma gravata, capa e batina _____.

3. A batina é frequentemente adornada com _____.

4. Este traje é um vestígio dos tempos em que _____.

5. Nesse tempo os estudantes vestiam-se como _____.

6. Ainda no século dezanove os estudantes usavam um _____.

Um problema de palavras cruzadas

Horizontais:
1. A Susan é aluna da Universidade de ____; ____ é a abreviatura de *anno domini*
2. ____ é a abreviatura do estado de Pensilvânia; ____ é o oposto de **não**
3. ____ é mais informal do que **você**; ____ é a primeira sílaba de **trabalho**
4. ____ é a primeira sílaba de **miúdo**; ____ e Abel são filhos de Adão e Eva
5. ____ é o oposto de **tudo**; ____ são as iniciais de **Sociedade Anónima**
6. No gabinete o director do Departamento tem uma secretária, três cadeiras e dois ____; ____ é a abreviatura de **post-scriptum**
7. ____ são as vogais *vowels* de **rude**; ____ é o oposto de **bom**

Verticais:
1. As aulas de Português são na Faculdade de ____; a abreviatura de **telefone** é ____
2. Os canadianos falam inglês ____ francês; **do, re,** ____
3. As iniciais de Serviço Postal são ____; a primeira sílaba de **festa** é ____
4. O traje tradicional dos estudantes portugueses consiste em capa e ____; as três primeiras letras de **Europa** são ____
5. O plural de **rua** é ____; o ____ Sam é o símbolo nacional dos Estados Unidos
6. A colega da Susan é a ____ Maria; as iniciais de **Ministério da Educação** são ____
7. O traje tradicional dos estudantes portugueses inclui uma ____ negra; as iniciais do Partido

8. Uma semana tem _____ dias; o _____ é um famoso instituto técnico em Massachusetts
9. A Susan está presentemente _____ Lisboa; _____! é uma exclamação portuguesa; o _____ Norte é muito frio
10. Eu tenho um _____ de texto de português; as duas primeiras consoantes de **classe** são _____

Comunista são _____
8. O feminino de **os** é _____; na esplanada do Campo Grande a Susan toma um _____
9. O fundador da Universidade portuguesa é o rei Dom _____; **ele** em francês é _____
10. A capital de Moçambique é _____

Exercícios suplementares

A. Look at the photo and write **certo** or **plausível**; or **errado** or **implausível** after each sentence:

1. A esplanada é em Tóquio. _____

2. O nome do café é Nicola. _____

3. Na esplanada servem Coca-Cola. _____

4. Os clientes são todos italianos. _____

5. Os empregados são simpáticos. _____

6. Na esplanada servem *margaritas*. _____

7. Os clientes são todos estudantes. _____

8. Na esplanada não têm Sumol de ananás. _____

9. A esplanada é no Campo Grande.

10. Lisboa tem muitas esplanadas. _____

B. Look at the two maps and then answer the following questions:

1. Com que país Portugal tem fronteira?

_____

2. Portugal tem costa atlântica ou mediterrânica?

_____

3. Quantas províncias tem Portugal?

_____

4. Quantas províncias não têm costa?

_____

5. A província do Minho é no Norte ou no Sul?

_____

6. Qual é a província mais ao Sul?

_____

7. O Ribatejo é no Norte, no Centro ou no Sul de Portugal?

_____

8. Em que província é Lisboa?

_____

C. Look at the two maps and then answer the following questions:

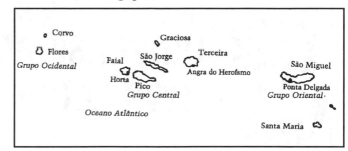

1. A Madeira e os Açores são no Mar Mediterrâneo?

_____

2. Quantas ilhas tem o Arquipélago da Madeira?

_____

3. Qual é a cidade mais importante do arquipelago?

_____

4. As Ilhas Desertas são habitadas?

_____

5. Quantas ilhas tem o Arquipélago dos Açores?

_____

6. Quantas ilhas tem o Grupo Central?

_____

7. Qual é a ilha mais a Oeste?

_____

8. Qual é a ilha mais a Este?

_____

9. Em que ilha é Ponta Delgada?

_____

10. Em que ilhas são respectivamente Angra do Heroísmo e a Horta?

_____

D. Mark the most appropriate answer:

UNIVERSIDADE DOS AÇORES

DEPARTAMENTOS
- Biologia
- Ciências Agrárias
- Ciências de Educação
- Ciências Tecnológicas e Desenvolvimento
- Economia e Gestão
- Geociências
- História, Filosofia e Ciências Sociais
- Línguas e Literaturas Modernas
- Matemática
- Oceanografia e Pescas

CURSOS
Licenciatura em Ensino:
- Biologia/Geologia
- História/Ciências Sociais
- História/Filosofia
- Português/Francês
- Português/Inglês
- Matemática

Licenciatura em:
- Biologia
- Engenharia Agrícola
- Engenharia Zootécnica
- Engenharia Civil (dois primeiros anos)
- Engenharia Mecânica (dois primeiros anos)
- Organização e Gestão de Empresas
- História
- Estudos Portugueses e Franceses
- Estudos Portugueses e Ingleses
- Matemática
- Matemática e Informática

PUBLICAÇÕES
- Actas de Congressos
- Obras sobre Antero (Obras Completas)
Nemésio, Fernando Pessoa
- Revista Arquipélago (várias séries)
(Existe catálogo de obras publicado)

ENDEREÇOS
PONTA DELGADA
Rua da Mãe de Deus / 9500 Ponta Delgada / Telef.: (096) 65 31 55 / Telex: 8 21 15 / Telefax: (096) 65 36 70
ANGRA DO HEROÍSMO
Pólo da Terra Chã / 9700 Angra do Heroísmo / Telef.: (095) 3 11 11/12/15 / Telefax: (095) 3 26 05
HORTA
Departamento de Oceanografia e Pescas
Pólo da Horta / 9900 Horta / Telef.: (092) 2 29 44 / Telefax: (092) 2 26 59

A Universidade dos Açores tem

1. Departamentos de a. Arqueologia, Filosofia Medieval e História Africana b. Engenharia Naval, Estudos Latino-Americanos e Educação Física c. Economia e Gestão *Business Administration*, Ciências Agrárias e Matemática

2. Cursos de Licenciatura em Ensino de a. Chinês/Japonês b. História/Ciências Sociais c. Geografia Física /Geografia Humana

3. Licenciaturas em a. Matemática e Informática *Computer Science* b. Antropologia e Sociologia c. Medicina Veterinária

4. publicações de obras *works* sobre a. William Shakespeare b. Upton Sinclair c. Fernando Pessoa

5. um Departamento de Oceanografia e Pescas *Fisheries* na cidade a. da Horta b. de Lisboa c. do Rio de Janeiro

Lição 1—Laboratório
Tenho aula às três

I. Pronúncia: Vogais nasais

An oral vowel, like all English vowels, is one that is produced through your open mouth. A nasal vowel is produced through both your mouth and your nose. Listen to the difference between oral and nasal vowels:

Oral	*Nasal*
lá	lã
vi	vim
sou	som
nu	num

A vowel is nasalized whenever an **m** or an **n** plus another consonant follow it, or, in the case of **a** and **o**. when a tilde is above it: **ã, õ**. In Portuguese, all vowels can be nasalized, no matter where they fall in a word:

aberrante	mente	extinto	bondade	abundante
antipático	depende	labirinto	conta	fecunda
António	horrenda	seguinte	fonte	mundo
bastante	sempre	lindo	bombeiro	junto
brilhante	tempo	limpa	interrompe	pergunta

Vozes portuguesas—Países de língua portuguesa
You will hear the first **voz** from the lesson twice. Write the missing words.

A _____ portuguesa tem hoje um grande _____ de falantes pois

além de Portugal e do Brasil há _____ outros países em África onde ela

_____ o estatuto de língua oficial. Esses cinco _____ são

constituídos por ilhas, as _____ de São Tomé e Príncipe e de Cabo

_____, e pela Guiné-Bissau, Angola e Moçambique.

II: O verbo SER

Look at persons and places below. The tape will ask about them at random. Find the item asked about and give an appropriate description. You will have to supply the correct form of **ser**.

MODELO: (tape) O João?
(student) O João é português.
(confirmation) O João é português.
(repetition) O João é português.

Portugal ... na Europa.	O João... português	Vocês... estudantes.
Eu... estudante.	Tu... competente.	O restaurante... moderno.
Nós... inteligentes	O professor... rico.	O senhor... médico.
	ela... americana.	

Vozes portuguesas—As condições para entrar na Universidade

You will hear the second **voz** from the lesson twice. It is transcribed in your manual, but some words are missing. Write the missing words.

Para entrar na Universidade o _____ primeiro tem que ter boas notas nos últimos _____ anos do liceu. Depois tem que _____ uma prova de aferição que consiste na _____ que se deu durante o _____ ano do liceu. Depois temos que fazer as _____ específicas. Por exemplo eu, para _____ Portugueses, tive que fazer a prova de Literatura _____ e de Português. E são essas coisinhas todas _____, somadas, que dão uma nota total.

III. O que é isto?

Look at the numbered drawings in each set and identify each item in the order asked by the tape. Again, after you give your response, the tape will confirm or correct it, then you repeat the confirmed or corrected answer.

MODELO: (tape) O que é isto. Number nine.
(student) É uma janela.
(confirmation) É uma janela.
(repetition) É uma janela.

set 1:

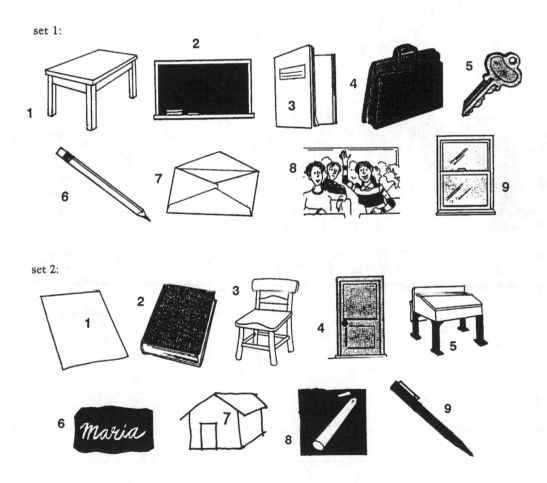

set 2:

IV. É a aula da Maria

Using the drawings, first identify what the object is, then state whose object it is or what it pertains to as identified by the tag. Follow the model and be sure to repeat the confirmed or corrected response.

MODELO: (tape) O que é isto?
(student) É um giz; é o giz do professor.
(confirmation) É um giz; é o giz do professor.
(repetition) É um giz; é o giz do professor.

Written section:

1. _____

2. _____

3. _____

4. _____

Vozes portuguesas—O curso de Geografia
Some of the words below are different from those that you will hear. Circle them.

Existem as aulas obrigatórias e as opções. No nosso curso, no primeiro ano não há nenhuma opção, é tudo obrigatório, No terceiro ano há uma opção. No curso de Geologia só existem duas aulas teóricas que são Geografia Política teórica e Geografia Humana científica. E depois dessas duas também tem exames. E as outras são teórico-práticas.

V. O verbo TER.
In this exercise, look at the list of people below and what they have. The tape will ask who has a certain item, and you will answer using that person as the subject of the verb **ter**.

MODELO: (tape) Quem tem um carro novo?
(student) Eu tenho um carro novo.
(confirmation) Eu tenho um carro novo.
(repetition) Eu tenho um carro novo.

eu = **carro novo**

José = **casa em Lisboa**

nós = **amigos portugueses**

ela = **caderno amarelo**

vocês = **família simpática**

eu = **bicicleta**

você = **apartamento em Cascais**

Susana = **cinco dólares**

VI. Ditado.
You will hear this dictation three times. The first time, just listen attentively. The second time, write what you hear during the pauses. The third time it will be read with no pauses so that you can verify your work.

_____

_____

_____

_____

_____

Lição 2—Caderno de Trabalho
Olha, vamos ao cinema.

1. Cumprimentos e expressões úteis, pp. 27-29

1. Look at the list of expressions on pp. 27-28 and write what one would normally say in Portuguese in the following situations:

1. You meet a friend in the morning.

_____

2. You run into a classmate in the afternoon.

_____

3. You decide to go to bed.

_____

4. Your professor responds to your "Como está?."

_____

5. You didn't understand what the professor said.

_____

6. Somebody asks you "Qual é a capital de Ruanda-Burundi?."

_____

7. Your professor comments on your answer "O autor de *Macbeth* é Shakespeare."

_____

8. Your friend responds to your "Muito obrigado."

_____

9. You don't know how to say *steak* in Portuguese.

_____

10. You bump into somebody.

_____

11. You can't understand when somebody talks too fast.

_____

12. Your mother receives a birthday gift from you.

_____

13. Somebody asks what your name is.

_____

14. Your professor wants you to open your book.

_____

15. Your host asks you to take a seat.

_____

16. You spilled your coffee on someone's lap.

_____

17. You want to pass between two people.

_____

18. Someone apologizes to you.

_____

19. You are introduced to someone.

_____

20. You agree with what someone says.

_____

2. O adjectivo—a descrição, pp. 29-36

2a. Complete the sentences with a suitable adjective from the list below. Make the adjective feminine or plural when necessary.

alto	burro	fácil	grande	pobre
antigo	caro	famoso	importante	rico
baixo	chato	feio	interessante	sério
barato	difícil	gordo	jovem	simpático
bonito	engraçado		pequeno	velho

1. A universidade portuguesa é __velha__.

2. Nova Iorque é uma cidade __bonita__.

3. Os filmes portugueses não são __engraçados__.

4. Os Rockefellers são __ricos__.

5. Os meus amigos são todos __bonitos__.

6. O meu computador é __antigo__.

7. Os meus professores de Português são __simpáticos__.

8. O Coliseu de Roma é __grande__.

9. A família Kennedy é __interessante__.

10. A música americana é __chata__.

11. A arte chinesa é _____.

12. O meu curso de Português é _____.

13. As casas japonesas são _____.

14. Os automóveis americanos são _____.

15. Alguns restaurantes americanos são _____.

16. O estado de Rhode Island é _____.

17. O Texas é _____.

18. O meu dentista é _____.

19. Os Alfa-Romeo são _____.

20. San Francisco é _____.

2b. Correct the following sentences (it's OK to scratch out and write over):

1. Os jóqueis são geralmente altos.

2. O **rock** é uma música antiga.

3. Um Cadillac é um carro barato.

4. O Empire State Building é um edifício baixo.

5. Os estudantes são geralmente ricos.

6. A China é pequena.

7. Os produtos Gucci são usados pela gente pobre.

8. Os lutadores de **sumo** são fracos.

9. A 5ª Avenida em Nova Iorque é curta.

10. Verdi é um compositor húngaro.

11. A Susan é velha.

12. O McDonald's serve comida cara.

2c. Complete with the name of a color.

1. No dia de São Patrício usamos roupa _____.

2. A cor associada com o comunismo é o _____.

3. O presidente dos Estados Unidos reside na Casa _____.

4. A febre *fever* _____ é uma epidemia terrível.

5. A África é o Continente _____.

6. O Danúbio _____ é uma música famosa.

2d. Change the adjective to make the sentence logical:

1. Vancouver é uma cidade coreana.

2. Os elefantes são animais pequenos.

3. Luís de Camões é um poeta israelita..

4. Os alunos da Universidade são todos milionários..

5. O hipopótamo é um animal norte-americano.

6. A Casa Branca é um edifício novo.

7. Luís XV é um rei ~~espanhol~~. *França*

8. O **filet mignon** é um prato *dish* ~~barato~~. *caro*

9. "Bom dia" é uma expressão japonesa.

10. O tango é uma música filipina.

11. O Canadá é uma país africano.

12. A Metafísica é um curso fácil.

13. *Cannery Row* é um romance *novel* mau.

14. Os **tacos** são um prato brasileiro.

15. A bandeira *flag* americana é amarela, verde e preta.

3. Intensificação do adjectivo, p. 36

3a. Answer the following questions using intensifiers:

1. A China é um país minúsculo?

_____

2. O Partido Comunista americano é um partido muito importante?

_____

3. O Mónaco é um país grande?

_____

4. O Waldorf Astoria é um hotel barato?

_____

5. A música *rock* portuguesa é muito popular na América?

_____

3b. Using adjectives and intensifiers from this lesson, write ten sentences describing your friends, techers, states, cities, natural phenomena, musicians, or what-have-you.

1. _____

2. _____

3. _____

4. _____

5. _____

6. _____

7. _____

8. _____

9. _____

10. _____

4. Mais sobre perguntas, pp. 37-38

4a. Make up questions for the following answers:

1. _____ ?
É muito simpática.

2. _____ ?
É o Professor Sampaio.

3. _____ ?
São a Susan e a Ana Maria.

4. _____ ?
É o livro de Português da Susan.

5. _____ ?
São a Faculdade de Letras e a Faculdade de Medicina.

4b. Make the following questions more emphatic by inverting the word order:
1. A Susan é americana?

_____

2. A Ana Maria é aluna de Filosofia?

_____

3. A Susan tem muitas aulas?

_____

4. Onde é a Faculdade de Letras?

_____

5. Como são os professores do curso para estrangeiros?

_____

5. "Tu és estudante. És um estudante aplicado," p. 39

5a. Complete the following sentences with an indefinite article, the noun in parentheses and a suitable adjective.

1. A Dra. Clara é (oftalmologista)

_____

2. O Dr. Freitas é (veterinário)

_____

3. O João é (carpinteiro)

_____

4. A Sandra é (estudante)

_____

5. A Luísa e a Helena são (secretárias)

_____

6. O Sr. Mendes e o Sr. Pereira são (funcionários)

_____

7. O Carlos é (barítono)

_____

8. A Olga é (arquitecta)

_____

9. A D. Madalena é (professora)

_____

10. O Coronel Fontes (oficial)

_____

5b. Now write five original sentences of the same type.

1. _____

2. _____

3. _____

4. _____

5. _____

6. Verbos do primeiro grupo -AR, pp. 39-44

6a. Complete with a suitable verb form:

1. Os meus amigos _____ num banco.

2. Nós _____ a fruta no supermercado.

3. Eles _____ violino muito bem.

4. Vocês _____ espanhol?

5. Este semestre eu _____ Matemática.

6. A Susan _____ numa casa antiga.

7. Ele _____ muito café.

8. Nós _____sempre com o cartão de crédito.

9. Elas _____ voleibol na Universidade.

10. Quantos cigarros _____ tu por dia?

6b. Answer the following questions:

1. O teu professor de Português fala muito depressa?

_____

2. A Susan e o James falam bem português?

_____

3. Vocês falam alemão?

_____

4. Os Australianos falam inglês?

_____

5. Tu jogas basquetebol?

_____

6. Os Portugueses jogam futebol americano?

_____

7. Quantas horas por dia estudas tu?

_____

8. Além besides do Português, que mais estudas?

_____

9. Vocês moram num apartamento?

_____

10. Onde mora agora a Susan?

_____

11. O teu pai trabalha muito?

Si, o meu pai trabalha muito.

12. Onde trabalham o Dr. Meneses e a Dra. Susana?

O Dr. Meneses e a Dra. Susana trabalha não hospital.

6c. Answer the following questions with complete sentences using the word in parentheses and a suitable preposition:

1. O que é que a Teresa chama ao Miguel? (idiota)

_____

2. Onde é que o bandido entra? (banco)

_____

3. Onde é que os turistam chegam? (aeroporto)

_____

4. Onde é que o médico entra? (hospital)

_____

5. Onde é que os alunos chegam? (Universidade)

_____

6d. Form complete sentences using proper prepositions after the verb.

1. os Italianos/gostar/ópera

_____

2. Eu/precisar/carro novo

_____

3. os alunos de Geografia/olhar/mapa

_____

4. o submarino/chegar/porto

_____

5. o público/entrar/cinema

_____

7. The impesonal SE, pp. 44-46

7a. Change the sentences below to an impersonal SE construction.

1. Na Áustria falam alemão.

_____

2. Na Bélgica falam duas línguas.

_____

3. Na Universidade não ensinam holandês.

_____

4. Ensinam francês e espanhol na escola secundária.

_____

5. Em que ano estudam Trigonometria?

_____

6. Na escola primária não estudam logaritmos.

_____

7. Não trabalham ao domingo.

_____

8. Trabalham muito nesta firma.

_____

7b. Translate:

1. Where can one find a bank?

_____

2. How does one play this instrument?

_____

3. When does one work here?

_____

4. Where is Portuguese spoken?

_____

5. When does one play basketball?

_____

8. Dois verbos importantes: IR, VIR, pp. 46-49

8a. Answer the questions below with short sentences.

MODELO: Vais muito ao cinema?
          Vou, sim. [or] Não vou, não.

1. Os teus amigos vão muito a bares?

_____

2. Vais ao México em Setembro?

_____

3. Vocês vão ao cinema ao sábado?

_____

4. Elas vão ao concerto de *rock*?

_____

5. Tu vais ao museu hoje?

_____

8b. Fill in the blanks with a suitable form of **vir**.

1. A Susan _____ à esplanada.   4. Eu _____ no domingo.

2. Tu _____ à aula todos os dias?   5. Eles _____ à festa.

3. Vocês _____ de automóvel?

9. O futuro com IR e VIR, pp. 49-50

9a. What will these people do on Sunday?

   MODELO: Carlos. No domingo o Carlos vai lavar o carro/estudar História/ver televisão, etc.

1. Eu _____

2. Nós _____

3. A professora _____

4. Os meus amigos _____

5. as senhoras _____

9b. Make up questions for the following answers:

1. _____ ?
Venho fazer o exame.

2. _____ ?
Não, a Susan não vem estudar com o James.

3. _____ ?
Vêm jogar futebol no domingo.

4. _____ ?
Vimos comprar fruta.

5. _____ ?
Sim, a polícia vem investigar o crime.

Instantâneos Portugueses—Café, sempre café

Os Portugueses gostam muito de café. Ao pequeno almoço tomam geralmente pão com manteiga e uma ou duas chávenas de café com leite. Depois do almoço e do jantar também tomam muitas vezes um café. No café[a] é costume pedir uma bica ou um garoto.[b] Para acompanhar um bolo ou uma sanduíche tomam frequentemente um galão. Os mais furiosos bebedores de café preferem uma italiana, isto é, uma bica muito mais forte.[c] Quase sempre os Portugueses deitam muito açúcar no café - é quase açúcar com café em vez de café com açúcar![d]

NOTES:
[a] If you go to a café you may have an expresso at an inside table, at the counter or at a sidewalk table. In several places the price increases in that order. Black coffee is never served in large cups, like in the United States, except for breakfast. In some cafés you may sometimes see people chatting, writing or reading a book or a newspaper for a long time. Portuguese uses the same word for *coffee* and *café*.
[b] In Northern Portugal you should order respectively **um café** and **um pingo**.
[c] On the other hand, you may be tempted to order **um carioca**, a watery expresso.
[d] Per capita annual sugar consumption in Portugal is almost 72 pounds. In cafés milk is brought to the table with a sugar package at the side.

acompanhar accompany	**depois** after	**jantar** dinner	**pedir** order
açúcar sugar	**em vez de** instead of	**leite** milk	**pequeno almoço**
almoço lunch	**galão** glass of coffee	**mais** most	breakfast
bebedores drinkers	and milk	**manteiga** butter	**quase** almost
bica expresso	**garoto** expresso	**muitas** many	**sempre** always
bolo pastry	with milk	**muito** a lot	**também** also
chávenas cups	**geralmente** generally	**ou** or	**tomam** have
costume usual	**italiana** a very strong	**pão** bread	**vezes** times
deitam put	expresso	**para** to	

According to the text, all the following statements are false. Correct them.
1. Os Portugueses detestam café.

_____

2. Ao pequeno almoço os Portugueses tomam geralmente chocolate e *croissants*.

_____

3. Depois do almoço e do jantar os Portugueses tomam frequentemente leite.

_____

4. No café os Portugueses tomam muitas vezes uma chávena de chá ou um Nescafé.

_____

5. Um galão são 3,75 litros de café com leite.

_____

6. Os Portugueses tomam geralmente um galão para acompanhar uma salada.

_____

Um problema de palavras cruzadas

Horizontais:

1. Em Portugal os filmes não são ____
2. ____ é a primeira sílaba de **Ricardo**; ____ é o masculino de **ela**
3. A ____ é um animal que dá leite; ____ é a abreviatura de **Note Bem**
4. Uma pistola é uma ____
5. O ____ Sousa é um bom ortopedista; um ____ tem 365 dias
6. A Susan pergunta se eles vão tomar o ____
7. As duas últimas letras de **tio** são ____
8. O ____ é um bom jornal português; o Jorge é o namorado ____ Ana Maria
9. O masculino de **as** é ____; ____ são as três últimas letras de **casa**
10. É mais ____ ir de metro do que de autocarro; um flamingo não é um réptil, é uma ____

Verticais:

1. A Susan ____ poder entender um filme em português; os Portugueses costumam ____ muito açúcar no café
2. ____ são as duas primeiras letras de **Rússia**; a Susan ____ um computador para poder escrever os seus trabalhos
3. O Jorge sugere ir tomar uma ____ antes do cinema; ____ é uma marca de refrigerantes nos Estados Unidos
4. O ____ de Triunfo é um famoso monumento de Paris; a função da polícia é manter a ____
5. A Faculdade de Letras não tem ____ condicionado; a primeira sílaba de **China** é ____
6. Os amigos chamam ____ à Leopoldina; um buldogue é um ____
7. O Mississippi e o Colorado são ____ norte-americanos
8. ____ os estudantes têm dinheiro vão a um restaurante elegante; um Porsche é um carro ____; as iniciais de Alcoólicos Anónimos são ____
9. A Susan, a Ana Maria e o Jorge vão tomar café ____ bar do cinema
10. A Ana Maria prefere ir no ____ e não de autocarro; alguns alunos da Faculdade preferem estudar no ____

Exercícios Suplementares

A. Look at the movie ticket Susan bought and answer the following questions:

NOTES:

Portuguese movie theaters have numbered seats. Normally there are three **sessões** (sing. **sessão**) *showings* in the afternoon. Often there is a ten minute intermission in the middle of the main feature.

"O IVA" (Imposto ao Valor Agregado) is the Value Added Tax, more or less the equivalent of the sales tax in the U.S.

1. A que cinema vai a Susan?

_____

2. O São Jorge tem quatro salas. Em qual delas exibem o filme que eles vão ver?

_____

3. Ela vai ao cinema numa segunda ou numa terça-feira?

_____

4. A que sessão vai ela? À segunda ou à terceira **matinée**?

_____

5. Em que fila é o lugar da Susan? Qual é o número do assento?

_____

6. O bilhete custa 300 escudos?

_____

7. O IVA está incluído?

_____

8. A Susan deve conservar o bilhete até ao final do espectáculo?

_____

B. Answer the following questions:

1. **O Pai da Noiva**, no São Jorge, com Steve Martin, é um filme português?

_____

2. **O Amante**, no Condes, com Jean-Jacques Annaud, é um filme americano?

_____

3. Em Portugal os filmes são dobrados?

_____

4. Os Portugueses preferem geralmente filmes nacionais ou estrangeiros?

_____

5. Os filmes portugueses são muito populares na América?

_____

Nome_____ Data_____ Aula_____

C. All the following sentences are incorrect. Correct them.

NOTE:
    Estoril is a town near Lisbon, noted for its casino and international atmosphere.

1. O festival de jazz é em Lisboa.

_____

2. O festival é em dois lugares diferentes: o Auditório do Estoril e o Teatro Municipal.

_____

3. Os espectáculos são às dez horas da manhã.

_____

4. Os espectáculos são em Agosto.

_____

5. O trio de Joe Henderson actua a 8 de Julho.

_____

6. Os "Golden Men of Jazz" são dirigidos por Glen Miller.

_____

7. A orquestra de J.J. Johnson tem dez músicos.

_____

E. Mark the correct answer:

1. A Brasileira do Chiado é um café em a. Madrid b. Lisboa c. Budapeste
2. Nas mesas os clientes a. conversam b. fazem ioga c. usam um computador
3. Ao balcão *bar* os clientes tomam a. uma bica b. champanhe c. Dr. Pepper
4. A Brasileira do Chiado é um café a. bastante antigo b. bastante moderno c. ultramoderno
5. Na Brasileira do Chiado encontravam-se grandes nomes das letras, como por exemplo a. Charles Dickens b. Jean-Paul Sartre c. Fernando Pessoa

G. **Certo** or **errado**? If **errado**, correct.

O Sr. Sousa...

1. está em casa.

_____

2. gosta de café e de bolos.

_____

3. fuma cachimbo *pipe*.

_____

4. tem dezoito anos.

_____

5. usa lentes de contacto.

_____

Lição 2—Laboratório
Olha, vamos ao cinema.

I. Pronúncia: O *r* português

In English there is virtually the exact same sound as the Portuguese **r** between vowels and with some consonants—it's just spelled differently. The English equivalent of the Portuguese single **r** is the single or double **t** or **d** between vowels. When you repeat the English examples below, notice how the underlined letters sound:

ge<u>t</u> up	dea<u>d</u> end
a<u>tt</u>ic	chow<u>d</u>er
ma<u>tt</u>er	fo<u>dd</u>er
bu<u>tt</u>er	la<u>dd</u>er

Now repeat the Portuguese words using the English sound of **t**'s and **d**'s that you already know:

editorial	restaurante	espera
para	barato	varia
cadeira	universitário	caloiro
decoração	amarelo	literatura
auditório	geral	estrangeiro
plural	careca	agora

The single **r** after most consonants, such as those in the examples that follow, is also pronounced the same way:

brilhante	presidente	frigorífico
frito	professor	lúgubre
outro	sobre	imperatriz
pobre	trabalho	matrimónio
grama	África	emigrante
Braga	equilibro	tigre

Vozes portuguesas—Os cafés ontem e hoje

Write in the missing words. The **Voz** will be repeated once.

Ainda se faz _____ bastante vida de café, embora com características totalmente _____. Antigamente, digamos, era quase obrigatório ir a um café, ter um _____com um amigo, conversar sobre várias coisas. Agora praticamente só se vai lá para _____ qualquer coisa, comer uma coisinha rápida porque também não se pode estar muito _____ com a vida activa que existe.

II. Cumprimentos e expressões úteis

Look at the selections below and listen to the situations given by the tape. What should you say in each situation?

MODELO: (tape) You see your Portuguese professor in the hall of the administration building. You say:

        a. Obrigado.
        b. Bom dia, senhor professor.
        c. Outra vez.

(student) Bom dia, senhor professor.
(confirmation) Bom dia, senhor professor.
(repetition) Bom dia, senhor professor.

1.   a. Muito bem, obrigado.
       b. Tudo bem?
       c. Com licença.

2.   a. Não compreendo.
       b. Desculpe!
       c. Até logo.

3.   a. Vá ao quadro.
       b. Boa noite.
       c. Tudo bem, e tu?

4.   a. Olá.
       b. Não sei.
       c. Fale mais devagar.

5.   a. Comecem agora.
       b. De nada.
       c. Repita, por favor.

6.   a. Escute bem!
       b. Está certo.
       c. Tenho uma pergunta.

7.   a. Compreende?
       b. Como vai?
       c. Tudo bem, e tu?

8.   a. Como está o senhor, professor?
       b. Decsulpe!
       c. Como se diz *marmelade*?

9.   a. Não faz mal.
       b. Até amanhã.
       c. Repita, por favor.

10.   a. Comece agora.
       b. De nada.
       c. Tchau!

III. O adjectivo

Restate the sentences, substituting the suggested noun for the one in the model. Remember to repeat the confirmed or corrected response.

MODELO: (tape) A casa é branca — o prédio.
(student) O prédio é branco.
(confirmation) O prédio é branco.
(repetition) O prédio é branco.

Write the solutions to the last five:

1. _____

2. _____

3. _____

4. _____

5. _____

Vozes portuguesas—Onde estudar

You will hear the **voz** twice. Circle the words below that don't correspond to what is said.

Eu estudo em casa e na Universidade, prefiro. Mas acho que há casos em que os estudantes estudam em conjunto, nas residências. Existem também bares, mas é os alunos mais inteligentes... Aqui não existem cafés baratos, fora das Faculdades. É preciso ir muito longe. Ali em baixo no Campo Pequeno é que existem bares.

IV. Opiniões contrárias

You and your friend have different opinions about everything. Your friend makes a statement and you say the opposite.

MODELO: (tape) A aula é interessante!
(student) A aula é chata!
(confirmation) A aula é chata!
(repetition) A aula é chata!

Write the last four items:

1. _____

2. _____

3. _____

4. _____

V. A intensificação do adjectivo.

Write answers to the four questions asked on the tape. Make sure you use an intensification word in your answer.

MODELO: É grande a Rússia?   *Sim, é muito grande.* _____

1. _____

2. _____

3. _____

4. _____

Vozes portuguesas—Cafés famosos de antigamente

The **voz** will be said twice. This time there will be more than one word missing for you to write in.

Eu penso que o café antigamente tinha um _____

importante. Foi nos cafés, nalguns _____ como o Martinho

da Arcada ou a Brasileira do Chiado que se encontravam _____

das artes e das letras que não só iam tomar _____ mas

também discutir assuntos importantíssimos de literatura e não só.

VI. «Tu és estudante: és um estudante aplicado»

Answer the questions, following the model, using both the noun and the suggested adjective.

MODELO: (tape) O Alberto é estudante. É pobre?
(student) Sim, é um estudante pobre.
(confirmation) Sim, é um estudante pobre.
(repetition) Sim, é um estudante pobre.

VII. Verbos do primeiro grupo

An infinitive will be given, followed by a subject. Repeat the subject and put the verb in the corresponding form:

MODELO: (tape) Estudar — eu
(student) Eu estudo
(confirmation) Eu estudo
(repetition) Eu estudo

VIII. Dois verbos importantes: IR E VIR

Look at information below for cues that you need to answer the questions. In the first section, if the question asks **para onde?** answer with **para**; if it asks **onde** just answer with **a**.

MODELO: (tape) Onde é que ela vai? (Ela? à banca de jornais)
(student) Vai à banca de jornais.
(confirmation) Vai à banca de jornais.
(repetition) Vai à banca de jornais.

Ir
1. O professor? Lisboa
2. Os estudantes? Santarém.
3. Tu? A capital.
4. Vocês? O cinema.
5. Eu? As aulas.

Vir
1. a Joana? Setúbal.
2. o Gilberto? A Madeira.
3. Você? A casa.
4. Vocês? O mercado.
5. Ele? A padaria.

Written Section:

1. _____

2. _____

IX. O futuro com IR

Again, using cues form the manual, say what you and others are going to do. The questions will be in the present tense, but you'll answer with the future with **ir**.

MODELO: (tape) Quando é que eles chegam? [amanhã]
(student) Vão chegar amanhã.
(confirmation) Vão chegar amanhã.
(repetition) Vão chegar amanhã.

1. hoje
2. amanhã
3. cálculo

4. um cafezinho.
5. iogurte
6. na universidade
7. um filme novo

8. exercícios chatos
9. Julho
10. o livro e um lápis.

Written Section:

1. _____

2. _____

3. _____

X. Texto de compreensão: Depois das aulas

Listen to the comprehension text and write answers to questions asked about it.

1. _____

2. _____

3. _____

4. _____

X. Ditado.

You will hear this dictation three times. The first time, just listen attentively. The second time, write what you hear during the pauses. The third time it will be read with no pauses so that you can verify your work.

_____

_____

_____

_____

_____

_____

_____

Lição 3—Caderno de Trabalho
"Susan, vou agora ao supermercado."

1. Respostas curtas, p. 54

1a. Answer the questions.

      MODELO: Falas francês?
                   Falo, sim.

1. Tens um lápis? _____

2. És canadiano? _____

3. Vocês são alunos de Geografia? _____

4. A professora tem um carro azul?_____

5. Eles trabalham muito? _____

6. Jogas futebol? _____

7. Há um café aqui? _____

8. Ele toca piano bem? _____

9. Temos tempo? _____

10. Elas têm o livro? _____

1b. Answer the same questions negatively.

      MODELO: Falas francês?
                   Não falo, não.

1. _____   6. _____

2. _____   7. _____

3. _____   8. _____

4. _____   9. _____

5. _____   10._____

2. Vamos fazer compras? pp. 55-61

2a. Mark the proper choice:

1. Compramos sabonete a. na mercearia b. na padaria c. na livraria
2. Compramos tomates a. na sapataria b. no fotógrafo c. no supermercado
3. No lugar de fruta compramos a. óculos b. bananas c. aspirina
4. Na padaria têm a. pão caseiro b. dicionários c. perfume
5. Compramos o *Diário de Notícias* a. no barbeiro b. no sapateiro c. na banca de jornais
6. Na papelaria têm a. canetas b. pistolas c. *pizza*
7. Na mercearia compramos a. ovos b. *jeans* c. rádios
8. Na perfumaria compramos a. iogurte b. loção c. sapatos
9. Na farmácia têm a. alface b. presunto c. penicilina
10. Na livraria compramos a. vinho do Porto b. leite condensado c. livros de texto

2b. Provide proper questions for the following answers:

1 _____ ?
Não, não compro na livraria. Compro na banca de jornais.

2 _____ ?
Não, na fotografia não compro. Compro na farmácia.

3 _____ ?
Não, não compramos na mercearia. Compramos na padaria.

4 _____ ?
Não, não compram no supermercado. Compram na croissanteria.

5 _____ ?
Não, na sapataria não compramos. Compramos na tabacaria.

2c. Answer the following questions:

1. Tu compras a tua comida no supermercado?

_____

2. Em que supermercado é que tu fazes compras?

_____

3. Onde é que os teus amigos compram os seus livros?

_____

4. Onde é que a tua mãe compra aspirina e vitaminas?

_____

5. A Susan compra o **Diário de Notícias** num alfarrabista?

_____

6. Onde é que ela compra o **New York Times**?

_____

7. Porque é que nas charcutarias não há batatas, pimentos ou brócolos?

_____

8. Onde é que as tuas amigas compram perfume e cosméticos?

_____

9. Onde é possível entregar um rolo de fotografias para revelar?

_____

10. Onde é possível tirar fotografias para passaporte?

_____

2d. Circle the correct answer.

Qual destes produtos **não** se pode comprar...
 1. num lugar de fruta? Papaias, peras, melões, películas
 2. num supermercado? Batatas, detergente, dinamite, fruta
 3. num mercado público? Sardinhas, bananas, telefones celulares, alface
 4. num quiosque de jornais: o *Expresso*, *Das Kapital* de Karl Marx, o *Correio da Manhã*, o *Diário de Notícias*
 5. numa fotografia? Películas, filtros, tomates, lentes
 6. numa cafetaria? Sanduíches, bolos, Coca-Cola, sapatos
 7. numa papelaria? Cadernos, iogurte, agendas, lápis
 8. numa mercearia? Arroz, feijão, pijamas, margarina
 9. numa loja de mobílias: Insecticida, mesas, sofás, cadeiras
10. numa charcutaria: Salame, presunto, queijo, calculadoras

2e. Quando quero comprar...

1. queijo vou a a. uma mercearia b. uma livraria c. uma tabacaria d. uma agência de venda de automóveis
2. água de colónia vou a a. uma sapataria b. uma fotografia c. uma perfumaria d. uma croissanteria
3. uma caneta vou a a. uma discoteca b. uma agência funerária c. uma padaria d. uma papelaria
4. leite condensado vou a a. um bar b. um supermercado c. um salão de beleza d. um pronto--a-vestir
5. pensos rápidos vou a a. uma farmácia b. um restaurante c. um banco d. uma peixaria

3. O plural dos substantivos e dos adjectivos, pp. 61-64
3a. Write the plural form of the following words:

camarão _____	coronel _____
superior _____	missão _____
responsável _____	avião _____
habitação _____	vez _____
alemão _____	lápis _____
espanhol _____	fóssil _____
irmão _____	impossível _____
oração _____	civil _____
tubarão _____	simples _____
solúvel _____	senhor _____
incrível _____	jardim _____
salão _____	viagem _____
posição _____	hotel _____
inspector _____	comissão _____
dor _____	batalhão _____
limão _____	homem _____
especial _____	luz _____
coração _____	provável _____
razão _____	mão _____

3b. Complete with a plural form:

1. A companhia teatral é composta por 23 _____.

2. Na Universidade tem 8 000 estudantes e 324 _____.

3. O Vítor e a Aida não são velhos. São _____.

4. Bach e Wagner são compositores _____.

5. Estes médicos trabalham em clínicas e em _____.

6. Os uniformes da polícia não são verdes. São _____.

7. Os exames não são fáceis. São muito _____.

8. O Juan e a Carmen são de Sevilha. Eles são _____.

9. Em Las Vegas há espectáculos em muitos casinos e _____.

10. Na base aérea há muitos helicópteros e _____.

11. Ai, ai, ai! Depois do acidente tenho muitas _____.

12. A Rosa Maria vai à padaria comprar dois _____.

13. São 50 pessoas: 25 _____ e 24 _____.

14. Eles não são italianos. São de Paris. São _____.

14. Eu tenho duas irmãs e dois _____.

15. **Portugal: Língua e Cultura** tem vinte _____.

5. Porque? e Porque

5a. Answer the questions according to the model.

MODELO: A D. Madalena não come carne. Porquê? (ser vegetariana)
Porque é vegetariana.

1. O Sr. Cunha não mora numa casa elegante. Porquê? (ser pobre)

_____

2. A Susan vai de metro para a Faculdade. Porquê? (não ter carro)

_____

3. O Carlos tem sempre notas baixas. Porquê? (não estudar muito)

_____

4. A D. Alice está todo o dia em casa. Porquê? (não trabalhar)

_____

5. A Teresa tem uma aula de Anatomia. Porquê? (estudar Medicina)

_____

6. Tu não tomas café. Porquê? (não gostar)

_____

7. A professora já não usa óculos. Porquê? (agora usar lentes de contacto)

_____

8. A D. Ester não faz compras na charcutaria. Porquê? (ser muito cara)

_____

9. Esta universidade não tem o curso de Engenharia. Porquê? (ser muito pequena)

_____

10. A D. Luísa nunca compra camarão. Porquê? (ser alérgica ao marisco)

_____

11.Vocês não vão à festa. Porquê? (ter muito que estudar)

_____

12. Tu vais ligar o ar condicionado. Porquê? (ter muito calor)

_____

13. Vocês compram o **Público** todos os dias. Porquê? (ser um bom jornal)

_____

14. Ela vai à praia amanhã. Porquê? (amanhã não haver aulas)

_____
_____

5b. Make up questions to fit the following answers:

1. _____ ?
Porque não tenho tempo.

2. _____ ?
Porque não temos dinheiro.

3. _____ ?
Porque tenho um teste amanhã.

4. _____ ?
Porque lá é mais barato.

5. _____ ?
Porque é mais conveniente pagar com cartão de crédito.

6. _____ ?
Porque ela é francesa.

7. _____ ?
Porque um apartamento é menos caro que uma casa.

8. _____ ?
Porque eles precisam de ajuda.

9. _____ ?
Porque os carros japoneses são bons.

10. _____ ?
Porque tem muita cafeína.

6. Mais verbos seguidos por uma preposição, pp. 68-71

6a. Answer the questions according to the model.
MODELO: Porque é que ela não quer *pizza* agora? [comer um *hamburger*]
        Porque **acaba de** comer um *hamburger*.

Porque é que...

número)

_____

2. os futebolistas estão desapontados? (perder o jogo *lose the game*)

_____

3. vocês não telefonam à Susan? (conversar com ela)

_____

4. tu não queres ir ao cinema com eles? (ver esse filme)

_____

5. não compras fiambre? (comprar ontem)

_____

6b. Complete the sentences according to the model.
    MODELO: Esta carta tem muitos erros. (eu-escrever)
              Eu **volto a** escrever.

1. A Ana Maria não atende o telefone. (nós-telefonar)

_____

2. Os alunos não compreendem a explicação. (professora-explicar)

_____

3. O meu irmão entornou *spilled* o café todo. (eu-fazer)

_____

4. O carro ainda está sujo *dirty*. (eles-lavar *wash*)

_____

5. Eles perderam *lost* a carta. (tu-escrever?)

_____

6c. Complete the sentences with a form of **ter vontade de**.
1. O Jorge é muito indolente. Ele nunca

_____

2. Vamos ao cinema?

_____

3. Já é muito tarde. Não

_____

4. A Marta tem um excelente apetite. Ela sempre

_____

5. Esta noite vou visitar meus os amigos.

_____

6e. Translate:
1. Did you study the verbs again?

_____

2. He just called on the telephone.

_____

3. She has to buy bread.

_____

4. I have to finish this exercise!

_____

5. Do you feel like helping with the dinner?

_____

6. We don't feel like writing the composition again.

_____

7. «Vejo o Sr. Andrade. Como está, Sr. Andrade?»

7. Fill in the blanks with an article whenever necessary.

1. Aquele é _____ General Macedo. "Bom dia, _____ General Macedo."

2. _____ Sr. Soares entra no restaurante. "Esta mesa, _____ Sr. Soares?"

3. _____ D. Elvira compra sapatos. "Paga com cheque, _____ D. Elvira?"

4. _____ Padre Sousa encontra um amigo. "Tem missa hoje, _____ Padre Sousa?"

5. _____ Dr. Ferreira atende um paciente. "Tenho uma terrível dor de estômago, _____ Dr. Ferreira."

Instantâneos portugueses—Em toda a parte há feiras

De Norte a Sul de Portugal é possível encontrar feiras mensais ou semanais em pequenas cidades e vilas. Aí compramos fruta, hortaliça, às vezes peixe ou aves vivas, louça e muitos outros artigos. Também existem feiras de gado, onde se vendem bois, vacas, cavalos, mulas, porcos e outros animais. Em Lisboa, duas vezes por semana, tem lugar a Feira da Ladra,[a] onde as pessoas compram velharias e roupa barata. A Feira de Barcelos, que se realiza todas as quintas-feiras, é muito famosa. Lá encontramos galos de Barcelos[b] de vários tamanhos.

NOTES:
    [a] The Feira da Ladra, a sort of swap meet, takes place at the Campo de Santana on Tuesdays and Saturdays.
    [b] Barcelos is located in the province of Minho, in Northern Portugal. The colorful clay Barcelos rooster has in recent years become the unofficial symbol of Portugal. There is an ancient legend that may explain how this rooster became so popular. It is said that a man had unjustly been sentenced to be hanged. Desperate to prove his innocence, he asked to be seen by the judge. When he was received, the judge was having his dinner, a roast chicken. The man then said that to prove he was not guilty, the rooster would get up and crow vibrantly. And, according to the legend, that was precisely what the rooster did, saving the poor man from the gallows.

aí there	**feiras** fairs	**pessoas** people	**tamanhos** sizes
artigos articles	**gado** livestock	**porcos** pigs	**toda a parte** everywhere
aves fowl	**galos** roosters	**realiza** takes place	**todas** every
barata cheap	**hortaliça** vegetables	**roupa** clothing	**vacas** cows
bois oxen	**louça** pottery	**semana** week	**velharias** old things
cavalos horses	**lugar** place	**semanais** weekly	**vilas** small towns
compramos buy	**mensais** monthly	**sul** south	**vivas** live

All the following statements are false. Correct them:

1. A Susan encontra feiras só no centro das grandes cidades.

_____

2. As feiras portuguesas são sempre diárias.

_____

3. Quando a Susan vai a uma feira ela compra lá perfumes franceses e cosméticos caros.

_____

4. Nas feiras de gado vendem-se hipopótamos, crocodilos e girafas.

_____

5. A Feira da Ladra tem lugar todos os dias no Porto.

_____

6. Na Feira da Ladra é possível comprar quadros de Picasso.

_____

7. A Feira de Barcelos tem lugar todos os domingos.

_____

8. O galo de Barcelos é típico da arte popular italiana.

_____

Um problema de palavras cruzadas

	1	2	3	4	5	6	7	8	9	10
1									▓	
2			▓	▓			▓			
3									▓	
4	▓					▓		▓		
5						▓				
6		▓				▓			▓	▓
7				▓			▓			
8	▓						▓			
9								▓		
10		▓								

Horizontais:

1. No supermercado a D. Fernanda usa um ____ para transportar as compras

2. ____ é a terminação da maioria dos verbos portugueses; ____ é a contracção de **de** e **o**; em inglês "mentira" é ____

3. A D. Fernanda considera ____ comprar sempre peixe fresco

4. A D. Fernanda compra _____ porque vai fazer uma omelete hoje; as iniciais de **Corpo Diplomático** são ____

5. Um ____ é um antigo imperador russo; a Susan agora mora ____ Lisboa

6. O ____ é o Presidente da República

7. A abreviatura de **Senhor** é ____; a D. Fernanda não fala inglês ____ não há problema porque a Susan fala bem português; o Estoril é na Costa do ____

8. ____ é uma forma do verbo **imolar**; dois artistas juntos formam um ____

9. O **Público** é um dos mais prestigiosos ____ portugueses; a ____ é a Polícia Judiciária

10. Os fumadores inveterados têm frequentemente muita ____; as vogais de **mapa** são ____

Verticais:

1. A ____ é a Confederação dos Agricultores Portugueses; o Centro de Democracia Social ou ____ é um partido político português; o ____ é um bom jornal literário

2. A D. Fernanda vai fazer ____ de tamboril; o ____ é uma cidade brasileira

3. A D. Fernanda compra bananas, peras e ____; ____ são as consoantes de **Marta**

4. A Susan compra aspirina porque tem uma ____ de cabeça; ____ é um prefixo que significa **um**

5. Os portugueses da Calif. têm uma organização que se chama Irmandade do Divino Espírito Santo ou ____; a Faculdade tem muitas ____ de aula

6. Em francês **não** é ____; **meia dúzia** são ____

7. O Sr. Saraiva ____ um carro japonês; as duas primeiras letras de **ser** são ____

8. Nas corridas de touros o público grita ____!; o Partido Social Democrata ou ____ é uma importante força política em Portugal

9. A Susan compra uma blusa numa loja de ____

10. O vinho ____ é do Norte de Portugal; a Susan compra filme numa ____ de fotografia

Exercícios Suplementares

```
    CONTINENTE CASCAIS
15:34   TALAO CAIXA: 55006    SQ: 71142

CUO.   PRODUTO  QT  PR.UNIT   PR.TOTAL
0073210 LEITE FORMA            116,00
0095696 UHT 6.P/VER            105,00
0077493 PATES MANA             174,00
0077493 PATES MANA             174,00
0077495 PATES MANA             269,00
0054707 BANANAS                118,00
0060779 BOL. HELLEM            170,00
0053595 OMO LIMAO 6            202,00
0052239 COMP.NC 1LT            239,00
0080562 LIVRO                1.879,00

ITENS/SUB-TOT  10            3.446,00
ITENS/TOT      10         3.446,00
Numerario                   5.000,00
TROCO                       1.554,00

14/07/92  LJ:CASCAIS    SP:016 CX: 16
           GRATOS
      PELA SUA VISITA
```

C. Dona Fernanda went to Hipermercado Continente, in Cascais. Look at the receipt she received and answer the following questions:

1. Quanto é que a D. Fernanda paga pelo leite?

_____

2. Achas que ela gosta muito de **patés**?

_____

3. Que fruta é que ela compra?

_____

4. Quanto custa uma caixa de bolachas *a box of cookies* Hellem?

_____

5. Quanto custa uma caixa de detergente Omo?

_____

6. Que quantidade de sumo de frutas Compal é que a D. Fernanda compra?

_____

7. Que livro é que achas que ela compra?

_____

8. Qual é a conta total?

_____

9. Quanto dinheiro dá ela à empregada?

_____

10. Quanto recebe de troco *change*?

_____

D. Mark the correct answer according to the ad:
1. Um talho é uma loja que vende a. fruta b. carne c. peixe
2. O Talho Amigo vende carne de a.vaca, porco e carneiro b. veado, javali e camelo c. elefante, girafa e rinoceronte
3. O Talho Amigo fornece carne a. ao hospital e à penitenciária b. ao Exército e à Polícia de Segurança Pública c. aos bombeiros e à Força Aérea
4. O Talho Amigo é em a. no Algarve b. na Madeira c. nos Açores

E. Answer the following questions with **sim** or **não**:
Na Pastelaria Brito é possível ...

1. comprar bolos para ocasiões especiais?
_____

2. lanchar ou fazer uma pequena refeição?
_____

3. comprar pão de vários tipos? _____
4. encontrar produtos saudáveis e saborosos?
_____

5. encontrar pão e bolos de baixa qualidade?
_____

G. Dona Fernanda is a little tired of cooking and thought that maybe she would once in a while buy food from a **pronto-a-comer**[a]. She saw these two ads and considered their respective services. Write **certo** or **errado** after each statement and then guess which of them Dona Fernanda chose.

A Mãe Galinha[b] a. leva a comida a casa _____ b. fornece comida para festas _____ c. tem fax _____ d. tem mais de uma linha telefónica _____ e. trabalha aos domingos _____ f. fornece comida depois das dezanove horas _____
A LevemCasa[c] a. só tem serviço de *take-away* _____ b. só tem uma linha telefónica _____ c. tem fax _____ d. fornece, por exemplo, sabão e detergentes _____ e. fornece também perfumaria _____ f. especifica se os produtos alimentares são cozinhados ou não _____

Em qual destas lojas é que tu achas que a D. Fernanda vai comprar o jantar de hoje? Porquê?

_____

NOTES:
[a] A **pronto-a-comer** is a take-out food place. The name was coined from **pronto-a-vestir**.
[b] The expression **mãe galinha** means an overzealous mother.
[c] **LevemCasa** is an attempt to represent phonetically the expression **leva em casa**.

H. Look at this ad and correct the following statements, all of them false:

1. Muitos vinhos portugueses são premiados na Inter-vin'91.

_____

2. A Intervin'91 é um certame de Madrid.

_____

3. Os vinhos brancos desta adega são pouco conhecidos.

_____

4. Esta adega prefere não introduzir novas tecnologias.

_____

5. Esta adega não tem planos para produzir vinhos tintos.

_____

6. Esta adega obtém um prémio no certame de Barce-lona com um vinho **rosé**.

Adega Cooperativa de Vidigueira, Cuba e Alvito

SÍMBOLO DE QUALIDADE
V.Q.P.R.D.

Vidigueira
Vila dos Gamas

ÚNICO VINHO PORTUGUÊS
PREMIADO NA
INTERVIN'91

Os nossos vinhos brancos
sobejamente conhecidos
já estão consagrados.
Com a introdução de modernas
tecnologias, a nossa aposta
agora é no vinho tinto.
Como primeiro resultado o prémio
obtido no certame de Barcelona
INTERVIN'91

TEL.: (084) 43109
FAX: (084) 43133

7960 VIDIGUEIRA

_____

NOTES:
[a] Vidigueira, Cuba and Alvito are all towns in the Alentejo. Vidigueira was the birth place of the Vasco da Gama family.
[b] An **adega** is a wine cellar but also a winery. After the 1974 revolution, many agribusiness enterprises became **cooperativas** in the Alentejo, an area then strongly influenced by Marxist ideology.

SALDOS

Livros usados de história, literatura, arte africana, etc.

De 1 a 13 de Fevereiro

Livraria Olisipo
Largo Trindade Coelho, n.º 7
1200 Lisboa

J. **Saldos** is the equivalent of a sale in North America. Look at the ad and mark the most appropriate answer.

1. A Livraria Olisipo é a. em Lisboa b. no Porto c. em Coimbra
2. Os saldos vão de a. 3 a 15 de Agosto b. 12 a 23 de Dezembro c. 1 a 13 de Fevereiro
3. Os saldos são de livros a. novos b. usados c. raros
4. Os saldos são de livros de a. entomologia, ornitologia e oceanografia b. microbiologia, física nuclear e química orgânica c. história, literatura e arte africana

Lição 3—Laboratório
Susan, vou agora ao supermercado

I. Pronúncia: O *s* e o *z* portugueses

The **s** and the **z** are pronounced the same way, except when they begin a word.

sábado	sol	zangado	zodíaco
sério	surdo *deaf*	zebra	Zurique
sítio		zinco	

Between vowels they are pronounced **zzz**.

poetisa *female poet*	caso	beleza *beauty*	organizo
museu	mesura	prazer	azulejo
brasileiro		cozinha	

Before **f, p, t,** or the **k** sound, they are pronounced like the **sh** of **ship**.

atmosfera	Budapeste	rapaz famoso	nariz típico *typical*
asfalto	esquerdo	dez passos	*nose*
espero	disco	luz perigosa	aprendiz terrível
aspirina	xadrez fundamental	*dangerous light*	*terrible learner*
gostar	*fundamental*		faz calor
	chess		traz coisas

At the end of a phrase, they are also pronounced like the **sh** of **ship**.

Ela é cortês.	Ele não fala inglês.	O que é que você faz?	Vamos comer arroz.
Isso é uma estupidez	Ela é feliz.	Venha, rapaz!	O tigre é feroz.

Before a voiced consonant (**b, d, g, l, m, n,** and **v**) they are pronounced like the **s** of **measure**.

ela traz bolos *she brings cakes*	uma voz misteriosa
paz durável *lasting peace*	felizmente
um cartaz grande *a big poster*	asno *jackass*
uma timidez legendária *legendary shyness*	esvaído *faint*

Vozes portuguesas—Faço compras no hipermercado

Write in the missing words. Sometimes one word, sometimes two words will be missing.

Faço compras _____ no hipermercado. Como quase todas as

donas de casa, normalmente no final de cada mês faz-se _____ das

coisas que vão ser necessárias _____ o mês, das coisas mais importantes e vai-

se ao supermercado e _____ este mundo e o outro. Depois, no dia-a-dia,

para aquelas coisas... _____ então vai-se ao supermercado pequenino,

ao supermercado do _____ .

II. Vamos fazer compras

Help out your friend who needs to buy several things in town by telling him what store to go to. Follow the formula of the model.

MODELO:　(tape) Preciso de um lápis.
　　　　　(student) Tens que ir à papelaria.
　　　　　(confirmation) Tens que ir à papelaria.
　　　　　(repetition) Tens que ir à papelaria.

Written Section:

1. _____

2. _____

3. _____

III. O plural dos substantivos e dos adjectivos

Say the plurals of these words ending in **-m**. We give the list of them here with meanings next to those you don't know or are not obvious.

armazém	homem	origem *origin*
bagagem	imagem	percentagem
delfim *dolphin*	jovem	vantagem *advantage*
desdém *scorn*	nuvem *cloud*	viagem *trip*
dosagem		

Now, give the plural forms of these words ending in **-l**.

anel *ring*	bilateral	fácil
artificial	capital	farol *lighthouse*
actual *current*	difícil	fiel
barril	cultural	genial

habitual	mental	plural
hostil	neutral	pueril
ideal	papel	servil
jovial		social

Now give the plural of the **-ão** words.

acordeão	criação *creation*	leão *lion*
administração	dragão	mão
alemão	edição	menção
aparição	eleição *election*	oração *prayer*
balcão *counter*	espião *spy*	pão
carvão *coal*	fricção	razão *reason*
celebração	ilusão	união
comissão	irmão	versão

Vozes portuguesas—Os hipermercados são úteis para quem tem pressa
Circle the words that do not correspond to the spoken text.

Os hipermercados são lojas grandes. chamemos-lhe assim, é um prédio enorme, onde para além do sítio onde se vendem bens alimentares há também normalmente um grande corredor da parte de fora onde nós podemos achar lojas de todo o tipo. Roupa, calçado, padarias, electrodomésticos, tudo aquilo que se pode imaginar que encontramos num *shopping center* nós encontramos num hipermercado.

IV. Mais verbos seguidos por uma preposição
Rework these sentences with one verb into sentences with two verbs--a verb plus an infinitive. Each sentence will have its own cued verb.

MODELO: (tape) Chegamos à aula — acabar de
(student) Acabamos de chegar à aula.
(confirmation) Acabamos de chegar à aula.
(repetition) Acabamos de chegar à aula.

Written section:

1. **Ter que** _____

2. **Voltar a** _____

3. **Acabar de** _____

4. **Ter vontade de** _____

Vozes portuguesas—Que jornal é que vais comprar?

Começando pelos diários, entre os _____ portugueses o de maior tiragem é o *Jornal de Notícias*, _____. Depois vem o *Correio da Manhã*, um jornal _____. Apesar de tudo talvez os mais conhecidos no país sejam o *Público* e o *Diário de Notícias*. Depois _____ citar *O Primeiro de Janeiro* e *A Capital*. _____ de dizer que houve um desaparecimento há relativamente _____ de dois jornais que eram de facto duas instituições em Portugal, o *Diário Popular* e o *Diário de Lisboa*.

V. Texto de compreensão: Fazendo compras em Portugal

Listen to the comprehension text and write answers to the questions asked.

1. _____

2. _____

3. _____

4. _____

VI. Ditado.
You will hear this dictation three times. The first time, just listen attentively. The second time, write what you hear during the pauses. The third time it will be read with no pauses so that you can verify your work.

_____

_____

_____

_____

_____

Lição 4—Caderno de Trabalho
"É uma casa portuguesa, com certeza"

1. Dois verbos importantes: fazer, ver, pp. 77-81

1a. Fill in the blanks with a form of **fazer**:

1. Eu _____ sempre o trabalho de casa.

2. Tu _____ os exercícios do livro?

3. Eles _____ comida em casa?

4. Nós _____ cadeiras de mestrado.

5. A loja _____ desconto?

6. Vocês _____ alguma coisa hoje?

1b. Change the verb form according to the new subject.
   MODELO: Eu faço uma feijoada sensacional.

1. As minhas tias_____

2. Os meus amigos _____

3. Tu _____

4. A empregada _____

5. A Amélia e tu _____

6. A Teresa e eu _____

1c. Fill in the blanks with an appropriate expression with **fazer**:

1. Os trabalhadores _____ quando querem mais salário.

2. Tu _____ com uma máquina eléctrica?

3. Eles têm muitas questões mas depois _____.

4. A Irene _____ a 23 de Janeiro.

5. O Jorge sai às vezes com a Inês mas a namorada dele _____ que não sabe.

6. Perdi *I lost* a minha esferográfica. _____, compro outra amanhã.

1d. Answer these weather questions:

1. Que tempo faz hoje? _____

2. Faz muito frio hoje? _____

3. Faz muito calor hoje? _____

4. Faz muito vento hoje? _____

5. Chove hoje? _____

6. Neva hoje? _____

1e. Fill in the blanks with a form of **ver**:

1. Da minha casa eu _____ o supermercado.

2. Eles _____ os pais todos os fins-de-semana.

3. Tu _____ bem sem óculos?

4. Nós _____ muito mal.

5. Eu _____ o telejornal todas as noites.

6. Os senhores _____ muita televisão?

2. Os possessivos: "Ele tem a minha caneta!," pp. 81-84

2a. Answer the questions according to the model:

    MODELO: Esta caneta é tua?
                 Sim, esta caneta é minha.

1. Este lápis é teu? _____

2. Este carro é de vocês? _____

3. Esta camisola é dela? _____

4. D. Fernanda, estes sapatos são da senhora?

_____

5. Sr. Saraiva, esta pasta é do senhor? _____

6. Este dinheiro é meu? _____

7. Este dicionário é deles? _____

8. Estas disquetes são de vocês? _____

2b. Fill in the blanks according to the model:

    MODELO: Ela tem as suas opiniões e eu **tenho as minhas.**

1. O Luís tem as suas ideias e a Cecília _____ .

2. Eu tenho os meus apontamentos e tu _____ .

3. Vocês têm as suas amigas e nós _____ .

4. Eles têm os seus princípios e eu _____ .

5. Eu tenho o meu trabalho e o Mário _____ .

6. Eles têm os seus projectos e nós _____ .

7. Eu tenho o meu dinheiro e eles _____.

8. As senhoras têm o seu programa e elas _____.

3. O verbo ESTAR: condições temporárias, pp. 84-88

3a. Answer the following questions:

1. Onde está o professor agora?

_____

2. Vocês estão cansados?

_____

3. Onde está o teu livro de Português?

_____

4. Os teus pais estão em casa agora?

_____

5. A tua mãe está doente?

_____

6. O tempo está bom hoje?

_____

7. Os bancos estão abertos amanhã?

_____

8. Tu estás está bem?

_____

3b. Fill in with a form of **ser** or **estar**.

1. A Vanessa não vem hoje à aula de Francês. _____ no hospital.

2. Não tenho o meu carro aqui. _____ na garagem.

3. O Miguel responde certo a todas as perguntas. Ele _____ muito inteligente.

4. Os meus pais não vão à festa. _____ na Europa.

5. Não tenho dinheiro para ir a essa *boutique*. _____ muito cara.

6. A Fernanda e o Rui não estudam muito. Não _____ preparados para a prova.

7. O professor diz que nós somos cretinos. _____ furiosos com ele.

8. Um momento, por favor. O senhor director _____ ocupado agora.

9. Não, um bife não. _____ vegetariana.

10. O seu dicionário português-inglês? _____ aí em cima da mesa.

4. O verbo ESTAR com preposições, pp. 88-95

4. Answer the questions using the words in parentheses:

1. Onde estão os teus amigos? (Paris)

_____

2. Onde estão as tuas sandálias? (carro)

_____

3. Onde está o João Manuel (praia)

_____

4. Onde está a Isabel (Estados Unidos)

_____

5. Onde está a professora? (Universidade)

_____

6. Onde está o Sr. Cardoso? (hotel)

_____

7. Onde está a Dra. Ilda (Filipinas)

_____

8. Onde estão os cigarros? (gaveta *drawer*)

_____

9. Onde está a Carla? (hospital)

_____

10. Onde estão os teus colegas? (bar da Faculdade)

_____

Um problema de palavras cruzadas

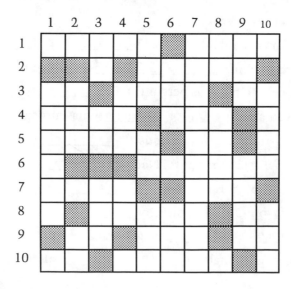

Horizontais:

1. O Sr. Saraiva mora no segundo ____ do seu prédio; o ____ Félix é uma figura dos filmes de desenhos animados
2. A haste de uma planta tem também o nome de ____
3. **Eh** ____, **estás bom?**; a D. Fernanda tem um sofá na ____; cinco menos quatro é ____
4. ____ Hayworth é uma famosa artista dos velhos tempos do cinema; ____ é sinónimo de **fúria**
5. Muitos refugiados pedem ____ político em outros países; **do** em francês é ____
6. A D. Fernanda tem uma ____ sobre a mesa da casa de jantar
7. A cebola tem um ____ muito forte; o oposto de **sim** é ____
8. A Fátima é a ____ do João Carlos; a Susan ____ fala muito bem português
9. "____ és vegetariana, não és?"; uma pessoa muito importante é um ____; ____Portugal a habitação é cara
10. As iniciais de **Bombeiros Voluntários** são ____; a Susan não vai para o Ritz ou para o Sheraton porque são muito ____

Verticais:

1. "Precisamos de cinco ____ para a sopa."
2. O plural de **-al** é ____; ____ é o mesmo que **televisão**
3. Na Dinamarca a chapa de nacionalidade dos automóveis tem as letras ____; a primeira sílaba de **titânico** é ____; a ____ é a Organização das Nações Unidas
4. A D. Fernanda não deita muito ____ no arroz; a primeira sílaba de **roda** é ____
5. A ____produz discos e televisores ; as duas primeiras letras de **Otelo** são ____; o ____ ____ é o Imposto ao Valor Agregado
6. "O supermercado é ____ em frente."; a Fátima costuma ____ jantar a casa da família Saraiva
7. Um ____ serve para limpar a boca
8. O singular de **-ais** é ____; a Susan tem uma ____ de História de Portugal
9. "Onde tens o ____ carro?"; "____ é sábado, não temos aulas."
10. A Susan coloca os copos em cima da ____; "Ele ____" é uma forma do verbo **amar**

Instantâneos portugueses—"É uma casa portuguesa"

Uma Casa Portuguesa é uma velha canção e sem dúvida uma das mais conhecidas em Portugal. É talvez a canção que com mais frequência representa o espírito nacional. A sua letra oferece uma visão optimista e quase romântica do que é uma modesta casa portuguesa, onde há "um São José de azulejos,"[a] "pão e vinho sobre a mesa," "uma promessa de beijos" e "dois braços à minha espera."[b] A mensagem final da canção é que "a alegria da pobreza / é esta grande riqueza/ de dar e ficar contente."

NOTES:
[a] **Um São José de azulejos** means a tile panel representing St. Joseph. Such religious panels were common in old Portuguese houses. **Azulejos** are typical Portuguese, usually figurative tile panels. **Azulejo** derives from **azul**, the prevailing color of these tiles.

[b] **Uma promessa de beijos** and **dois braços à minha espera** imply that the male singer will have a woman at home waiting to kiss and embrace him upon his arrival.

à minha espera waiting for me	**beijos** kisses	**dúvida** doubt	**promessa** promise
alegria joy	**braços** arms	**ficar** remain	**riqueza** riches
azulejos tile	**canção** song	**letra** lyrics	**sobre** on
	contente happy	**pobreza** poverty	**velha** old
	dar give		

Mark the most appropriate answer according to the text.

1. **Uma Casa Portuguesa** é a. um fado moderno b. uma velha canção portuguesa c. uma ária de ópera
2. Esta canção representa bem a. o espírito português b. as tendências modernas da música portuguesa c. um bom exemplo de um fado de Coimbra
3. A visão oferecida nesta letra é a. pessimista e deprimente d. objectiva e realista c. optimista e quase romântica
4. A mensagem final é que a. os pobres gostam de dar o que têm b. todos os Portugueses têm uma mulher em casa à sua espera c. os Portugueses comem muito pão e bebem muito vinho

Exercícios Suplementares

VENDE-SE

RAMADA — (ODIVELAS)

Andar 3 ass. em prédio de 2.º andar.

Área 85 m². Grande sala c/ chão mármore. Bons quartos c/ chão cortiça e boa cozinha c/ despensa. 2 varandas c/ 7 m cada (1 fechada).

Grande sótão (dá para fazer duplex ou estúdio independente).

Estado impecável. Tem telefone. Pronto a habitar. Local sossegado.

9100 contos. O próprio.

☎ 352 84 54 (dia)
469 21 86 (noite)

A. João Carlos, Dona Fernanda's son, will soon be married and is looking for an apartment to buy. Today he saw this ad in the paper, and mentioned it to his parents at dinner. How do you think he answered the questions his parents asked?

Notes:
[a] Odivelas is a Lisbon suburb.
[b] **Ass.** stands for **assoalhadas**.
[c] Very often **varandas** are later closed in glass to provide for more living space.
[d] **dá para** means suitable for.
[e] The fact that the apartment is already fitted with a telephone is a considerable advantage. In some areas having a telephone installed may take one year or more. More about this in Lesson 11.
[f] **O próprio** means that the apartment is sold by the owner.

1. Onde é o andar? _____

2. Quantas assoalhadas tem? _____

3. É num rés-do-chão? _____

4. É grande? _____

5. Tem sala? _____

6. Como são os quartos? _____

7. Tem despensa? _____

8. Tem varandas? _____

9. O andar tem sótão? _____

10. Vai ser difícil instalar telefone nessa zona? _____

12. Quanto dinheiro tu nos vais pedir para comprar o andar? _____

ALUGUER

— **Moradias Oeiras**
   Óptima localização
   Excelentes acabamentos
   Boas Áreas

— **3 assoalhadas (a estrear)**
   Sala c/Lareira, quartos c/roupeiros
   Garagem individual — Caxias
   Preço: 100 000$00/mês

B. Renting a house can prove to be quite expensive in Portugal, as you may deduct from the ad. The sentences describing this housing are all false. Explain why.

NOTES:
   [a] Caxias and Oeiras are towns west of Lisbon, on the Costa do Sol, extending from Lisbon to Estoril and Cascais.
   [b] **A estrear** means brand new.
   [c] A **lareira** is a fireplace; a **roupeiro** is a closet (in older houses clothes are kept in a **guarda-vestidos**).
   [d] Parking is a serious problem in most urban areas. Having a **garagem individual** is thus a plus. Otherwise you have to park on the street -- often on the sidewalk or on a center island.

1. O primeiro grupo de moradias é no Estoril.

_____

2. Estão localizadas numa zona degradada.

_____

3. Os acabamentos são horríveis.

_____

4. A casa de Caxias tem quatro assoalhadas.

_____

5. Esta casa é muito velha.

_____

6. A sala é muito fria no inverno.

_____

7. Nos quartos é necessário colocar a roupa sobre cadeiras.

_____

8. É preciso estacionar o carro na rua.

_____

9. A renda são dez contos por mês.

_____

10. Estas casas são muito longe da praia.

_____

MÓVEIS E UTENSÍLIOS

● **Vende-se 4 quartos de cama, sala, casa de jantar, cozinha, secretária, televisão, estante, caixa de ferramentas de mecânico, tudo em óptima condição e em estilo americano.**
Contactar telef. 629745, Rua S. José n.º 3 Bairro do Lameiro.

E. Mr. Barbosa is a mechanic who found a new job at an auto parts store in another city. Now he has to sell most of his belongings before moving. Using your imagination, complete the following sentences:

1. O Sr. Barbosa mora em

_____

2. A casa dele é

_____

3. O seu novo trabalho é na cidade de

_____

4. Ele tem quatro quartos de cama porque

_____

5. Os móveis da sala são

_____

6. . O equipamento de cozinha que ele quer vender compreende

_____

7. Como o seu novo trabalho é numa loja de acessórios de automóvel, ele já não precisa da

_____

8. Tudo o que ele quer vender está

_____

F. Fátima invited some friends for dinner. Look at the photo and (using your imagination a little) answer these questions:

1. Quantos amigos vêm jantar a casa da Fátima?

_____

2. O apartamento da Fátima é no rés-do-chão ou no primeiro andar?

_____

3. O que há em cima da mesa?

_____

4. Que sopa é que a Fátima faz para o jantar?

_____

5. Qual é o prato principal?

_____

6. O que é a sobremesa?

_____

7. Todos tomam café?

_____

Lição 4—Laboratório
«É uma casa portuguesa com certeza»

I. Pronúncia: Ditongos nasais

The diphthong **-ão** is always stressed.

abominação	canção	legião
acção	depressão	pão
bilião	ilusão	sensação

The unstressed version of the same sound in final position is spelled **-am**. Repeat these examples after the tape:

acham	falam	tomam
acusam	fecham	tratam
dançam	gostam	usam

Final **-em**, whether stressed or not, is always the nasal version of the English vowel in *day*.

aramazém	coragem	sobem
Belém	desordem	vantagem
comem	origem	vendem

The dipththong **-õe** is also final and stressed.

acções	botões	legiões
audições	decisões	milhões
barões	impressões	põem

The diphthong **-ãe** is also final and stressed. There are very few of these.

alemães	mãe	capitães
Guimarães	pães	Magalhães

Finally, in the word **muito** [and variants], **-ui-** is nasalized, and a non-spelled **n** is pronounced:

muito

II. Dois verbos importantes: FAZER, VER

Look at information below for cues that you need to answer the questions.

> MODELO: (tape) O que é que ela vê?
> (student) Vê a bandeira portuguesa
> (confirmation) Vê a bandeira portuguesa
> (repetition) Vê a bandeira portuguesa

Fazer
1. Tu? O trabalho de casa.
2. Ela? Um exercício.
3. Nós? Uma prova.
4. Vocês? Um jantar [dinner].
5. Eu? Este trabalho.

Ver
1. Tu? Filmes brasileiros.
2. Ela? Programas culturais.
3. Vocês? Os tigres.
4. Nós? Pinturas [paintings] famosas.
5. Eu? A cidade.

Written section:

1. _____

2. _____

3. _____

Vozes portuguesas—É uma típica casa portuguesa

You will hear the first **voz** from the lesson twice. Write the missing words.

Vivemos num prédio de oito inquilinos, mal nos _____ uns aos outros, como em quase todos os _____ de Lisboa. Uma casa típica portuguesa, da classe média, com quatro _____, uma cozinha grande, espaçosa, duas casas de banho, uma sala, _____, com muito espaço, uma lareira, e dois quartos e um _____. Na cozinha temos um frigorífico, um _____, um forno, uma máquina de lavar loiça, uma máquina de lavar roupa... O meu prédio tem quatro _____. No meu prédio não existe elevador.

III. Os possessivos

In this exercise, you will hear a formula just like in the model, then you will transform it to make a phrase with a possessive. Always make the possessive agree with the subject of the verb **ter**:

> MODELO: (tape) Tenho uma chave, portanto é...
> (student) ...a minha chave
> (confirmation) ...a minha chave
> (repetition) ...a minha chave

Nome_____Data_____Aula_____

Vozes portuguesas—Às vezes compro comida preparada
The speaker will read this **voz** twice. Some words are wrong. Circle the wrong words.

Na minha casa preparo comida típica portuguesa. Não pode faltar a sopa no começo da refeição, sobretudo ao almoço, e depois o cozido à brasileira se for inverno, ou uma sanduíche. Se for de verão lá iremos para um pato assado, uns bifes com batatas fritas e as sardinhas cozidas, que às vezes não podem faltar, mesmo que se cozinhem na varanda.

IV. O verbo ESTAR: condições temporárias
Answer the questions affirmatively.

MODELO: (tape) A janela está aberta?
          (student) Sim, está aberta.
          (confirmation) Sim, está aberta.
          (repetition) Sim, está aberta.

Vozes portuguesas—Bairros da lata
The speaker will read this **voz** twice. Some phrases are missing. Write in the missing phrases.

Eles vivem em _____, em bairros da lata, barracas, e

vivem ali todos uns _____ quase. As ruas chegam a ter... não

têm mais de um _____ de largura. São autênticos guetos. Agora

o Governo _____ derrubar tudo, a deitar abaixo todos estes

bairros degradados e está-lhes a dar, portanto, _____, com

esgotos, com electricidade, casas normais, _____.

Agora a maior parte das barracas não tem _____.

V. O verbo ESTAR com preposições

Questions will be asked about the drawings on the next page. Answer them using the prepositions you know.

Modelo: (tape) Quem está diante da Helena?
          (student) O José está diante da Helena.
          (confirmation) O José está diante da Helena.
          (repetition) O José está diante da Helena.

1. Na aula de português.

2. No parque.

VI. Texto de compreensão: Andares e moradias

Listen to the comprehension text and write answers to the questions asked.

1. _____

2. _____

3. _____

4. _____

VII. Ditado.

You will hear this dictation three times. The first time, just listen attentively. The second time, write what you hear during the pauses. The third time it will be read with no pauses so that you can verify your work.

_____

_____

_____

_____

_____

Lição 5—Caderno de Trabalho
Quantos irmãos tens?

1. Verbos do segundo e do terceiro grupos: -ER e -IR, pp. 100-03

1a. Answer the following questions according to the model:

    MODELO: Os Portugueses comem muito pão?
                    Comem, sim. / Não comem, não.

1. Tu comes muita fruta? _____

2. A tua família come muita salada?_____

3. O teu pai come muito peixe? _____

4. Vocês comem muita *pizza*?_____

5. Os Japoneses comem muita carne? _____

6. Os alunos escrevem muitos exercícios? _____

7. Vocês escrevem bem em português? _____

8. Os teus amigos escrevem muitas cartas? _____

9. Tu escreves no teu diário? _____

10. John dos Passos escreve bem? _____

1b. Change the sentences according to the model:

    MODELO: Eu aprendo karatê. (tu)
                    Tu aprendes karatê.

1. Vocês aprendem a gramática portuguesa. (nós)

_____

2. Os teus amigos aprendem chinês?. (eu)

_____

3. O Joãozinho aprende a tocar violino. (eles)

_____

4. Tu aprendes cálculo. (vocês)

_____

5. Os alunos aprendem depressa. (tu)

_____

6. O meu pai bebe muito café. (elas)

_____

7. Os bebés bebem muito leite? (a Leninha)

_____

8. Tu bebes Sumol. (a Susan e a Ana Maria)

_____

9. Eles bebem cerveja nos fins-de-semana. (nós)

_____

10. Bebemos muita água quando faz calor. (eu)

_____

1c. Complete these sentences with the verbs in parentheses.

1. Os meus amigos (entender) _____

2. A minha mãe (escrever) _____

3. Os supermercados (vender) _____

4. Vocês (perder) _____

5. A gente (comer) _____

6. Nós (aprender) _____

7. A secretária (atender) _____

8. Os jogadores de futebol (correr) _____

9. Eu (viver) _____

10. Os alunos (responder) _____

11. Vocês (compreender) _____

12. A minha amiga (escolher) _____

13. A professora (esquecer) _____

14. A minha família (receber) _____

15. Essas coisas (acontecer) _____

2. Verbos especiais da conjugação -IR, pp. 103-05

2a. Answer the following questions:

1. Quantas horas por noite dormes? _____

2. Vocês dormem na aula de Português? _____

3. O teu pai dorme quando vê televisão? _____

4. Tu dormes frequentemente num hotel? _____

5. Os bebés dormem muito? _____

2b. Fill in the blanks with a form of **preferir** (which works like **servir**):

1. Vocês _____ carne ou peixe?

2. Tu _____ os domingos ou as segundas-feiras?

3. Os teus pais _____ viver numa moradia ou num apartamento?

4. O teu namorado/tua namorada _____ estudar ou ir ao cinema?

5. Os senhores _____ café ou chá?

2c. Answer the following questions using the verbs in parentheses:

  1. Tu sentes frio neste momento? (sentir)

_____

  2. Porque é que tu tens um ar tão cansado? (dormir)

_____

  3. Tu serves café aos teus amigos na tua casa? (servir)

_____

  4. Tu dizes sempre a verdade? (mentir)

_____

  5. Preferes estudar estatística ou ir a uma festa? (preferir)

_____

  6. Tu repetes o que o professor diz em português? (repetir)

_____

  7. Tu segues com atenção as explicacões da professora? (seguir)

_____

  8. Tu sempre utilizas o elevador para ir para o seu apartamento? (subir)

_____

  9. Quando há um tremor de terra tu ficas dentro de casa? (fugir)

_____

10. O que acontece quando tens bronquite? (tossir)

_____

3. Nomes e apelidos, pp. 105-09

3a. Answer these questions on kinship:

1. Carlos Alberto Sousa Mendes casa com Madalena Santos Dutra. Como passa a ser o nome dela?

2. O Carlos Alberto e a Madalena têm dois filhos, Alfredo Manuel e Sofia. Como são os nomes completos deles?

3. Mais tarde o Alfredo Manuel casa com Anabela Martins Correia. Como passa a ser o nome da Anabela?

4. O Alfredo Manuel e a Anabela têm dois filhos, Gustavo e Lúcia. Como são os nomes completos dos filhos?

5. A Sofia casa com Francisco da Costa Macedo. Como é agora o nome dela?

6. A Sofia e o Francisco têm dois filhos, Guilherme e Cristina. Como são os nomes completos deles?

3b. Answer these questions about your family:

1. Como é que os teus pais se chamam?

2. Quantos irmãos tem o teu pai?

3. Quantas irmãs tem a tua mãe?

4. Os teus tios e tias são casados? Têm filhos?

5. Nesse caso, quantos primos tens?

6. Tens irmãos casados? Nesse caso, como se chamam os teus cunhados?

7. Os teus irmãos ou irmãs têm filhos? Nesse caso, como se chamam os teus sobrinhos?

8. Tens avós? Nesse caso, onde é que eles vivem?

_____

9. Tens bisavós? Nesse caso, quantos anos têm eles?

_____

10. És casado,-a? Nesse caso, como se chama o teu marido/a tua mulher? E os teus sogros?

_____

3c. Fill in the blanks.

1. O Sr. Antunes não quer esposa. Ele é _____.
2. O marido da D. Conceição sofreu uma acidente fatal. Agora ela é

_____.

3. O tribunal dissolveu o casamento do André e da Margarida. Agora eles são

_____.

4. A D. Isaura é madrinha do Pedrinho. Ele é o seu _____.

5. Os pais da Isabelinha já não vivem. Ela é _____.

6. O Paulo António é o marido da minha filha. Ele é o meu _____.

7. O Dr. Andrade é o pai de minha mulher. Ele é o meu _____.

8. O Artur é o segundo marido da Maria João. Ela tem uma filha, Violeta, do primeiro

matrimónio. A Violeta é _____ do Artur.

9. O Artur é o _____ da Violeta.

10. A Alice é filha do meu tio Joaquim. Ela é minha _____.

4. SABER e CONHECER, pp. 110-13

4a. Fill in the blanks with a form of **saber** or **conhecer**. Both may be correct in certain cases.

1. Quem é aquela garota de blusa vermelha? Não _____.

2. Tu _____ os pais do teu namorado,-a tua namorada?

3. A capital da Indonésia? Não _____.

4. Vocês _____ muita gente em Coimbra?

5. Nós não _____ onde é o consulado americano.

6. O quê? Ela não _____ onde é a biblioteca?

7. Vocês não _____ onde estão as chaves?

8. Não _____ nenhum hotel bom nesta zona.

9. O senhor _____ a data exata da independência do Brasil?

10. Quem _____ o hino nacional português?

11. Eles não _____ falar espanhol.

12. Ela _____ um bom restaurante italiano em Lisboa.

13. Sr. Matos, o senhor _____ o meu irmão?

14. Que desastre! Esse tenor não _____ cantar!

15. Nós _____ bem o Algarve.

16. Burkina Faso? Não _____ esse país!

17. Tu _____ esse soneto?

18. Não _____ resolver esse problema.

19. _____ essa dança?

20. _____ bastantes autores franceses.

4b. Check the sentences in which **saber** and **conhecer** are both possible, depending on meaning. In the other cases circle the correct form.

1. Eu sei/conheço essas músicas.
2. Nós sabemos/conhecemos o apartamento deles.
3. O médico não sabe/conhece todos os seus pacientes.
4. Os alunos não sabem/conhecem muito de geografia.
5. A Gabriela não sabe/conhece tocar piano.
6. A professora não sabe/conhece esse poema.
7. Vocês sabem/conhecem o museu de história natural?
8. Este ano quero saber/conhecer Paris.
9. O Mário não sabe/conhece como se diz "obrigado" em francês.
10. O dia dos anos dos meus tios? Não sei/conheço.
11. Nós sabemos/conhecemos bem *O Barbeiro de Sevilha*.
12. Queremos saber/conhecer os seus amigos.
13. O meu irmãozinho não sabe/conhece ainda falar.
14. A senhora sabe/conhece o Primeiro Ministro?
15. Vocês sabem/conhecem algum supermercado perto daqui?

5. Números e quantidades, pp. 113-17
5a. Write out in full:

1. 18 + 5 = 23 _____
2. 17 + 18 = 35_____
3. 62 - 4 = 58 _____

4. 4 x 10 = 40 _____

5. 10 + 73 = 83 _____

6. 250 : 5 – 50_____

7. 90 + 19 = 109 _____

8. 50 x 3 = 150 _____

9. 62 + 15 = 77 _____

10. 1 500 ÷ 3 = 500 _____

11. 300 x 4 = 1 200 _____

12. 900 + 750 = 1 650 _____

4b. Write in full the following years:

1. 1235 _____

2. 1357 _____

3. 1640 _____

4. 1995 _____

5. 2001 _____

4c. Write out the numbers in full:

Caramba, que problema! Tenho 957 _____

dólares no banco. Vou pagar 450 _____

dólares pelo meu apartamento. Para comida necessito gastar cerca de 300 _____

_____. O meu livro de Francês custa 37 _____

dólares e o de História custa 45 _____. A dívida do meu cartão

de crédito são 284 _____ dólares. Quero

comprar aquela camisola azul de 35 _____ dólares. Devo 135

_____ ao David. E a gasolina? Pelo menos 40

_____ dólares! A matrícula na universidade são 787 _____

_____Quero dar um presente aos meus pais pelo seu

aniversário de casamento—uns 25 _____ ou 30 _____

dólares. E os 458 _____ do carro? E os 354

_____ do seguro contra acidentes? Vou pedir 500
_____ ou 600 _____ ao meu pai. Mas o
resto, onde o vou arranjar?

6. O dinheiro português, p. 117

6. At the time of publication of **Portugal: Língua e Cultura** one US dollar was worth
approximately 145 escudos. On that basis tell a Portuguese friend about the cost of life in the
United States. Write your answers in full.

MODELO: um bilhete de cinema
Na América um bilhete de cinema custa aproximadamente oitocentos e setenta
escudos.

1. um livro de texto _____

2. um *cheeseburger* e uma Coca-Cola _____

3. um galão de gasolina _____

4. uns *jeans* _____

5. um carro novo barato_____

7. Quantos anos tens? p. 117

7. Think of five famous persons. Then write a sentence giving their approximate age.

1. _____

2. _____

3. _____

4. _____

5. _____

Instantâneos portugueses—Os três irmãos Corte-Real

Em 1500 Gaspar Corte-Real, filho do capitão-donatário[a] de Angra, parte[b] da Ilha Terceira
para Oeste e volta com a notícia de ter descoberto "uma terra muito fresca e de grandes
arvoredos" a que dá o nome de Terra Verde[c] e da qual traz sete indígenas. Em 1501 parte de
novo para explorar essa região mas não regressa. O seu irmão Miguel vai em 1502 em sua
busca e também ele se perde.[d] O terceiro irmão, Vasco, pede então licença ao rei para procurar
os dois mas o rei nega.

Este episódio dá a inspiração para um belo poema de Fernando Pessoa que dramaticamente
pinta o desespero de Vasco, "Com olhos fixos rasos de ânsia / Fitando a proibida azul
distância."

NOTES:

[a] **Capitães-donatários** were powerful noblemen or merchants, whom the king granted newly discovered areas called **capitanias**, which they had the obligation to settle and develop.

[b] Notice that the historical present is used in this text.

[c] This was Newfoundland (**Terra Nova** in Portuguese). Although the British sighted it first there is little doubt now that the Portuguese were the first to explore this area.

[d] The so-called Dighton Rock (**Pedra de Dighton**), found near Taunton, Massachusetts, has led to heated discussions as to its significance. Some believe it bears an inscription by Miguel Corte-Real.

ânsia anxiety	**desespero** despair	**nega** refuses	**pinta** depicts
arvoredos woods	**fitando** gazing at	**notícia** news	**procurar** look for
belo beautiful	**fixos** staring	**oeste** west	**rasos** full
busca search	**fresca** verdant	**olhos** eyes	**regressa** returns
dá o nome names	**ilha** island	**parte** sails from	**terra** land
de novo again	**indígenas** natives	**pede** requests	**traz** brings
descoberto discovered	**licença** authorization	**perde** is lost	**volta** returns

Answer the following questions:

1. Em que ano parte Gaspar Corte-Real da Ilha Terceira?

_____

2. Que região é que ele encontra?

_____

3. Quem é que ele traz da "Terra Verde"?

_____

4. Porque é que tu achas que ele chama "Terra Verde" a esta região?

_____

5. Em que ano é que ele parte de novo para a "Terra Verde"?

_____

6. O que acontece nesta segunda viagem?

_____

7. O que faz então o seu irmão Miguel?

_____

8. O que acontece a Miguel?

_____

9. O que quer então fazer Vasco?

_____

10. Porque é que Vasco não parte em busca dos irmãos?

_____

Um problema de palavras cruzadas

	1	2	3	4	5	6	7	8	9	10
1								▓		
2		▓					▓			▓
3					▓					
4					▓			▓		
5					▓					
6	▓									
7	▓						▓			
8			▓		▓			▓		
9								▓		
10				▓						

Horizontais:
1. Os pais da Susan moram em ____, perto de Santa Bárbara; a Comunidade Europeia é conhecida como a ____
2. A companhia Transportes Aéreos Portugueses (TAP) é também conhecida como ____ Portugal; a D. Fernanda diz: "____ hoje ao hipermercado."
3. O ____ Mickey foi criado por Walt Disney; o estereotípico pintor francês usa uma ____ na cabeça
4. Os canadianos falam ____ línguas, inglês e francês; a Susan pergunta: "O que estudam ____ tuas irmãs?"; perto da casa dos Saraiva ____ um banco
5. Nos Estados Unidos o programa de ensino de inglês como segunda língua é conhecido como ____; quando o Sr. Saraiva vai a Inglaterra os ingleses chamam-lhe ____ Saraiva; as duas vogais de **cara** são ____.
6. As vogais de **militares** são ____; o Movimento Democrático Popular ou ____ é um pequeno partido político português
7. Algumas pessoas de idade moram em ____; as

vogais de **regata** são ____
8. "____ tens muitos irmãos?"; a primeira sílaba de **antibiótico** é ____
9. Os ____ são os animais mais parecidos com o homem; a Susan não vai à mercearia com a D. Fernanda, vai ____
10. As consoantes de **Agosto** são ____; "As filhas da minha tia são minhas ____"

VERTICAIS:
1. O Sr.Saraiva gosta de vinho ____; ____são as iniciais de **Tempo Médio de Greenwich**
2. **Fora** em alemão é ____; os satélites de um planeta chamam-se ____
3. ____ é um nome feminino português; as consoantes de **cito** são ____
4. "Os irmãos do meu pai são meus ____"; a ____ da Fátima estuda arquitectura
5. ____ é uma antiga cidade da Caldeia; a ____ da D. Fernanda chama-se D. Margarida; a Companhia Portuguesa ou ____ é a rede ferroviária portuguesa
6. Em todas as cidades portuguesas há muitos cafés e ____; em francês **ouro** é ____
7. Normalmente os ____ têm muita paciência com

os netos; **assim** em espanhol é ____

8. Geralmente os Portugueses dizem **Olá!** e os Brasileiros dizem ____!; ____ é uma palavra hebraica que muitas vezes termina uma oração.

9. "A mulher do meu irmão é minha ____"; as iniciais de **Sociedade Anónima** são ____

10. As vogais de **papá** são ____; Cristóvão Colombo iniciou a sua viagem de descobrimento da América no porto de ____ de Moguer

Exercícios Suplementares

AS CRIANÇAS DEVEM IR SEMPRE NO BANCO DA RETAGUARDA

A. Using your imagination, complete the following sentences:

1. O senhor que conduz o automóvel chama-se

_____

2. Ele mora

_____

3. A mulher dele chama-se

_____

4. Ele tem 32 anos e a mulher dele

_____

5. Os dois filhos chamam-se

_____

6. O filho tem oito anos e a filha

_____

7. No banco da frente vai sentada

_____

8. Os filhos vão sentados

_____

9. Os pais usam cinto de segurança mas

_____

10. As crianças vão sentadas no banco da retaguarda porque

_____

> ■ **Senhor com casa posta, divorciado, 38 anos, deseja conhecer senhora ou menina dos 32 aos 40 anos, para fins matrimoniais. Resposta ao número 439.**

D. Read this ad and answer the following questions:

1. Quantos anos tem o autor deste anúncio?_____

2. Ele é solteiro? _____
3. Ele precisa de alugar uma nova casa?

_____

4. O que pretende ele?_____
5. Ele quer conhecer só meninas solteiras ou também senhoras divorciadas ou viúvas?

_____

6. Qual é a idade que ele prefere na sua futura esposa?

_____

Now imagine that Manuela Sousa Guedes has also some matrimonial aspirations and decides to answer this ad. She is 34, divorced, has no children and works as a nurse in a children's hospital. She also has many good qualities and varied interests. How do you think she described herself in her answer?

_____

_____

_____

Henrique Silveira de Castro, the man who placed the ad, was extremely impressed with Manuela's letter and answered it. What do you think he wrote about himself?

_____

_____

_____

Wonderful! Everything worked out well for Henrique and Manuela and they are now happily married. Describe their home and their lifestyle.

_____

_____

_____

_____

_____

E. A private investigator has to find out as much as he can about the family who lives in this house. What do you think he wrote on his notebook when he first looked at the house?

_____

_____

_____

_____

_____

Then, of course, he asked around and learned more about the family. What do you think he wrote this time?

_____

_____

_____

_____

F. The following ad refers to a rest home (**lar para pessoas idosas**). Read it and then mark the following statements **certo** or **errado**. If **errado**, correct.

AOS IDOSOS EM GERAL

A PARTIR DE 60 000$00

TEM AO SEU DISPOR

▶ Instalações de 1.ª qualidade em edifício próprio.
▶ Assistência médica e de enfermagem com tratamento geriátrico.
▶ Ambiente acolhedor com alimentação racional.
▶ Aceitam-se acamados.

_____

Veja as nossas condições
através dos sub-sistemas de saúde em Santarém

☎ 043-779360

Peça informações e visite-nos

1. O custo deste lar é pelo menos 100 contos por mês. _____
2. Este lar é para estudantes universitárias. _____
3. O lar tem excelentes instalações. _____
4. O lar está instalado no segundo andar de um prédio. _____
5. Há médicos e enfermeiras para assistir aos idosos. _____
6. A alimentação consiste basicamente em comida mexicana. _____

7. O lar não aceita pessoas inválidas. _____
8. É possível visitar as instalações deste lar. _____

Now answer the following questions. Answer yes to the first question even if it is not true. If you don't know the exact answers to the other questions, use your imagination.

1. Algum parente ou conhecido teu vive num lar para pessoas idosas? **Sim, vive.**
2. Quanto custa viver nesse lar? _____
3. Como são as instalações lá? _____
4. Como é a assistência médica e de enfermagem? _____
5. Como é a alimentação? _____
6. O lar aceita pessoas acamadas? _____
7. Que actividades sociais oferece esse lar? _____
8. É mais comum nos Estados Unidos do que em Portugal um idoso viver num lar. Como é que explicas este facto?

_____

Lição 5—Laboratório
Quantos irmãos tens?

I. Pronúncia: O *x* português

The **x** has four different pronunciations. The most common pronunciation is *sh.*. All initial x's are prounced this way. The **x** in the prefix **ex-** before a consonant is also pronounced this way, as are most other **x**'s.

xampô *shampoo*	dei**x**a *allows*
xadrez *chess*	embai**x**ada *embassy*
Xangai *Shanghai*	e**x**clusivo
xarope *syrup*	e**x**plorar
Xavier	e**x**portação
xelim *shilling*	e**x**tensão *area*
xeque-mate *checkmate*	e**x**terior
xerife *sheriff*	pei**x**e *fish*
apai**x**onado *in love with*	pu**x**ar *to pull*
bai**x**o	ro**x**o *purple*
cai**x**a *cashier*	se**x**ta-feira

In words beginning with **ex-** (before a vowel), the **x** is prounced like the **z** of **zero**:

e**x**ecutado	e**x**agerar
e**x**ecutivo	e**x**asperar
e**x**emplo	e**x**acto
e**x**ame	e**x**uberante
e**x**ótico	e**x**ilado

In a few words. the **x** is pronounced like the **x** of *sox*:

índe**x**	ane**x**o
fi**x**ar *to specify*	tá**x**i
	tó**x**ico

Finally, in a very few words, it is pronounced like the Portuguese **-ss-**:

pró**x**imo	trou**x**e *I brought*
au**x**ílio *aid*	

II. Verbos do segundo e terceiro grupos

An infinitive will be given, followed by a subject. Repeat the subject and put the verb in the corresponding form:

    MODELO: (tape) Aprender — eu
                      (student) Eu aprendo
                      (confirmation) Eu aprendo
                      (repetition) Eu aprendo

Vozes portuguesas—Os filhos portugueses são muito dependentes dos pais

Fill in the missing words.

A grande _____ dos filhos ainda fica com os pais até casarem. Sem _____ nenhuma. São muito poucos os jovens que têm, digamos, a _____ de sair de casa porque os filhos portugueses são muito _____ dos pais, quer economicamente, quer emocionalmente. Podem fazer _____ com os amigos mas pouco mais do que isso. Até _____ ficam com os pais.

III. Verbos especiais do terceiro grupo.

Answer the questions you will hear in the affirmative. You are not to be held responsible if many of your answers are untrue.

    MODELO: (tape) Tu mentes frequentemente?
                  (student) Sim, minto frequentemente.
                  (confirmation) Sim, minto frequentemente.
                  (repetition) Sim, minto frequentemente.

Written Section

1. _____

2. _____

3. _____

IV. Nomes e Apelidos

In this exercise, you will have to look at the drawing on the next page to answer the questions about the names of various relatives. What is the name of So-and-So's aunt? A few extra seconds will be given for every answer so you can look for relationships and names.

    MODELO: (tape) Qual é o nome do pai do Miguel?
                  (student) O seu nome é Jorge.
                  (confirmation) O seu nome é Jorge.
                  (repetition) O seu nome é Jorge.

Written section:

1. _____
2. _____
3. _____

V. Saber e conhecer

Answer the questions according to the drawing.

MODELO: (tape) O Gustavo conhece a Anita?
               (student) Sim, conhece a Anita.
               (confirmation) Sim, conhece a Anita.
               (repetition) Sim, conhece a Anita.

Vozes portuguesas—Avós e netos
Write in the missing phrases.

Em Portugal há muito o _____. De maneira que as famílias são _____, são bastante conservado-ras. Quando a mulher trabalha _____ verem-se os filhos entregues aos avós. Os avós _____ de acompanhar o crescimento dos netos e por _____ disponibilizam-se mais para os netos do que para os _____.

VI. Quantos anos tem?
Tell the ages of the persons shown below.

MODELO: (tape) Quantos anos tem a Patrícia?
            (student) Tem quarenta e quatro anos.
            (confirmation) Tem quarenta e quatro anos.
            (repetition) Tem quarenta e quatro anos.

94 o Cláudio

1 a Gabriela

18 o Fábio

10 a Lucinha

27 a professora

65 o Luís

44 a Patrícia

16 o José

VII. Números e quantidades

Look at the problems below. Give the problems and answers in the order asked for by the tape.

MODELO: (tape) Número seis
(student) Trinta mais quarenta são setenta.
(confirmation) Trinta mais quarenta são setenta.
(repetition) Trinta mais quarenta são setenta.

1. 249 + 251 =
2. 500,000 + 500,000 =
3. 650 + 250 =
4. 70 + 31 =
5. 100 + 110 =

6. 30 + 40 =
7. 700 + 300 =
8. 50 + 25 =
9. 500 + 200 =
10. 53 + 44 =

Written Section:

1. _____
2. _____

VIII. Texto de compreensão: Na casa dos Saraiva

Listen to the comprehension text and write answers to the questions asked.

1. _____

2. _____

3. _____

4. _____

IX. Ditado.

You will hear this dictation three times. The first time, just listen attentively. The second time, write what you hear during the pauses. The third time it will be read with no pauses so that you can verify your work.

_____

_____

_____

_____

_____

Lição 6—Caderno de Trabalho
Queres ir a uma tasquinha?

1. Dois verbos juntos, pp. 122-24

1a. Fill in the blanks with a form of **querer** and an appropriate infinitive:

1. Vocês _____ ténis?

2. As crianças não _____ a sopa.

3. Eu não _____ ao cinema esta noite.

4. Nós _____ um carro novo.

5. Ela não _____ cerveja.

6. Tu _____ uma bica?

7. A senhora _____ alguma coisa?

8. Elas não _____ o apartamento.

9. Tu não _____ mais salada?

10. O Pedro e eu não _____ à festa.

1b. Create sentences using a form of **querer** and the following elements

1. alunos – férias

_____

2. crianças – brincar

_____

3. eu – pão com manteiga

_____

4. vocês – carro novo

_____

5. namorada – presente

_____

6. nós – galão

_____

8. Sr. Lima – bife com batatas fritas

_____

9. tu – omelete

_____

10. Ana Maria – aspirina

_____

1c. Make up questions for the following answers:

1 _____ ?
O Ricardo quer ir ao cinema.

2 _____ ?
Queremos uma *pizza* com anchovas.

3 _____ ?
Quer beber um Trinaranjus.

4 _____ ?
Quero comprar um dicionário.

5 _____ ?
Querem comer no restaurante chinês.

6 _____ ?
A Andreia quer estudar na biblioteca.

7 _____ ?
Queremos ir ao *shopping*.

8 _____ ?
A Rita quer um iogurte.

9 _____ ?
Quero quinhentos escudos.

10 _____ ?
O Paulo quer um *hamburger*.

1d. Answer these questions.

1. Podes vir comigo ao museu?

_____

2. Vocês podem comprar o livro hoje?

_____

3. Os alunos podem usar o dicionário no teste?

_____

4. O João Carlos pode ir agora ao supermercado?

_____

5. Vocês podem chegar na sexta-feira?

_____

6. O senhor pode explicar o problema?

_____

7. Eles podem ir à festa no domingo?

_____

8. D. Rosa, a senhora pode telefonar outra vez na segunda?

_____

9. O senhor pode-me fazer um favor?

_____

10. Pode-me trazer um Sumol?

_____

1e. Using a form of **poder** and the following elements, state ten things that several people cannot do.

    MODELO: comer coisas com muito sal
               A minha mãe (a Tia Aurora, o meu irmão, etc.) não pode comer coisas com muito sal.

1. fumar na aula de Português

_____

2. ir à discotece no sábado

_____

3. abrir o livro no exame final

_____

4. pagar a renda do apartamento

_____

5. entender a professora

_____

6. estudar hoje à noite

_____

7. comprar um carro novo

_____

8. visitar a família no fim-de-semana

_____

9. comer toda a carne

_____

10. vir hoje à Universidade

_____

1f. Complete with a form of **dever**:

1. Tu _____ vir amanhã.   4. Eu _____ telefonar à Isabel.

2. Eles _____ trabalhar mais.   5. Nós _____ oitocentos escudos ao Carlos.

3. Vocês _____ trazer dinheiro.

1g. Answer the folowing questions:
1. Quando é que devemos entregar o trabalho para casa?

_____

2. O que é que ele deve fazer no sábado?

_____

3. O que é que devo comprar para a festa?

_____

4. Ela deve estudar a lição para amanhã?

_____

5. Quando devemos usar "o senhor" ou "a senhora"?

_____

1h. Form affirmative or negative sentences using **gostar de** and the following elements

1. A Joana/brócolos *broccoli*

_____

2. Nós/ir à ópera

_____

3. O professor/dar exames difíceis

_____

4. Eu/*cheeseburgers*

_____

5. Tu/Paulo

_____

1i. Complete according to the model:

Modelo: No sábado *eu gosto de ir ao cinema (jogar ténis, ir à praia, etc..*

1. Aos domingos nós _____

2. No verão eles _____

3. Na aula de Português o professor_____

4. Quando vou à praia _____

5. À noite ela _____

6. Quando estou em casa _____

7. Os professores_____

8. Nos fins-de-semana vocês _____?

9. No bar da Faculdade os alunos _____

10. Depois das aulas tu _____?

1j. Complete the following sentences using the verbs in parentheses. Use a preposition when necessary.

1. O Jorge Manuel (gostar) _____

2. Nós (começar)_____

3. Os Portugueses (gostar) _____

4. O meu namorado/a minha namorada (aprender)_____

5. Eu (precisar)_____

6. O professor (dever)_____

7. Elas (começar)_____

8. Vocês (precisar) _____

9. A minha família (gostar) _____

10. Os alunos (aprender) _____

2. Fazer, aceitar, adiar e recusar convites, pp. 125-26

2a. How do you think these people reacted to the following invitations?

1. D. Fernanda: Susan, quer ir a Madrid connosco? Nós pagamos tudo.

_____

2. Ana Maria: Susan, queres passar o fim-de-semana em minha casa?

_____

3. James: Susan, podemos ir ao Estoril esta noite?

_____

4. Fátima: João Carlos, queres ir ao Pizza Hut?

_____

5. Empregado da esplanada para Susan: Está livre no sábado? Quer sair comigo?

_____

6. João Manuel: Pai, vamos ao futebol no domingo?

_____

7. Sr. Saraiva: Fernanda, queres ir jantar a Cascais hoje?

_____

8. Fátima: Susan, queres vir comigo amanhã a uma conferência sobre endocrinologia?

_____

9. D. Fernanda: Mãe, quer vir cá almoçar amanhã?

_____

10. Susan: James, vamos ao bar da Faculdade antes da aula?

_____

2b. Imagine you are Gabriela, a girl being asked for a date by José Carlos. You don't like him but you don't want to hurt his feelings by refusing his invitation immediately. How would you react to this situation?

1. Olá, Gabriela, tudo bem?

_____

2. Olha, queres sair comigo no sábado à noite?

_____

3. Podemos ir ao cinema. Ou a uma discoteca. O que é que achas?

_____

4. E quando é que vais saber se podes sair?

_____

5. Então telefono-te na sexta à noite.

_____

6. A que horas posso telefonar?

_____

Gabriela finally decided she did not want to go out with José Carlos and told him her cousins were coming to the house Saturday night and she had to be there. So José Carlos picks up the phone and calls another girl, Anabela. Anabela does like José Carlos and she accepts the invitation immediately. What do you think she will say?

1. Anabela? Fala o José Carlos. Como estás?

_____

2. Olha, queres sair comigo sábado à noite?

_____

3. Óptimo! Onde é que queres ir?

_____

4. Certo! Onde é que nos vemos?

_____

5. A que horas?

_____

3. Mais verbos irregulares, pp.127-31

3a. Answer these questions:

1. Tu ouves bem?

_____

2. Os teus pais ouvem bem?

_____

3. Vocês ouvem bem?

_____

4. Achas que eu ouço bem?

_____

5. A professora ouve bem?

_____

3b. Answer:

1. No bar da Faculdade o que é que a Susan pede quando tem sede?

_____

2. O que é que tu pedes num restaurante italiano?

_____

3. Vocês pedem dinheiro aos pais todos os meses?

_____

4. O que é que os clientes geralmente pedem no McDonald's?

_____

5. O que é que os mendigos *beggars* pedem na rua?

_____

3c. Fill in the blanks with a form of **perder:**

1. Ele _____ a cabeça facilmente.

2. Tu _____ as chaves frequentemente.

3. Eu _____ sempre a paciência com ele.

4. Nós nunca _____ o comboio.

5. Vocês _____ sempre muito dinheiro no casino?

3d. Fill in the blanks with a form of **sair**, **dar**, **trazer** or **dizer**:

1. Vocês _____ todos os sábados à noite?

2. O professor _____ muito trabalho para casa?

3. O teu pai _____ flores para a tua mãe?

4. Vocês _____ mentiras ao professor?

5. Eu _____ a Luísa para a Universidade.

6. Não podemos comprar isso porque não _____ dinheiro.

7. Eles _____ sempre a verdade?

8. Os jornais americanos _____ muitas notícias sobre Porugal?

9. Quanto dinheiro _____ tu hoje?

10. Eu _____ "ouço," não "oiço."

11. Tu _____ o teu livro de Português todos os dias?

12. Eu _____ muitos presentes aos meus amigos.

13. Tu _____ dinheiro para a Cruz *Cross* Vermelha?

14. Nós _____ tarde da Universidade?

15. Eu _____ do trabalho às cinco horas.

3e. Answer:

1. Os Portugueses põem geralmente maionese e alface nas sanduíches?[a]

_____

2. Tu pões muito açúcar no café?

_____

3. Vocês põem pouco sal na comida?

_____

4. A D. Fernanda põe açúcar no leite?[b]

_____

5. Em Portugal põe-se gelo nos refrigerantes?[c]

_____

NOTES:
   [a] No, they don't.
   [b] Chances are that she does.
   [c] You may remember that one doesn't.

4. Expressões com TER e ESTAR COM, pp. 131-34

4a. Follow up the sentences below with a **ter** or **estar com** expression:

1. A professora vai dar um teste superdifícil amanhã.

_____

2. Já são duas horas da manhã!

_____

3. Ganhei a lotaria!

_____

4. Não visitamos os tios desde 1993.

_____

5. Há alguma coisa para comer no frigorífico?

_____

6. Sim, de facto Tirana é a capital da Albânia. O senhor

_____

7. O termostato está muito baixo.

_____

8. Não me dás um copo de água?

_____

9. O ar condicionado não funciona bem.

_____

10. Não posso atender agora o telefone.

_____

4b. Supply questions for the following answers:

1 _____ ?
Não, agora mesmo não podemos. Estamos com muita pressa.

2 _____ ?
Sim, por favor. Estou com uma sede horrível.

3 _____ ?
Claro que sim. Tens razão.

4 _____ ?
Não, com uma sanduíche está bem. Não tenho muita fome.

5 _____ ?
Não, pode ser amanhã. Vocês já estão com muito sono.

6 _____ ?
Sim, pode abrir. Estou com muito calor.

7 _____ ?
Não, não quero ir a Las Vegas. Nunca tenho sorte ao jogo.

8 _____ ?
Vamos! Já estou com saudades de ver a Sara.

9 _____ ?
Sim, a camisola amarela. Estou com muito frio.

10 _____ ?
Na tua motocicleta? Não, obrigado, tenho medo.

4c. Fill in the blanks with a **estar com** or **ter** plus noun expression.

1. Há alguma coisa que comer? _____

2. _____ Vou-me deitar _lie down_.

3. Por favor fecha a janela. _____

4. Tu _____ de viajar de avião?

5. Não _____ para ler esse livro agora.

6. _____! Há Sumol no frigorífico?

7. _____ agora. Faço isso amanhã.

8. _____! A Universidade dá-te uma bolsa de estudo *scholarship*.

9. _____? Vou ligar o ar condicionado.

10. Não visito a Guida há muito tempo. _____

5. O infinito pessoal, pp. 134-38

5a. Complete with a suitable personal infinitive:

1. É essencial vocês _____ sempre a verdade.

2. É preciso nós _____ hoje ao supermercado.

3. É impossível eles _____ tantas horas!

4. É importante _____ respostas precisas a todas as perguntas.

5. Não é necessário eu _____ lá às onze em ponto.

6. É incrível eles _____ isso!

7. É possível vocês _____ o trabalho para as cinco da tarde?

8. Não é conveniente tu _____ à minha casa hoje.

9. É incrível ela _____ todas essas coisas!

10. É melhor nós _____ o jornal.

11. É difícil eles _____ um bom restaurante nesta cidade.

12. É preferível eu _____ com eles hoje.

13. É bom nós não _____ tanto.

14. É provável vocês _____ tudo isso?

15. Não é fácil ela _____ um carro novo por esse preço.

5b. Fill in the blanks always using a personal infinitive.

1. Ao _____ da aula encontrámos o Osvaldo.

2. Depois de _____ o peixe, eles sentiram-se mal.

3. Antes de _____ para o aeroporto vocês telefonam-me?

4. A fim de _____ a tempo temos que sair daqui às oito horas.

5. Os senhores não devem decidir nada sem _____ um advogado primeiro.

6. Eles têm que estudar muito para _____ uma boa nota no teste de Álgebra.

5c. Change the sentence according to the model.

MODELO: Esta carta é para mandar hoje. Nós
Esta carta é para nós **mandarmos** hoje.

1. É preciso remodelar o apartamento. Elas

_____

2. Este gelado é para comer ao almoço. Os meninos

_____

3. É essencial usar o dicionário. Vocês

_____

4. A tradução é para fazer hoje. O Carlos

_____

5. É preciso comprar pão. A empregada

_____

6. É bom estudar a lição hoje. Nós

_____

7. Os ovos são para fritar agora. A Carla e a Irene

_____

8. O professor pede para apagar o quadro. Os alunos

_____

9. É necessário comer muita fruta e verduras. As crianças

_____

10. Não permitem jogar futebol na praia. Nós

_____

6. As refeições, pp.138-39

6. Translate:

Susan ...
1. has breakfast at home at eight o'clock.

_____

2. usually has lunch at the University cafeteria.

_____

3. sometimes has a midafternoon snack at a sidewalk café.

_____

4. very often has dinner with her friends at a restaurant.

_____

5. will have New Year's Eve supper at the Casino Estoril.

_____

Instantâneos portugueses—Bacalhau, o fiel amigo

Há anos apareceu em Portugal um livro de cozinha muito popular chamado **100 Maneiras de Cozinhar Bacalhau**. Possivelmente hoje em dia já se inventaram outras mais. O bacalhau é, pelo menos desde o século XVI, um prato muito apreciado pelos Portugueses.[a] Já nesse tempo se ia pescar nos mares da Terra Nova. A tradição continuou e até há poucos anos os lugres de Lisboa, Aveiro e Viana do Castelo iam até águas canadianas, onde os portugueses nos seus pequenos *dories* pescavam o bacalhau à linha.[b]

Evidentemente não se pode comer o peixe fresco em Portugal. O bacalhau é salgado a bordo e depois secado ao sol em terra. Para se poder cozinhar, o bacalhau tem de ser posto de molho durante pelo menos uma noite. Depois a maneira mais fácil de o preparar é cozer com batatas e grelos.[c] Antes isto constituía um prato barato e as pessoas chamavam ao bacalhau "o fiel amigo," visto que era relativamente acessível à mesa dos pobres. Hoje em dia um quilo de bacalhau custa quase uma fortuna!

NOTES:
[a] Dried codfish was part of the rations given out to crew members and passengers on the galleons on the India route in the sixteenth and seventeenth centuries.

[b] Canadian authorities no longer allow Portuguese ships to fish in Canadian territorial waters. Since cod is becoming endangered, the Canadians only allow fishing of this species by hook and line. Canadian fishermen catch the cod, bring it to the harbor in St. John's, Newfoundland and sell it to the Portuguese boats there.

[c] Any good Portuguese cookbook will give numerous codfish recipes. Some of the most popular are **bacalhau à Gomes de Sá, bacalhau à Zé do Pipo, bacalhau à Brás** and **bacalhau com natas**. Codfish cakes (**pastéis de bacalhau** or **bolinhos de bacalhau**) are very popular. **Pataniscas** or egg dipped and fried pieces of codfish are often served at some bars as a snack.

a bordo on board	**fiel** faithful	**livro de cozinha** cook book	**salgado** salted
apareceu was published	**fresco** fresh	**lugres** luggers	**secado** dried
cozer boil	**grelos** turnip sprouts	**pescar** fish	**sol** sun
fácil easy	**há anos** years ago	**posto de molho** soaked	**visto que** since
	ia(m) used to go		
	linha line		

Mark the most appropriate answer according to the text and the notes.

1. Um livro de cozinha muito conhecido publicado em Portugal chama-se a. **Adivinha Quem Vem Jantar** b. **100 Maneiras de Cozinhar Bacalhau** c. **O Velho e o Mar**
    2. O bacalhau é muito apreciado pelos Portugueses pelo menos desde a. o período mesolítico b. A Guerra dos Cem Anos c. o século XVI
    3. Os Portugueses pescavam bacalhau a. nos mares da Terra Nova b.no Golfo Pérsico a. no Estreito de Behring
    4. Nos galeões da Índia os passageiros e tripulantes comiam a. carne de porco à alentejana b. bacalhau c. *pizza* de anchovas
    5. Os barcos usados antes pelos Portugueses para pescar bacalhau são a. submarinos e fragatas b. *ferry-boats* e iates c. lugres e *dories*
    6. Em Portugal o bacalhau vende-se nos supermercados a. seco b. fresco c. congelado
    7. Antes de cozinhar o bacalhau é necessário a. salgar b. pôr de molho c. descongelar
    8. Há muitos anos o prato tradicional dos pobres era a. bacalhau cozido com batatas b. bacalhau com natas c. bacalhau à Zé do Pipo
    9. Hoje em dia o bacalhau é a. extremamente barato b. razoavelmente barato c. muito caro
    10. Os supermercados frequentemente vendem caixas de a. pastéis de bacalhau b. croquetes de salmão c. filetes de sardinha

Um problema de palavras cruzadas

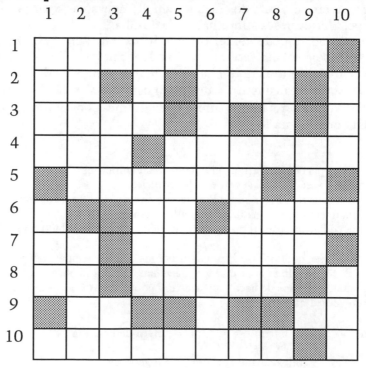

Nome_____ Data_____ Aula_____

Horizontais:

1. O João Carlos, a Fátima e a Susan vão jantar a uma ____
2. Em português é E.U. mas em inglês é ____; as tasquinhas ____ restaurantes baratos mas bons
3. A ____ é uma forma de alergia
4. ____ é uma forma do verbo **sair**; a D. Fernanda tem uma fotografia da sua família na ____ da sala
5. Na tasquinha servem ____ de chocolate
6. A primeira sílaba de **Miguel** é ____; ____ é filho de Adão e Eva
7. As duas consoantes de **nada** são ____; a D.Fernanda e a Susan ____ de chegar ao supermercado e vão buscar um carrinho
8. A primeira sílaba de **roda** é ____; ____ é a capital da Bulgária
9. As chapas de nacionalidade dos automóveis suíços têm as iniciais ____; ____ são as iniciais de **extra-terrestre**
10. A ____ à transmontana é um prato típico português

Verticais:

1. O feminino de **teus** é ____; as iniciais da Guarda Nacional Republicana são ____
2. ____ é uma forma do verbo **assar**; o arroz ____ é uma sobremesa típica portuguesa
3. O cão diz "eu ladro" mas o gato diz "eu ____"; a primeira sílaba de **hipermercado** é ____
4. ____ é a primeira sílaba de **quase**; a D. Fernanda vai comprar ____ uvas e uns pêssegos
5. ____ é um prefixo que se refere à mente humana
6. ____ é fígado frito; ____ — forma do verbo **afiar**
7. O Sr. Saraiva toma café ____ sala de jantar; as três primeiras sílabas de **reabilitar** são ____
8. ____ é sábado e a Susan não tem aulas; em Portugal as ovelhas fazem "Mééé!" mas na América fazem "____!"
9. A D. Fernanda vai ao dentista porque lhe ____ os dentes
10. As iniciais da Comunidade Económica Europeia são ____; as iniciais da Radiotelevisão Portuguesa são ____

Exercícios Suplementares

A. Mark the following choices P for **plausível** or I for **implausível**:

1. O Restaurante Nuvem-Mar serve a. *pizza* _____ b. porco agridoce *sweet and sour* _____ c. cozido à portuguesa _____ d. sardinhas assadas _____ e. arroz xauxau _____ f. vinho francês _____ g. chá _____ h. feijoada brasileira _____ i. bife com batatas fritas _____ j. *tempura* _____ k. galinha com amêndoa *almond* _____ l. açorda de marisco _____

Lição 6   113

B. Susan saw this ad in the paper and decided to have dinner there tomorrow. According to her plans, mark the most appropriate answer:

RESTAURANTE XICO CARREIRA
GERÊNCIA DE: *ALMÉNIA RAMOS*

A Boa Cozinha Portuguesa

PARQUE MAYER   TELEF.: 3463805
1200 LISBOA

1. O nome do restaurante onde a Susan vai ir é a. O Polícia b. Solmar c. Xico Carreira
2. O restaurante é a. no Parque Mayer b. nas Avenidas Novas c. no aeroporto
3. No Parque Mayer a Susan vai encontrar a. escolas, bibliotecas e museus b. restaurantes, cafés e teatros c. um hotel de cinco estrelas, um casino e um ginásio
4. O Parque Mayer é perto da a. Avenida da República b. Avenida da Liberdade c. Avenida dos Estados Unidos
5. A Avenida da Liberdade é a. uma pequena rua em Alfama b. a avenida onde a Susan reside c. a artéria principal de Lisboa
6. No restaurante a Susan vai comer a. sardinhas assadas b. *pizza* c. *suchi*

NOTE: The Parque Mayer is an entertainment area just off the Avenida da Liberdade, Lisbon's main thoroughfare. In it you'll find a few theaters, cafés and restaurants.

C. Answer the following questions:

1. Onde é este McDonald's?

_____

2. Os jovens portugueses gostam de *fast food*?

_____

3. Tu vais muitas vezes ao McDonald's?

_____

4. O que é que geralmente se come lá?

_____

5. E o que é que se bebe?

_____

D. Na sexta-feira o Jorge e a Ana Maria vão jantar no Café Central. As frases abaixo são plausíveis (P) ou implausíveis (I)?

1. O Jorge vai pedir **filet mignon** porque é o prato do dia da sexta-feira. ____
2. O empregado explica que neste restaurante cozido à portuguesa é um prato de bacalhau. ____
3. A Ana Maria vai pedir carne de porco à alentejana. ___
4. O Jorge explica à Ana Maria que jardineira é sardinhas fritas com arroz de tomate. ____
5. O cliente da mesa ao lado, que é vegetariano, vai comer cozido à portuguesa.___
6. O peixe com arroz de tomate é um prato delicioso.____

NOTES: **Caracóis** are snails. In some cafés and beer halls (**cervejarias**) small snails in their shells cooked in a slightly spicy sauce are served to go with beer. **Bacalhau com grão** is codfish with chick peas. **Jardineira** is a meat stew. Torre da Caparica is on the Costa da Caparica, a resort south of Lisbon.

E. Answer:
1. Achas que a cafetaria e lanchonete Brisa da Avenida serve comida tipicamente portuguesa? Por que é que dizes isso?

_____

2. Com que país é que associas os *croissants*?

_____

3. A *pizza* é uma comida caracteristicamente venezuelana?

_____

4. Os *hamburgers* e os cachorros são pratos tradicionais portugueses? _____

Note: **Cafetarias** are not precisely the type of eatery you would associate with the English word cafeteria. There are no self service hot food counters there and they offer mainly very light meals. **Lanchonete** is a Brazilianism. The word derives from the English term lunch (**lanche**, however, as you know, means a midafternoon snack or a "brown bag" lunch). **Pizzarias** have in recent years cropped up all over the country. The fact that this place serves "Venezuelan" pizzas probably denotes the fact that the owners are returning emigrants from Venezuela, where a huge Portuguese community has settled. **Caseira** means home made. **Cachorros** are—what else?—[hot] dogs. **Cachorro** is the European Portuguese word for *puppy* and the Brazilian word for *dog*.

F. Susan and James went to a small café to have their **lanche.** Describe what each of them had. (The small carton contains Compal, a fruit drink.)

_____

_____

_____

_____

_____

_____

_____

_____

Nome_____Data_____Aula_____

Lição 6—Laboratório
Queres ir a uma tasquinha?

I. Pronúncia: O *e* aberto e fechado portugueses

When an **e** is stressed, it can be *open* or *close*. When you say an "open **e**" your mouth is physically more open than when you say a "close **e**." The difference between the two is important because two words that are exactly the same except that one has an open **e** and the other has a close **e** will mean two different things. **Seu**, with its "close **e**" means *your* and **céu** with its "open **e**" means *sky*!

How to tell which is which is the challenge. Let's start with "open **e**": since they're easy to pronounce. Any **e** that has an acute accent over it is open.

América	crédito	império	mérito
até	égua	jacaré	pé
artéria	fé	José	sétimo
pontapé	fonética	magnésia	trégua

When an **e** has a circumflex, it is close.

bêbedo
Estêvão
chinês
fêmea
pêssego

If there is a verb form and a noun or adjective that have the same spelling, the verb will generally have the open **e** and the noun or adjective will have the close **e**. Pronounce these after the tape.

começo *the beginning*	[eu] começo *I begin*
peso *weight*	[eu] peso *I weigh*
selo *the seal*	[eu] selo *I seal*
seco *dry*	[eu] seco *I dry*
presa *prey*	[ele] preza *he* esteems
pega *magpie*	[ela] pega *she* glues
rego *furrow*	[eu] rego I water

II. Dois verbos juntos

This exercise is to rework sentences with one verb into sentences with two verbs—a verb plus an infinitive. There are seven parts—six oral and one written. Use the verb for each section in all of the examples. The model uses **secção número um**.

> MODELO: (tape) Comemos agora.
> (student) Queremos comer agora.
> (confirmation) Queremos comer agora.
> (repetition) Queremos comer agora.

Now do the exercise.

Secção número um: **Querer**   Secção número quatro: **Gostar de**
Secção número dois: **Poder**   Secção número cinco: **Precisar**
Secção número três: **Dever**   Secção número seis: **Começar a**

Secção número sete: Now write the solutions. Each one has a different cued verb.

1. **Querer**

_____

2. **Poder**

_____

3. **Precisar**

_____

4. **Gostar de**

_____

Vozes portuguesas—As cantina da universidade

Write in the missing words. The **Voz** will be repeated once.

Existem três _____ na Universidade. As cantinas todas elas são _____-

_____. Portanto na cantina de _____ paga-se quinhentos escudos por um

prato unicamente. No _____ da Faculdade de Direito é quinhentos escudos

também só que _____ um prato, uma sopa, uma bebida e uma sobremesa.

No bar de Gestão a _____ entra lá, escolhe os produtos que quer. Tem lá

vários pratos, _____ sobremesas, várias sopas, várias bebidas.

III. Mais verbos irregulares

Answer the questions based on the information given below. The number of the question is the number below that has the information that you need.

MODELO: (tape) 1. O que é que o José pede no restraurante?
(student) Pede carne de porco à alentejana.
(confirmation) Pede carne de porco à alentejana.
(repetition) Pede carne de porco à alentejana.

1. carne de porco à alentejana
2. música popular.
3. as minhas chaves
4. o cinema
5. o trabalho.

6. dois lápis
7. na mesa do professor
8. canja
9. um galão

Vozes portuguesas—O Português come muito à base de pão

You will hear the **voz** twice. Circle the words below that don't correspond to what is said.

O pão faz muito parte do regime português. O Português come tudo à base de pão.

Enquanto por exemplo o Americano come uma sanduíche e pede o pão de forma que é aquele pão muito pesado, de trigo, o Português não... Não há uma comida em que passe sem pão. Portugal é muito pobre em trigo, milho e centeio. Então só existem três tipos de pão: a mistura ou centeio só ou trigo. O normal é a carcaça.

IV. Expressões com *ter* e *estar com*

A. Look at the drawings on the next page and answer the questions. The same drawing may be used more than once.

MODELO: (tape) Quem tem fome?
(student) O Alberto tem fome.
(confirmation) O Alberto tem fome.
(repetition) O Alberto tem fome.

a Helena

o Tomás

a Joana

o Alberto

o Daniel

a Isabel

In the second part, answer the questions again. If the answer is negative, as it is in the model, state what the true situation is.

MODELO: (tape) A Joana tem calor?
(student) Não, não tem calor—tem sono.
(confirmation) Não, não tem calor—tem sono.
(repetition) Não, não tem calor—tem sono.

V. O Infinito Pessoal

A. Answer the questions asked by the tape beginning your answers with the impersonal expression listed in the manual.

MODELO: (tape) Posso ir de comboio a Sintra? — É possível.
(student) É possível tu ires de comboio a Sintra.
(confirmation) É possível tu ires de comboio a Sintra.
(repetition) É possível tu ires de comboio a Sintra.

1. É possível
2. É importante
3. É impossível

4. É difícil
5. É fácil

6. É preciso
7. É conveniente
8. É urgente

Vozes portuguesas—Comer perto da Universidade
You will hear the **voz** twice. Write in the missing phrases.

Os estudantes quando têm um bocadinho _____ para

almoçar saem da Universidade e vão comer _____, a cafés e

pastelarias e tascas. Os estudantes também comem muito _____ que

é onde eles servem assim um prato de polvo ou... Não sei, _____

grandes panelões de comida e depois põem a quinhentos escudos o prato, chama-se o prato

do dia. Às vezes é _____ ou feijoada e pronto.

VI. Texto de Compreensão: A comida portuguesa
Listen to the comprehension text and write answers to the questions asked.

1. _____

2. _____

3. _____

4. _____

VII. Ditado.
You will hear this dictation three times. The first time, just listen attentively. The second time, write what you hear during the pauses. The third time, verify your work.

_____

_____

_____

_____

_____

Lição 7—Caderno de Trabalho
Vamos a qualquer sítio no fim-de-semana

1. O que é que aconteceu? O pretérito perfeito, pp. 146-53

1a. Answer the following questions:

1. Ontem conversaste em português com o teu professor?

_____

2. Quantas horas estudaram vocês ontem?

_____

3. Os teus pais compraram um carro novo este ano?

_____

4. O teu professor explicou bem a lição de ontem?

_____

5. Onde é que tomaste o pequeno almoço hoje?

_____

6. Vocês falaram em francês com os dois turistas?

_____

7. A Susan estudou toda a noite ontem?

_____

8. Eu expliquei bem o caso?

_____

9. A D. Fernanda comprou arroz no supermercado?

_____

10. Vocês tomaram o autocarro esta manhã para vir para a Universidade?

_____

1b. Answer according to the model:
    MODELO: Chegaste cedo?
              Cheguei.

1. Dançaste muito? _____

2. Explicaste tudo? _____

3. Pagaste a conta? _____

4. Aplicaste o medicamento? _____

5. Ficaste num hotel? _____

6. Ligaste para o banco? _____

1c. Answer:

1. O que é que comeste ontem ao jantar?

_____

2. Vocês venderam os livros de texto do ano passado?

_____

3. A Susan viveu em Chicago?

_____

4. Conheceste esse rapaz?

_____

5. Elas aprenderam espanhol?

_____

6. Eu bebi muito?

_____

7. Ele escreveu o trabalho?

_____

8. Quando é que eles morreram?

_____

9. Entendeste a lição?

_____

10. Vocês nasceram na Madeira?

_____

1d. Fill in the blanks with a form of the verb in parentheses:

1. A noite passada nós _____ (dormir) dez horas.

2. Quando é que vocês _____ (ouvir) a notícia?

3. O avião _____ (partir) com uma hora de atraso.

4. Todos os professores _____ (assistir) à cerimónia?

5. A directora _____ (discutir) o caso com a secretária?

6. O que é que tu _____ (pedir) para beber?

7. A Susan _____ (abrir) uma conta no banco?

8. O ladrão _____ (fugir) quando a polícia chegou?

9. Os meninos _____ (mentir) à professora?

10. Vocês _____ (subir) pelo elevador?

1e. Using the verb in parentheses, mention something you did last week.

1. (comer)_____

2. (estudar)_____

3. (assistir) _____

4. (comprar) _____

5. (ler) _____

6. (escrever) _____

7. (dormir) _____

8. (ver) _____

9. (ouvir) _____

10. (perder)_____

1f. Precede the following sentences with **Ontem** and make the necessary changes in the verb.

1. O supermercado abre às oito da manhã.

_____

2. O meu irmão discute política com os seus amigos.

_____

3. Os meus pais ouvem as notícias pela rádio.

_____

4. A firma garante o produto por um ano.

_____

5. O comboio parte às cinco horas.

_____

6. Eles saem da aula às quatro.

_____

7. Eu durmo oito horas.

_____

8. A cerimónia consiste em discursos e entrega de prémios.

9. O intérprete traduz as conversações.

10. Eu subo até ao décimo andar.

2. Advérbios de tempo, pp.153-55

2a. Write sentences starting with the following expressions:

1. Agora _____

2. Hoje _____

3. Amanhã _____

4. Anteontem _____

5. Hoje à noite _____

6. Ontem à noite _____

7. Esta semana _____

8. A semana passada _____

9. Este ano _____

10. O ano passado _____

3. «Comprei o meu carro há dois anos», p. 155

3. Answer these questions.

Há quanto tempo ...

1. estudas nesta universidade? _____

2. acabaste a escola secundária? _____

3. moras no teu apartamento? _____

4. chegaste hoje à universidade? _____

5. tomaste o pequeno almoço? _____

4. Quatro pretéritos perfeitos irregulares, pp. 155-58

4a. Fill in the blanks with a form of **fazer**.

1. Os teus amigos _____ uma festa no sábado?

2. Tu já _____ o teu trabalho de casa?

3. A D. Fernanda _____ ontem sopa para o almoço?

4. Vocês _____ as camas logo de manhã?

5. Eu não _____ nada o domingo passado.

6. Eles é que _____ o jantar ontem?

7. Vocês _____ a barba esta manhã?

8. A Susan _____ anos anteontem?

9. Nós já _____ o teste de Espanhol.

10. Em 1994 o senhor _____ uma viagem à Turquia?

4b. Answer:

1. Onde é que foste nas últimas férias?

_____

2. Vocês já foram alguma vez ao Brasil?

_____

3. Onde é que a Susan foi no fim-de-semana?

_____

4. O Sr. Saraiva e a D. Fernanda foram ao centro comercial no sábado?

_____

5. A que loja é que tu foste para comprar o caderno?

_____

6. Tu já foste a Portugal?

_____

7. Nesse dia eu fui contigo ao cinema?

_____

8. O Sr. Saraiva foi ao banco ontem?

_____

9. Vocês foram ao correio *post office* esta manhã?

_____

10. A Fátima foi ao hospital ontem?

_____

4c. Complete with a form of **vir**.

1. Esta manhã vocês _____?

2. Hoje o professor _____?

3. Esta manhã o carteiro *mail carrier*_____

4. Os meus pais _____

5. Ontem eu _____

6. Tu _____ ?

7. Ontem à noite nós _____

8. Quando é que vocês _____ ?

9. A Susan _____

10. No domingo a Fátima e o João Carlos _____

4d. Answer:

1. Vocês puseram a mesa para o jantar? _____

2. Tu já puseste açúcar no café? _____
3. Quanto dinheiro é que o João Carlos pôs no banco hoje?

_____

4. Eles puseram os selos *stamps* nas cartas? _____

5. Onde é que eu pus a minha chave? _____

6. A empregada pôs a comida no frigorífico? _____

7. Eu pus a minha pasta aqui?_____

8. Quando é que puseste o postal *postcard* no correio? _____

9. A D. Fernanda pôs sal no arroz? _____

10. Onde é que eles puseram o carro? _____

4e. Have Susan relate this scene to a friend the following day. Start with "Ontem eu..."

A Susan vai a uma esplanada perto da Faculdade. Senta-se e pede um galão e um bolo. Pouco depois chega o seu amigo James. Eles conversam um pouco. Depois aparecem duas colegas, a Fie e Giselle. Elas sentam-se na mesma mesa e pedem Coca-Cola. Então todos eles decidem ir ao cinema. Vão ver um filme americano no São Jorge. Depois entram num *snack* e comem tostas mistas e bebem Fanta. Fazem planos para ir ao Estoril no domingo. A Susan vem para casa às dez da noite. Então ainda prepara as suas lições para o dia seguinte.

_____

_____

_____

_____

_____

_____

_____

Instantâneos portugueses—O comboio

O comboio é um método de transporte fácil e prático para utilizar num fim-de-semana a partir de Lisboa ou numa viagem mais longa pelo país.

Em Lisboa há três estações terminais de caminho de ferro. Da estação do Cais do Sodré saem os comboios para Cascais e para todas as estações da chamada Linha, incluindo o Estoril. Os comboios partem com muita frequência e seguem ao longo da costa. São viagens rápidas e muito agradáveis.

Na estação do Rossio pode-se apanhar o comboio para Sintra e para várias estações na parte oeste de Portugal. A linha de Sintra passa por várias cidades-dormitório, como por exemplo Amadora, Queluz e Algueirão.

A estação de Santa Apolónia é a terminal para os comboios de longo curso. Alguns destes comboios são extremamente confortáveis. Têm carruagens com ar condicionado e assentos reservados, umas para fumadores e outras para não fumadores. Há também uma carruagem-bar onde se pode tomar um café, almoçar ou jantar. De vez em quando os empregados do bar passam pelas carruagens com um carrinho para vender sanduíches, bolos, refrigerantes e outras coisas. Também é possível ver um filme durante a viagem e ouvir anúncios em português, espanhol e inglês pelos altifalantes.

agradáveis pleasant
altifalantes loudspeakers
anúncios announcements
assentos seats

caminho de ferro railroad
carruagens cars
cidades-dormitório commuter communities

curso distance
fumadores smokers
país country
viagem trip

Como são os comboios no teu país? O que podes dizer sobre eles?

_____

_____

_____

_____

Um problema de palavras cruzadas

```
    1   2   3   4   5   6   7   8   9  10
1  [ ][ ][ ][ ][ ][ ][▓][ ][ ][ ]
2  [ ][ ][▓][▓][ ][ ][ ][ ][▓][ ]
3  [ ][ ][ ][ ][▓][ ][ ][ ][ ][ ]
4  [ ][▓][ ][ ][▓][ ][ ][ ][ ][▓]
5  [ ][ ][ ][ ][▓][ ][ ][ ][ ][ ]
6  [ ][ ][ ][ ][ ][ ][▓][ ][▓][ ]
7  [▓][ ][ ][ ][ ][ ][ ][▓][ ][ ]
8  [ ][ ][▓][▓][▓][ ][ ][ ][ ][ ]
9  [ ][ ][ ][ ][▓][ ][ ][ ][ ][ ]
10 [ ][ ][ ][ ][ ][ ][▓][ ][▓][ ]
```

Horizontais:

1. O Dieter sugere ____ um carro; A Companhia União Fabril ou ____ foi um importante complexo industrial português

2. As iniciais da Comunidade Europeia são ____; uma forma abreviada de **motocicleta** é ____

3. ____ é o mesmo que **mundo**; ____ significa **desse lugar**

4. ____ é um nome de mulher; ____ é um sistema de televisãon (não é VHF).

5. A Susan conversa com uma amiga ____; ____ é o mesmo que **curto**

6. ____ é um nome de mulher

7. Os quatro amigos querem visitar o Convento de ____; ____ significa **antes de Cristo**

8. **Sua** em francês é ____; o James também é ____ do curso para estrangeiros

9. É necessário mudar periodicamente o ____ do carro; a Susan comeu uma ____ mista

10. O Palácio da Pena é em ____

Verticais:

1. ____ de marisco é um prato português; ____ é um pedido de socorro

2. A Susan costuma ____ o *Diário de Notícias* todos os dias; o Castelo dos Mouros é ____ Sintra; ____ é mais longe do que **aqui**

3. A Susan gosta de pastéis de ____; **em** em espanhol é ____

4. ____ é uma forma do verbo **emalar**; as duas primeiras letras de **Otelo** são ____

5. ____ significa **ante meridiem**; em inglês **se** é ____

6. As três primeiras letras de **rolar** são ____; os quatro amigos não entram no Restaurante João Padeiro porque a comida lá não é ____

7. Os Portugueses dizem **a Torre Eiffel** mas os Franceses dizem **la** ____ **Eiffel**; quando atendem o telefone os Portugueses dizem **Está?** mas os Brasileiros dizem ____

8. A Susan foi no sábado ao Museu dos ____; ____ é o mesmo que **costume**

9. As iniciais do Sr. António Fernandes Viana são ____; as iniciais de Assistência Nacional aos Tuberculosos são ____

10. A ____ é a Feira Industrial de Lisboa; ____ é uma forma do verbo **escoar**

Exercícios Suplementares

A. On Thursday Dieter did indeed call a car rental agency. Supply the missing answers. Use your imagination.[1]

Dieter: Boa tarde. Que tipos de carros têm para alugar?
Empregado:

_____

Dieter: Os senhores alugam por hora ou por quilómetro?
Empregado:

_____

Dieter: Qual é o modelo mais barato que têm?
Empregado:

_____

Dieter: Quanto custa?
Empregado:

_____

Dieter: Há um mínimo de quilómetros que tenho que pagar?
Empregado:

_____

Dieter: A gasolina está incluída?
Empregado:

_____

Dieter: Os senhores têm seguro para o carro?
Empregado:

_____

Dieter: A que horas abrem no sábado?
Empregado:

_____

---

[1] If you are interested in having a rental car in Portugal, arrange for it in the United States or Canada before you leave and it will be much less expensive.

B. Look at the ad and answer these questions:

1 .Onde é o Restaurante Carolina do Aires?

_____

2. Onde é a Costa da Caparica?

_____

3. Este restaurante ganhou algum prémio? Porquê?

_____

4. O que é uma caldeirada?

_____

5. O que é que achas que a Susan e cada um dos seus três amigos comeram na sexta-feira neste restaurante?

NOTES: **Ensopado** is a stew. You have already seen this term in a previous exercise, which mentioned **ensopado de borrego**, *lamb stew*. Although often heard, the form **eiroses** is incorrect. An *eel* is an **eiró**, so the correct plural is **eirós**. A similar case occurs with **filhós** (a sort of fried doughnuts, usually eaten at Christmas). The frequently heard plural form **filhoses** is incorrect.

C. After he left the car rental place Dieter had an encounter with a motor officer. Now answer the following questions:

1. Porque é que achas que o Dieter entrou nessa rua em contramão?

_____

2. Que ar tem o polícia?

_____

3. O que é que ele diz ao Dieter?

_____

4. Achas que ele de facto não reconheceu o sinal?

_____

5. Que problemas é que ele causou?

_____

6. O que é que achas que a garotinha pensa neste momento?

_____

7. O que é que tu achas que vai acontecer ao Dieter?

_____

D. This is the receipt Dieter got when he bought gas. Look at it and answer the following questions:

Auto Mecânica Moderna de Linda-a-Velha, Lda.
Av. 25 de Abril, 22-A/B e 24-A/B — Telef. 419 28 26
2795 LINDA - A - VELHA
CONTRIBUINTE N.º 500 036 063 — CAPITAL SOCIAL 500.000$00
Sociedade por Quotas Mat. na Cons. Reg. Com. de Oeiras, n.º 7834

N.º   17067

VENDAS A DINHEIRO ☐
VENDAS A CRÉDITO ☐

//GALP//

Ex.mo Sr. | matrícula

n.º contribuinte | morada

quant.	produto	preço	valor	IVA (*) taxa
	Gasolina super		4 100$00	
	Gasolina normal - S/ chumbo			
	Gasóleo			
	Óleo lubrificante			(a)
	data 25/1/ 5	total		

Imp. Tipo.Sec..LMCVP-Lisboa - Cont. 500745749 - Aut. Min. 27/5/88 c/ 100 fls. - 9/92 · (a) IVA incluído 16%

1. O empregado não se preocupou com preencher a parte superior do recibo. No entanto, o que é que ele podia ter escrito *could have written*?[a]

_____

2. Nesta bomba de gasolina *gas station* é possível pagar com cartão de crédito?

_____

3. Que tipo de gasolina é que o Dieter meteu?

_____

4. Porque é que achas que ele não meteu gasolina normal sem chumbo?

_____

5. Quanto é que ele pagou pela gasolina? (*Write the amount in full*)

_____

6. Além dos 4 100$00 ele pagou o IVA? Porquê?

_____

7. Considerando que um litro de gasolina custa 150$00, quantos litros é que o Dieter meteu?

_____

8. Considerando que nessa data um dólar valia cerca de 145$00 e que um galão corresponde a 3,75 litros, o que é que achas do preço da gasolina em Portugal comparado com o teu país? (*You may have to take out your calculator before you answer this question.*)

_____

9. Porque é que achas que o Dieter não comprou óleo?

_____

10. Qual é agora o preço da gasolina no teu país?

_____

NOTE:
[a] **Matrícula** is the license plate number. As for **número de contribuinte,** this is a special number each taxpayer is assigned Not being a Portuguese resident, Dieter would not have one.

F. On that Saturday at Sintra and Mafra Susan took a whole roll of pictures. At Ericeira she saw the above ad and decided to have the roll developed. Supply the missing sentences in the dialogue at the photo store.

Susan:

_____ ?

Empregada: Sim podemos revelar para hoje.
Susan:

_____ ?

Empregada: Demora apenas trinta minutos.
Susan:

_____ ?

Empregada: São 850$00.
Susan:

_____ ?

Empregada: Em que nome fica?
Susan:

_____ ?

Empregada: Muito bem. Às seis e meia está pronto.
Susan:

_____

Nome_____Data_____Aula_____

H. The next day Susan went with her friends to Estoril where she found some tourist literature. After reading it, how do you think she would answer the following questions:

Casino do Estoril

O Casino Estoril ocupa, actualmente, lugar de relevo no programa de qualquer visita à Costa do Estoril. Pelo requinte da sua arquitectura, enquadramento paisagístico e decoração de interiores: pelas hipóteses de diversão e de jogo que ele oferece — **slot-machines**, bingo, roleta, 21, bacará, banca francesa, **chemin-de-fer...** —: pelos espectáculos de **music-hall** que diariamente (às 23.30h.) são apresentados no grande salão-restaurante; pelas constantes iniciativas culturais que nele dão a conhecer a arte e o artesanato de Portugal.

Aberto das 15 às 3 horas da manhã, o Casino é, diariamente, o ponto de encontro de milhares de forasteiros e, mesmo, dos habitantes locais, que ali vão espairecer, cultivar-se, ver um filme ou, simplesmente, tomar uma bebida ou conversar com os amigos...

Cascais assumiu papel de relevo durante as invasões napoleónicas: é na vila que Junot, o comandante da 1.ª invasão, se instala: em Cascais assina, forçado, a sua rendição (1808). É da Cidadela que parte, em 1810, para a batalha do Bucaço — decisiva para a queda de Napoleão — o Regimento 19 de Infantaria, sob a protecção de S. António, cuja imagem se venera ainda hoje na Cidadela.

E quando, no último quartel do séc XIX, se instala entre nós — como um pouco por toda a Europa — o hábito de ir a banhos, será Cascais a estância balnear preferida pela Família Real, nomeadamente devido à suavidade do seu Outono. Acompanham-se de perto os nobres, os burgueses com pretensões de nobreza... Cascais assume foros cosmopolitas, a vila adorna-se de um revivalismo que a enfeita de palacetes, e enche de azulejos, arte nova. É o tempo das crónicas mundanas que deliciam os lisboetas, da primeira iluminação eléctrica, do primeiro telefone...

1. Como é a arquitectura do Casino Estoril?

_____

2. Que tipos de jogos oferece?

_____

3. A que horas começam os espectáculos de *music-hall*? Em que dias são?

_____

4. A que horas abre e fecha o Casino?

_____

5. O Casino tem cinema, restaurante e bar?

_____

6. Qual foi o general que comandou a primeira invasão francesa?

_____

7. O que é que Junot fez em Cascais?

_____

8. Quem foi o patrono do Regimento 19 de Infantaria?

_____

9. Em que época se popularizou o hábito de tomar banhos de mar?

_____

10. Que efeitos teve na arquitectura a chegada de visitantes ricos e aristocráticos?

_____

NOTES: Since Portugal did not comply, due to its ages-long alliance with Britain, with Napoleon's demand that Portuguese ports should be barred to English shipping, French troops invaded Portugal three times between 1807 and 1811. Before leaving Cascais to do battle with the French, the 19th Infantry signed in an image of St. Anthony as a private in the regiment, drawing due pay. The image was put on a mule and accompanied the regiment during various campaigns. St. Anthony's war deeds were not reported, but they must have been distinguished, as he was successively promoted in rank, up to colonel! Incidentally, his pay rose accordingly, too. Not only did the Portuguese Royal Family favor the Cascais-Estoril area. So did exiled royalty in more recent times, including King Umberto of Italy and the Count of Barcelona, whose son, who also lived at Estoril, later became King Juan Carlos of Spain. Portuguese presidents also chose the Cidadela *Citadel* as a summer residence.

I. This is a photo of the Tamariz, a strip of cafés and restaurants alongside the Estoril beach. Can you describe what you see there?

_____

_____

_____

_____

_____

_____

_____

_____

DOMINGO, 24
15.00 DESPORTO — Futebol Directo
16.45 OLHA QUE DOIS — Recreativo com Teresa Guilherme e Manuel Luís Goucha
17.40 SONS DO SOL — Musical com Júlio Isidro
18.30 DESPORTO — Jornada na Dois, resumo da jornada de futebol na TV2
19.55 A MARAVILHOSA EXPEDIÇÃO ÁS ILHAS ENCANTADAS — Desenhos animados
20.00 JORNAL DE DOMINGO — Notícias em directo do canal 1 da RTP
21.00 OS TRÊS DA VIDA AIRADA — Filme português
22.35 INFORMAÇÃO DESPORTIVA

J. After coming home from Estoril and Cascais, Susan watched TV with the Saraivas. Look at the programming for Channel 1 and answer the following questions:

1. A que horas é que achas que a Susan acabou de jantar?

_____

2. A que horas é que tu achas que ela começou a ver televisão?

_____

3. Que programas é que ela teve ainda oportunidade de ver no Canal 1?

_____

4. Tu achas que ela entendeu bem estes programas?

_____

5. Nos outros dias que programas achas tu que ela prefere?

_____

Lição 7—Laboratório
Vamos a qualquer sítio no fim-de-semana

I. Pronúncia: O o aberto e fechado portugueses

The same phenomenon of open and close vowels that affects the **e** also affects the **o**. There is an open **o**, pronounced like the **aw** of **jaw** and a close **o** pronounced as the **o** of **sole**. The well-known contrast between grandparents shows this clearly. **Avô**, with a close **oh!** is *grandfather* and **avó**, with an open **oh!**, is *grandmother*.

As with the **es**, an **o** with a an acute accent is open. Pronounce these examples after the tape.

acrópole	código	dólar
caótico	cósmico	esquimó
herói	nós	sólido
lógico	óptico	vovó

And an **o** with a circumflex is pronunced close. Again, spelling reforms have eliminated most of these. Pronounce these examples of close **o** after the tape.

estômago	gôndola	Pôncio
avô	xampô	vovô
compôs	fôlego	pôde
tômbola	cômoro	fôssemos

When a related verb and a noun have the same spelling, the verb will have the open **o** and the noun will have the close **o**, parallel with what happens with the **e**:

Verb = Open	Noun = Close
[eu] gosto	gosto *taste*
[ela] corte *she may cut*	corte *court*
[eu] gozo *I enjoy*	gozo *pleasure*
[eu] forro *I line*	forro *lining*

II: Formas do pretérito perfeito—regulares e irregulares

Say the preterite forms corresponding to the present tense verbs given by the tape. It includes the regular and the four irregular verbs of the lesson.

> MODELO: (tape) Tu falas
> (student) Tu falaste
> (confirmation) Tu falaste
> (repetition) Tu falaste

Vozes portuguesas—Fins-de-semana cheios de trabalho
Write in the missing words. The **Voz** will be repeated once.

Uma vez que sou professora, tenho que _____os fins-de-semana

para programar todas as _____ da próxima semana. Mas tira-se sempre

um _____ para ir lanchar fora, como nós costumamos dizer, e tomar uma

_____ à tarde. Às vezes comer fora quando o _____

familiar permite e pouco mais do que isso. No _____ a praia, um bocadinho de

praia.

III. Perguntas e respostas no pretérito perfeito.
Answer these questions according to cues in your manual.

MODELO: (tape) Tu falaste com quem? —O DOUTOR MARTINS
          (student) Falei com o Doutor Martins.
          (confirmation) Falei com o Doutor Martins.
          (repetition) Falei com o Doutor Martins.

1. os exercícios
2. a filosofia
3. as lições
4. o meu iogurte
5. no Rio

6. um modelo de um avião
7. ir à praia
8. o jantar
9. ontem
10. na mesa

Written section:

1. _____

2. _____

3. _____

4. _____

Vozes portuguesas—Os fins-de-semana dos alunos de Geografia
You will hear the **voz** twice. Circle the words below that don't correspond to what is said.

A maior parte dos meus amigos do curso de Geografia são todos de fora. Não moram

aqui em Lisboa e muitos fins-de-semana eles passam na cidade deles, em casa, com os pais.

Os poucos fins-de-semana que eles estão cá é para estudar, para os exames da semana ou

então aproveitam e ou saem à tarde com alguns amigos ou então fazem alguns passeios

pela cidade.

IV. Advérbios de tempo

Following the model, restate the sentences given on the tape in the preterite tense and also use the correct adverb of time cued in the manual.

MODELO: (tape) Eu gosto do concerto hoje. YESTERDAY
(student) Eu gostei do concerto ontem.
(confirmation) Eu gostei do concerto ontem.
(repetition) Eu gostei do concerto ontem.

1. yesterday
2. then
3. that night

4. last night
5. that week
6. last month
7. that day

8. last year
9. that day
10. that year

Written part:

1. _____

2. _____

3. _____

V. «Comprei o meu carro há dois anos»

Look at the numbered examples and answer the questions.

MODELO: (tape) Quando é que tu vieste aqui?
(student) Há dois anos que vim aqui.
(confirmation) Há dois anos que vim aqui.
(repetition) Há dois anos que vim aqui.

1. dois anos
2. uma hora

3. quase quinhentos anos
4. oito meses

5. uma semana
6. três dias

Written section:

1. _____

2. _____

3. _____

Vozes portuguesas—Os fins-de-semana do Alípio
You will hear the **voz** twice. Write in the missing phrases.

Eu não sou de Lisboa, portanto os _____ vou passar à terra com

_____. Portanto ao fim-de-semana vou para a Nazaré. E os meus colegas

que também _____..., vamos todos à terra para passar o fim-de-

-semana. Às vezes _____, comer qualquer coisa.

VI. Texto de compreensão:
Listen to the comprehension text and write answers to the questions asked.

1. _____

2. _____

3. _____

4. _____

VII. Ditado.
You will hear this dictation three times. The first time, just listen attentively. The second time, write what you hear during the pauses. The third time it will be read with no pauses so that you can verify your work.

_____

_____

_____

_____

_____

Lição 8—Caderno de Trabalho
Hoje tenho que estudar!

1. O que é que acontecia? O pretérito imperfeito, pp.165-77 ▓

1a. Fill in the blanks with the imperfect of the verb in parentheses.

Em Portugal eu ...

1. _____ (morar) no Algarve.

2. _____ (falar) sempre português.

3. _____ (comprar) a comida no mercado.

4. _____ (gostar de) viajar pelo país.

5. _____ (passar) sempre os fins-de-semana na praia.

1b. Complete the sentences using an appropriate **-ar** imperfect.

1. Na escola secundária tu _____

2. Na discotecam vocês _____

3. Na Universidade eu _____

4. No café nós _____

5. No supermercado eles _____

1c. Answer:

1. O que é que vocês comiam no *snack?* _____

2. Eles bebiam muito? _____

3. Eu fazia muito barulho? _____

4. Tu já conhecias este disco? _____

5. Os senhores liam o **Expresso?** _____

1d. Answer according to the model:

MODELO: Tu dormias num hotel?
           Dormia, sim.

1. Tu discutias religião com o Padre Couto? _____

2. Eles saíam às sete? _____

3. Vocês iam muito ao teatro? _____

4. A professora permitia isso? _____

5. Eu tossia muito? _____

1e. Complete using an imperfect of **ser**:

1. Os senhores _____

2. Eu _____

3. A Susan _____

4. O Dieter e a Fie _____

5. O James e eu _____

6. Tu _____

7. Vocês _____

8. A senhora _____

9. O hotel _____

10. As ruas _____

1f. Fill in the blanks with an imperfect of **ter** or **vir**:

1. Tu _____ um carro branco?

2. A tua irmã _____ um namorado angolano?

3. Vocês _____ de casa?

4. Nós _____ razão?

5. Elas _____ muito dinheiro?

6. Eu _____ vergonha?

7. Tu _____ muito depressa?

8. Nós _____ contigo?

9. Os senhores _____ frio?

10. Ela _____ contigo?

1g. Where do you think these people used to put the various items?

    MODELO: Tu – gelado
                    Tu punhas o gelado no congelador.

1. Eu – livros _____

2. A Susan e as amigas – carro _____

3. O Sr. Saraiva – cigarros _____

4. Tu – dinheiro _____

5. Nós – pão _____

1h. Complete the sentences according to the model.
    MODELO: Quando o telefone tocou... (eu – estar)
                    Quando o telefone tocou eu estava no chuveiro.

Quando o telefone tocou...

   1. (nós – fazer) _____

   2. (a minha mãe – lavar) _____

   3. (elas – estudar) _____

   4. (o meu gato – dormir) _____

   5. (o meu pai – ler) _____

   6. (os meus amigos – ver)_____

   7. (a empregada – limpar)_____

   8. (a família Saraiva – jantar)_____

   9. (o João Carlos – ouvir) _____

10. (os meus avós – conversar)_____

11. (eu – tomar) _____

12. (vocês – discutir)_____

1i. Complete the sentences according to the model.
    MODELO: Quando nós comíamos em casa sempre (pôr)
                    Quando nós comíamos em casa púnhamos a mesa.

1. Quando o João Carlos andava no liceu (ser)

2. Quando o James e a Susan saíam à noite (vir)

_____

3. Quando o pai da Fátima era director de uma empresa (ter)

_____

4. Quando vocês ganhavam muito dinheiro (pôr)

_____

5. Quando tinhas dez anos (ser)

_____

6. Quando nós jogávamos ténis (vir)

_____

7. Quando o teu pai era pequeno (ter)

_____

8. Quando eu chegava a casa (pôr)

_____

1j. Write ten sentences describing things different people could have been doing last Sunday at 11:00 a.m.

MODELO: No domingo passado às onze da manhã eu lavava o meu carro.

No domingo passado às onze da manhã ...

1. _____
2. _____
3. _____
4. _____
5. _____
6. _____
7. _____
8. _____
9. _____
10. _____

1k. Write five sentences describing things you swore to your boy/girlfriend you would or would not do.

MODELO: Jurei *I swore* ao meu namorado/à minha namorada que não **mentia** mais.

1. _____

2. _____

3. _____

4. _____

5. _____

11. Give advice, following the model.
   MODELO: Como é que... ias à praia no domingo?
              Eu levava o carro.

Como é que ...
   1. conseguias dinheiro para ir ao Brasil?

   _____

   2. dizias ao teu pai que chumbaste em Português?

   _____

   3. explicavas ao teu namorado/à tua namorada que querias terminar o namoro?

   _____

   4. explicavas a um amigo que perdeste o dicionário dele?

   _____

   5. te desculpavas com o teu professor por ter faltado a cinco aulas?

   _____

   6. explicavas ao policia por que conduzias a 120 quilómetros por hora?

   _____

   7. procuravas um bom trabalho?

   _____

   8. dizias a uma rapariga/um rapaz que querias sair com ela /ele?

   _____

   9. encontravas um novo apartamento?

   _____

   10. convencias o teu irmão a emprestar-te o carro?

   _____

1m. Formulate polite requests about the following situations
   MODELO: ligar a televisão
              Não me ligavas a televisão?

   1. deixar telefonar _____

   2. ajudar com a lição de Matemática _____

3. trazer fruta do supermercado_____

4. comprar o jornal_____

5. emprestar cem contos_____

6. lavar o carro_____

7. fazer um favor_____

8. preparar uma omelete _____

9. dar um conselho_____

10. abrir a janela_____

2. Verbos que indicam um estado pré-existente, pp.177-80

2a. Fill in the correct preterite or imperfect of the verbs in parentheses. If both are possible, use the imperfect.

1. A sala (estar) _____ muito fria quando nós (chegar) _____.

2. A Zé (ficar) _____ em casa hoje porque (estar) _____ doente.

3. Nós (passar) _____ sempre o Natal com eles mas este ano não (passar)

_____.

4. Eles (ver) _____ duas vezes esse filme quando (estar) _____ nos Açores.

5. Eu (não ter) _____ trabalho quando (chegar) _____ aqui.

6. A casa que eles (comprar) _____(ser) _____ muito bonita.

7. Ontem o Dieter (entrar)_____ na aula quando a professora (explicar)

_____ o imperfeito.

8. (Fazer) _____ muito sol na Madeira quando o avião (aterrar)

_____.

9. A D. Fernanda (ver) _____ o telejornal quando a Susan (entrar)

_____ na sala.

10. (Ser) _____ quatro horas da tarde quando o telefone (tocar)

_____.

2b. Complete the two texts with a preterite or an imperfect of a suitable verb. If either is possible, use the imperfect.

A. Caramba, que manhã horrível _____ hoje! Quando me _____

às oito horas já o meu irmão _____ na casa de banho. Ele _____ lá meia hora. Eu _____ pressa porque a minha primeira aula _____ _____ às nove e eu nao _____ chegar tarde. Por fim meu irmão _____ da casa de banho e eu _____ um banho rápido. _____ depressa o meu café mas depois não _____ os meus livros. _____ por todos os lados e não _____. Finalmente _____ os livros dentro da minha mochila. _____ para a paragem do autocarro e segundos depois _____ um. _____ na aula e no quadro _____ um anúncio que _____ que a professora _____ doente e não _____ dar aula. _____ ao bar para tomar outro café mas quando _____ pagar _____ que não _____ dinheiro e _____ que pedir emprestado a um colega. Depois _____ que também não _____ dinheiro para voltar a casa de autocarro mas o Carlos _____ que me _____ uma boleia *ride*. _____ com muito gosto e _____ a casa antes do meio-dia.

B. Quando eu _____ pequeno _____ com os meus pais numa casa em Carcavelos. O meu pai _____ numa firma americana e a minha mãe _____ enfermeira. A casa _____ perto da praia. Nós também _____ uma empregada que se _____ Teresa. Para ir à escola eu _____ o autocarro na paragem da esquina. A minha professora _____ muito exigente e _____ muito trabalho para casa. Quando eu finalmente _____ o meu trabalho _____ alguma história de quadradinhos ou _____ televisão. Às vezes a Teresa e eu _____ ao supermercado e _____ arroz, fruta, verduras, carne e outras coisas. No sábado de manhã eu _____ à praia e _____ voleibol com meus amigos. Depois _____ para casa. No domingo _____ ao cinema. Eu _____ muito de ver filmes do Oeste. Quando eu já _____ no liceu, a firma em que o meu pai _____ _____-lhe um lugar no Porto e nós _____ para essa cidade.

A princípio eu não _____ amigos no liceu mas pouco a pouco eu

_____ vários. Também _____ uma namorada que se

_____ Edite. Nos fins-de-semana a Edite e eu _____ Inglês e

Matemática juntos ou _____ ao cinema. Depois a Edite _____

outro rapaz e _____-me que já não _____ ser a minha

namorada.

2c. Construct a narrative in the past using these words. New sentences begin after //.

Jorge/ser/pequeno/mas/ter/irmãos/mais/velho//Todos/morar/em/Cascais//Um/dia/Jorge/
passear/bicicleta/e/ter/acidente//Um/senhora/ver/acidente/e/levar/Jorge/hospital//Jorge/
estar/medo/médicos/e/chorar/muito/quando/entrar/enfermeira//Mas/enfermeira/acalmar
/Jorge/e/ligar/pais//Quando/pais/chegar/hospital/Jorge/já/estar/melhor//Pais/levar/Jorge/casa.

_____

_____

_____

_____

_____

_____

_____

3. Que tempo fazia?, pp.180-81

3a. Answer the following questions:

Que tempo fazia quando ...

1. Napoleão invadiu a Rússia?_____

2. Noé construiu a sua Arca?_____

3. a armada espanhola foi destruída em 1588?_____

4. as tropas americanas chegaram ao Golfo Pérsico em 1990? _____

5. tu foste à praia pela última vez?_____

6. saíste de casa esta manhã?_____

3b. Complete with an appropriate weather expression in the preterite:

1. Ontem à noite _____

2. Em Dezembro _____

3. Durante a tarde _____

4. Toda a semana _____

5. Por duas horas _____

4. O corpo e a roupa, pp.181-86

4a. Mark the most appropriate answer.

1. Para jogar basquetebol nós usamos a. o nariz b. os joelhos c. as mãos
2. Quando fazemos alguma coisa insensata dizemos que perdemos a. os ombros b. a cabeça c. o bigode
3. Depois de comer é importante lavar a. os dentes b. os pés c. as orelhas
4. Quando comemos muito dizemos que enchemos *fill* a. os pés b. os cotovelos c. a barriga
5. Para escrever no computador usamos a. os dedos b. os tornozelos c. as costas
6. Quando andamos muito sentimos dor a. nos braços b. nas bochechas c. nas pernas
7. Quando o director está zangado *angry* é conveniente fechar a. as mãos b. os olhos c. a boca
8. Antes de filmar, os actores têm que maquilhar *put makeup on* a. os dedos dos pés b. a cara c. as costas
9. Para pedir boleia usa-se a. os pés b. os olhos c. o dedo polegar
10. Vamos ao barbeiro ou ao salão de beleza para cortar a. as orelhas b. o cabelo c. a língua

4b. Fill in the blanks:

1. No verão, quando o Sr. Saraiva chega ao banco despe logo *takes off right away* o

   _____

2. Numa festa muito elegante as senhoras usam _____ comprido.

3. Quando chego a casa com dor nos pés tiro logo os _____

4. Para ir à praia a Susan usa _____

5. Quando chove a D. Fernanda sai sempre com _____

6. Para a universidade as _____ usam muitas vezes _____ e saia.

7. Os executivos vêm sempre para o trabalho de _____ e _____

8. Quando faz frio sempre uso uma _____ de lã *wool*.

9. Trago sempre a _____ com o cartão de crédito no bolso das calças.

10. O meu pai deu à minha mãe um _____ de pérolas.

Instantâneos portugueses—Pobres caloiros!

Os veteranos da Escola Superior Agrária de Santarém não são muito caridosos com os caloiros. No Dia do Caloiro começam por lhes pintar as caras. Depois obrigam os pobrezinhos a passar por entre duas filas de veteranos que lhes dão bordoadas na cabeça. Finalmente os caloiros vão em desfile, "como gado," até uma fonte, onde são "baptizados" com água não muito limpa. Felizmente as torturas terminam aí. Para compensar, também há jogos de futebol entre veteranos e caloiros e veteranas e caloiras, um baile, a eleição do caloiro e da caloira do ano, uma noite de fados e uma festa numa discoteca.

baile dance
bordoadas blows
caloiros freshmen
caridosos charitable
desfile parade

felizmente fortunately
filas rows
fonte fountain
gado cattle

limpa clean
obrigam make
pintar paint
veteranos upper
        class students

O que é que achas destas práticas? Na tua universidade que tratamento recebem os caloiros?

_____

_____

_____

_____

_____

_____

_____

Um problema de palavras cruzadas

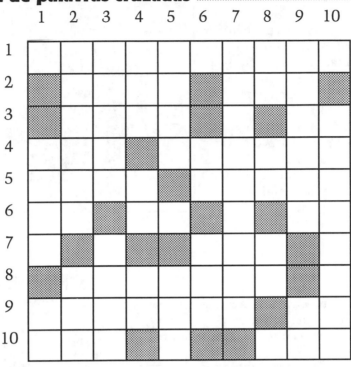

Horizontais:
1. A Susan pode também ler jornais na ____
2. As maravilhas do mundo são ____, não oito; o Miguel mora na ____ da Lapa, 25-1°-Dto.
3. Os cães fazem **ão-ão** mas os gatos fazem ____, os Portugueses dizem **sim** mas os Espanhóis dizem ____
4. ____ é uma antiga cidade portuguesa na Índia; "Tu ____ que o James era campeão de karatê?"
5. ____ é um nome feminino; o pó de ____ é branco
6. A comida na cantina da Universidade é muito ____; ____ é uma forma afectuosa de **José**; as duas últimas letras de **sol** são ____
7. O ____ Guevara foi um companheiro de Fidel Castro
8. A D. Fernanda precisa de comprar duas ____ de mesa
9. A Susan pode ____ no bar da Biblioteca; ____ é a primeira sílaba de **loja**
10. As iniciais da Associação Portuguesa de Autores são ____; ____ quer dizer **outra vez**

Verticais:
1. Os ovos têm clara e ____; as vogais de **Gana** são ____
2. Nas ruas muitos pobres pedem ____; as iniciais de **Telefones de Lisboa e Porto** são ____
3. A Susan quer comprar ____ e um casaco de inverno; depois do almoço o José ____ café
4. A ____ é uma organização clandestina basca; a primeira e a última letras do alfabeto são ____; "Vamos ____ cinema hoje?"
5. No tribunal os acusados chamam-se ____; as consoantes de **lacrau** são ____
6. Em inglês **em** pode dizer-se ____; os Chineses bebem muito ____
7. Amanhã a Susan vai ____ todo o dia na Biblioteca Nacional
8. "O Estado sou ____," disse Luís XVI; em francês **ele** diz-se ____; "Tu ____ católica, Susan?"
9. A Susan, além das meias, quer comprar um ____ de inverno; "Eu já ____ **A Relíquia**, de Eça de Queirós
10. Os fios eléctricos devem estar bem ____

Exercícios Suplementares

A. Mark the correct answer:

1. Esta aula é de a. Mineralogia b. Música c. Alemão d. Cálculo
2. No quadro está a. uma equação b. a fórmula do ácido sulfúrico c. um soneto de Camões d. uma frase em alemão
3. O professor a. é muito jovem b. é bastante gordo c. tem aspecto atlético d. usa *jeans* e *T-shirt*
4. Os alunos a. não estão muito atentos b. usam um dicionário alemão-português c. comem gelados d. jogam xadrez *chess*

B. Answer:

1. Onde é que o tempo ontem estava mais nublado, em Évora ou em Viana do Castelo?
2. Ontem às dezoito horas o tempo estava muito nublado no Porto?_____
3. Qual foi a temperatura máxima ontem registada em Portugal? Onde foi?_____
4. Qual foi a temperatura mínima ontem registada em Portugal? Onde foi?_____
5. Ontem chovia em alguma cidade portuguesa?

_____

6. Fazia mais sol no Norte ou no Sul do país?

_____

7. De um modo geral como estava ontem a temperatura? Fazia frio ou calor?

_____

8. Como é que estava ontem o tempo na Madeira e nos Açores?

_____

PORTUGAL			
Situação observada ontem			
	Min.	Máx.	Prec.	18h.
Bragança	14	31		Limpo
V. do Castelo	15	30		Limpo
Vila Real	14	30		Limpo
Porto	15	26		Limpo
P. Douradas	--	25		Pouco nub.
Coimbra	17	29		Pouco nub.
C. Carvoeiro	16	20		Muito nub.
C. Branco	18	34		Pouco nub.
Portalegre	16	33		Pouco nub.
Lisboa	18	29		Pouco nub.
Évora	15	34		Pouco nub.
Beja	15	35		Pouco nub.
Faro	17	25		Pouco nub.
Sagres	17	23		Pouco nub.
P. Delgada	21	27		Muito nub.
Horta	21	26		Muito nub.
Funchal	19	26		Muito nub.

E. Compare the ads of these two **prontos-a-vestir** and mark the following statements **certo** or **errado**:

1. A Casa Monteiro **a.** vende roupa para homem, senhora e criança _____ b. tem quatro lojas _____ c. tem discos à venda _____d. não vende roupa interior de senhora e. tem perfumes, águas de Colónia e loções _____ f. não vende bonecas e jogos para crianças _____ g. tem tecidos de lã e lã em fio _____ h. não vende sedas ou algodões _____
2. A Rocia a. não vende roupa para criança _____ b. tem camisas para homem _____ c. não tem serviço de bar _____ d. tem camisolas e *pullovers* _____ e. não vende perfumes _____ f. não tem camisas de noite para senhora _____ g. tem tecidos vários à venda _____

H. Read the two texts about the Ascensor (Elevador) da Glória and the Elevador de Santa Justa and then mark the correct answer.

O ASCENSOR DA GLÓRIA

Produto da iniciativa da Nova Companhia dos Ascensores Mecânicos de Lisboa, o ascensor da Glória começou a funcionar no dia 24 de Outubro de 1885.

Estabelecendo ligação entre a Praça dos Restauradores e o Bairro Alto, impunha-se pelo aspecto imponente dos seus carros, de dois pisos, tendo o inferior 2 bancos dispostos longitudinalmente de costas para a rua e o superior, a céu aberto, outros dois dispostos no mesmo sentido, mas costas com costas, de tal modo que os passageiros ficavam virados para o exterior.

Utilizando primitivamente a água como força motriz e depois o vapor, foi electrificado em 1915.

Em 1926 tornou-se propriedade da Companhia Carris.

O ELEVADOR DE SANTA JUSTA

Pertencendo actualmente à Companhia Carris de Ferro de Lisboa o elevador de Stª. Justa, único elevador vertical para transporte colectivo de passageiros actualmente existente, foi, no início, propriedade de uma empresa especialmente criada para a sua construção e exploração: a Empresa do Elevador do Carmo.

A sua estrutura é composta por duas torres metálicas, geminadas, com cerca de 45 metros de altura, por um passadiço, metálico também, que efectua a ligação com o Largo do Carmo e um pilar em betão armado sobre o qual o passadiço assenta.

Foi inaugurado no dia 10 de Julho de 1901 utilizando o vapor como força de tracção. Em 1907 procedeu-se à sua electrificação tendo as obras levadas a efeito obrigado a uma paralização temporária.

Hoje, 90 anos passados sobre a data da sua inauguração o elevador do Carmo, ou de Santa Justa como é vulgarmente conhecido, continua desempenhando cabalmente a função para que foi criado; em 1991 transportou 1.616.150 passageiros, número suficientemente representativo dos serviços que continua prestando à população de Lisboa.

O ASCENSOR DA GLÓRIA ...
1. foi construído por uma companhia a. inglesa b. francesa c. portuguesa
2. começou a funcionar a. em 1885 b. no princípio do século XX c. há cinquenta anos
3. liga os Restauradores ao a. Chiado b. Castelo de São Jorge c. Bairro Alto
4. a princípio tinha carros com a. dois pisos b. secções para fumadores e não fumadores c. janelas panorâmicas
5. inicialmente funcionava a a. tracção animal b. carvão c. água
6. mais tarde passou a funcionar a a. gasóleo b. vapor c. ar comprimido
7. presentemente funciona a a. electricidade b. energia nuclear c. energia solar
8. em 1926 passou a ser administrado pela a. Câmara Municipal de Lisboa b. Direcção Geral de Transportes c. Companhia Carris

O ELEVADOR DE SANTA JUSTA ...
1. pertence actualmente à a. Companhia Carris b. Air Portugal c. Rodoviária Nacional
2. é o único elevador vertical para transporte colectivo de passageiros existente em a. Coimbra b. Luanda c. Lisboa
3. a sua estrutura é composta por a. uma coluna de betão armado b. duas torres metálicas geminadas c. uma armação de madeira
4. tem cerca de a. 45 metros de altura b. cem toneladas de peso c. vinte anos de idade
5. tem um passadiço que liga com a. os Restauradores b. o Rossio c. o Largo do Carmo
6. foi inaugurado nos a. fins do século XIX b. princípios do século XX c. meados do século XVIII
7. foi electrificado a. no momento da sua construção b. há dez anos c. cinco anos depois da sua construção
8. em 1991 transportou mais de a. um milhão e meio de passageiros b. três milhões de turistas c. quinhentas toneladas de carga

Lição 8—Laboratório
Hoje tenho que estudar!

Exercício I. Pronúncia: Diferenças entre formas femininas e masculinas
The vowel that ends a word in Portuguese can affect the way the previous vowel is pronounced. In adjectives ending in **oso** and **osa**, the final vowel does just that. The final **o** closes the preceding **o**, and the final **a** opens the preceding **o**. Listen to these examples after the tape:

formoso / formosa

Now repeat this list of words, first the masculine, then the feminine:

ambicioso / ambiciosa   moroso / morosa
caprichoso / caprichosa   populoso / populosa
aventuroso / aventurosa   virtuoso / virtuosa
desejoso / desejosa   volumoso / volumosa
luminoso / luminosa

II. Formas do pretérito imperfeito
Say the imperfect forms of these present-tense verbs.

MODELO: (tape) Tu vives.
(student) Tu vivias.
(confirmation) Tu vivias.
(repetition) Tu vivias.

Vozes portuguesas—O sistema de ensino em Portugal
Write in the missing words. The **Voz** will be repeated once.

A escola primária são _____ anos. Depois temos dois anos do ciclo,

que é uma _____ para o sétimo, oitavo e nono anos, que é o ensino

unificado. Depois há o _____, décimo primeiro e décimo segundo, que

é o ensino _____ que é uma preparação para entrar na. _____

são os quatro anos de _____. Quatro, cinco, até seis.

III. O que acontecia?

Look at the drawing and say what the students were doing when the professor walked in.

MODELO: (tape) O que é que a Olga fazia quando o professor entrou?
(student) Dormia.
(confirmation) Dormia.
(repetition) Dormia.

Written section:

1. _____

2. _____

3. _____

Vozes portuguesas—A dificuldade de entrar para o curso que queremos

You will hear the **voz** twice. Circle the words below that don't correspond to what is said.

Eu queria entrar para Comunicação Natural. Desde o nono ano que queria entrar para Comunicação Natural. Só que existe uma grande número de pessoas a querer ir para esse curso. Existem vários cursos em que é mais difícil entrar. A nível regional existe, claro, também uma grande concorrência para as universidades de Lisboa, Coimbra e Setúbal. E claro que uma pessoa que vem de Lisboa tem mais possibilidades de apanhar emprego porque as outras escolas têm um nível de ensino muito mais baixo.

Exercício IV. O pretérito imperfeito—mais usos
This exercise will give you a number of sentences in the present. Say them in the past.

    MODELO: (tape) Vejo muitos filmes enquanto estou em Lisboa.
                (student) Vi muitos filmes enquanto estava em Lisboa.
                (confirmation) Vi muitos filmes enquanto estava em Lisboa.
                (repetition) Vi muitos filmes enquanto estava em Lisboa.

Written Part:

1. _____

2. _____

3. _____

4. _____

V. Os verbos de estado pré-existente
Answer these questions in the past with the imperfect tense. Follow the style of the model.

    MODELO: (tape) Tu és aluno do liceu?
                (student) Não, mas antes era aluno do liceu.
                (confirmation) Não, mas antes era aluno do liceu.
                (repetition) Não, mas antes era aluno do liceu.

Vozes portuguesas—O curso de Economia
You will hear the **voz** twice. Write in the missing phrases.

    O curso de Economia está organizado por_____. Ou

seja, cada disciplina _____ em unidades de crédito. Varia de

dois valores até seis. Geralmente _____ têm seis unidades de

crédito, que é _____. E os alunos têm direito à

licenciatura _____ o número de cento e quarenta e uma

unidades de crédito. Portanto _____ que o curso está estabele-

cido por anos. _____ por unidades de crédito.

VI. Texto de compreensão:
Listen to this comprehension text, then write answers asked about it by the tape:

Now, write answers to these questions:

1. _____
2. _____
3. _____
4. _____

VII. Ditado.

You will hear this dictation three times. The first time, just listen attentively. The second time, write what you hear during the pauses. The third time it will be read with no pauses so that you can verify your work.

_____

_____

_____

_____

_____

Lição 9—Caderno de Trabalho
Fado, futebol e touros

1. Mais pretéritos perfeitos irregulares, pp. 192-202

1a. Answer the following questions:

1. Trouxeste hoje o teu dicionário de português?

_____

2. Viste televisão ontem à noite?

_____

3. A que horas vieste hoje para a Universidade?

_____

4. Deste gorjeta no café?

_____

5. Disseste adeus aos teus pais?

_____

6. Foste bom aluno/boa aluna na escola secundária?

_____

7. Tiveste boas notas no trimestre/semestre passado?

_____

8. Estiveste em Portugal o ano passado?

_____

9. Pudeste chegar a tempo à aula hoje?

_____

10. Soubeste que o meu irmão teve um acidente?

_____

11. Porque é que quiseste estudar português?

_____

1b. Complete with a preterite and circle the most appropriate choice:

1. Napoleão (ser) _____ derrotado *defeated* em a. Valley Forge b. Waterloo c. Iwo Jima d. Pearl Harbor
2. Para a aula a Susan (trazer) _____ papel e lápis b. um gato e um canário c. um piano e um violino d. um sofá e uma mesa

3. Marco Polo (estar) _____ a. no Canadá b. em Copacabana c. na China d. em Brooklyn

4. Adolf Hitler (poder) _____ a. dominar os astecas b. destruir Sodoma e Gomorra c. ocupar a França d. derrotar o Paquistão

5. Babe Ruth (ter) _____ fama como a. ortopedista b. jogador de beisbol c. farmacêutico d. senador

6. Cristóvão Colombo (dizer) _____ aos Reis Católicos que descobriu a. as Índias b. a Checoslováquia c. o Tibete d. a Nova Zelândia

7. No Paraíso Eva (querer) _____ comer a. um gelado de chocolate b. meia dúzia de bananas c. o fruto proibido d. sopa de cebola

8. Na aula de História de Portugal a Susan (saber) _____ que as navegações portuguesas foram promovidas pelo a. Conde Drácula b. Marquês de Sade c. Infante D. Henrique d. Pai Natal

9. Os Árabes (trazer) _____ para a Europa a. a filosofia existencialista b. a energia atómica c. a noção de zero d. o marxismo-leninismo

10. Numa livraria de Lisboa a Susan (ver) _____ a tradução de uma novela de John Steinbeck chamada a. **O Violinista no Telhado** b. **A Peste** c. **Romeu e Julieta** d. **As Vinhas da Ira**

11. O **Mayflower** (vir) _____ de a. Puerto Vallarta b. Cascais c. Plymouth d. Singapura

2. Podemos ir à praia, se vocês quiserm, pp. 202-07

2a. Complete the following sentences in a logical way. Always use a future subjunctive.

1. Vou telefonar quando _____

2. Quero sair de casa logo que _____

3. Na semana que vem vou ao Porto se _____

4. Podes ficar no meu apartamento enquanto eu _____

5. Não deixes de me escrever assim que _____

6. Posso-te dar uma boleia quando tu _____

7. Queremos ir ao **shopping** logo que _____

8. Não posso ir ao Alentejo se _____

9. Ela não sabe se pode ir à praia enquanto _____

10. Ela vai comprar a comida assim que _____

2b. Answer following the model (i.e., beginning with **Só se...**). Try to use a different verb in each of your answers.

MODELO: Vais ir à praia este fim-de-semana?
         Só se os meus colegas forem.

Nome_____ Data _____ Aula _____

1. Os teus pais vão chegar cedo?_____

2. Vais almoçar na cantina hoje?_____

3. O professor vai dar boas notas?_____

4. Os teus amigos vão ao cinema esta noite? _____

5. Vocês vão chumbar na aula de Português? _____

6. A Susan vai apanhar um táxi para ir para a Faculdade?

_____

7. Vais ficar em casa sábado à noite?_____

8. Vocês vão faltar à aula amanhã? _____

9. A tua amiga vai comprar uma motocicleta?_____

10. O Benfica vai ganhar o jogo de futebol no domingo?

_____

2c. Matching. Form complete logical sentences from lists A and B linking the two segments with **se**, **quando** or **enquanto**.

1. Não deves ir para o aeroporto...

2. Vou pagar a matrícula...

3. A gente vai celebrar a vitória na rua...

4. Devemos deixar a gorjeta em cima da mesa...

5. Precisam de ter cuidado com a carteira...

6. Deves fazer isso...

7. Não devemos começar o trabalho agora...

a. não (ter) _____ tempo suficiente para terminar.

b. o Sporting (ganhar) _____ o jogo.

c. (andar) _____ no metro.

d. (telefonar) _____ antes para saber a hora do voo.

e. os meus pais me (dar) ___ _____ o dinheiro.

f. o serviço não (estar) _____ incluído na conta.

g. (ter) _____ oportunidade.

3. O QUE AND QUAL, PP. 208-09

3. Translate into Portuguese. Use **o que** or **qual**.

1. What's the address of your friend?

_____

2. Which of these is your book?

_____

3. What did you say?

_____

4. What movie did you see?

_____

5. What's this?

_____

6. What's today's date?

_____

7. What's the best **casa de fados** in town?

_____

8. What are you going to do tonight?

_____

9. What did you give your brother?

_____

10. What's your phone number?

_____

Instantâneos portugueses—O fado: realmente a canção nacional?

O fado é cantado e apreciado em todo o país e é por isso chamado a canção nacional. (As suas duas variantes mais importantes estão contudo associadas com as cidades de Lisboa e Coimbra.[a])

Mas o fado é realmente português? Parece que não. Ninguém sabe de certeza qual é a sua origem. Fala-se muito de raízes medievais e de influências árabes, assim como de ter nascido a bordo das naus da carreira da Índia. No entanto a teoria mais plausível é a de que teve uma origem afro-brasileira. Os seus antecedentes podem ter sido o maxixe, muito popular no Brasil[b] ou o lundum. Uma forma do maxixe, o fado, foi possivelmente trazida para Portugal pelos cavaleiriços da corte portuguesa quando esta regressou à pátria depois do seu exílio.[c] É mais uma teoria. O mistério nunca foi esclarecido.

NOTES:
   [a] The Lisbon **fado** is the most popular form of the song. The Coimbra **fado**, sung by students, uses a different melody.
   [b] The **maxixe** appears to be a remote predecessor of the modern day **lambada**.
   [c] As French troops invaded Portugal in 1807 the Royal court fled to Brazil, where they stayed until 1820. In the following years the **fado** was confined to the taverns in the slums of the Mouraria. A 1832 chapbook gives an extremely negative picture of the female singers of the time:

> ...em tascas imundas
> sempre de copo na mão,
> desgrenhadas, descompostas,
> de dia e de noite estão.

(... in foul taverns/ a glass always in their hands/ disheveled, their clothing in disarray/ they stay there day and night.)

At this time the **fado**'s main interpreter was Maria Severa (1820-1846), known as **a Severa**, who used to hang around the Rosa dos Óculos tavern on Rua do Capelão in Mouraria. The male **fadista** was then seen as a ruffian, always ready to flash a knife at the slightest provocation. In the early twentieth century it began to be sung in the **casas de fado** of the Bairro Alto by such luminaries as Hermínia Silva, Lucília do Carmo, Alfredo Marceneiro and, above all, Amália Rodrigues. Nowadays a vast galaxy of fado singers exists, including Carlos do Carmo, Lucília's son.

cantado sung	**esclarecido** solved	**nascido** born
carreira run	**lundum** a Brazilian dance	**naus** ships
cavaleiriços grooms	**maxixe** a Brazilian dance	**parece** seems
corte court		**trazida** brought

1. Porque é que o fado é chamado a canção nacional?

_____

2. Quais são as duas variantes regionais do fado?

_____

3. Quais são algumas das teorias sobre a origem do fado?

_____

4. Que reputação tinham os fadistas e as fadistas no século XIX?

_____

5. Em que bairro de Lisboa começou a florescer o fado?

_____

6. Quem foi a Severa?

_____

7. Onde é que o fado era cantado no século XIX? Onde começou a ser cantado no século XX?

_____

8. Quem foi a mais famosa fadista do século XX?

_____

Instantâneos portugueses—Futebol, o Desporto-Rei!

O futebol[a] foi introduzido em Portugal pelos Ingleses nos fins do século XIX e em breve se tornou muito popular. Os dois clubes que tradicionalmente têm estado à frente deste desporto, o Sporting Clube de Portugal e o seu rival de sempre, o Sport Lisboa e Benfica, foram fundados respectivamente em 1906 e 1907.[b] No entanto existe um clube ainda mais antigo, o Futebol Clube do Porto, que apareceu em 1893.

A origem inglesa deste desporto está assinalada não só no seu próprio nome (ao princípio os Portugueses escreviam *foot-ball*) como em muitos termos com ele relacionados: **golo**, **chutar**, **penalte**, **driblar**, *score* e outros. Alguns jogadores portugueses alcançaram considerável fama internacional como por exemplo Eusébio e mais recentemente Futre, que se distinguiu no Atlético de Madrid.[c]

NOTES:

[a] Remember that **futebol** means *soccer*. If you refer to football, you will have to say **futebol americano**.

[b] The Benfica is probably the most popular of Portuguese soccer clubs, even though it has gone through bad times lately. The shout "Vivó Benfica!" ("Viva o Benfica!") has enthusiastically resounded in stadiums all over the country. The **encarnados** have won 29 domestic league titles, 24 Cup victories and European Cup victories in 1961 and 1962.

[c] Paulo Futre was bought by the Benfica from the Atlético de Madrid in January 1993 for an estimated six million dollars, the most expensive transfer deal in Portuguese soccer history. Months later Benfica, due to a calamitous financial situation (circa thirty million dollars in debts), was forced to sell Futre to the Marseille. Benfica was then paying him a monthly salary of US$ 92,820, although its checks to players and officials often bounced.

alcançaram reached   **jogadores** players   **mais** antigo older   **se tornou** became
assinalado marked

The following sentences are all incorrect. Correct them.

1. O futebol deriva de um jogo português praticada na Idade Média.

2. Os dois mais importantes clubes de futebol portugueses têm sido tradicionalmente o Leixões e o Torreense.

3. Na terminologia do futebol existem muitas palavras de origem francesa.

4. Nenhum futebolista português foi jamais conhecido no estrangeiro.

Podes explicar quais são as principais diferenças entre o futebol português e o futebol americano?

Nome_____ Data_____ Aula_____

Um problema de palavras cruzadas

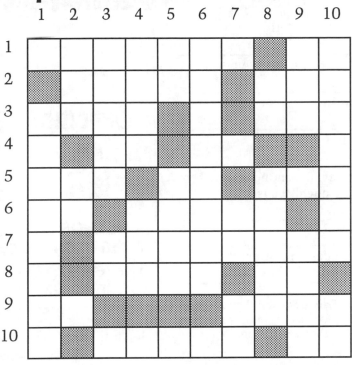

Horizontais:
1. ____ de Portugal é um jovem mas já famoso matador; ____ são as iniciais de **Grã-Bretanha**
2. A Grã-Bretanha é também conhecida como ____ **Unido**; ____ é um prefixo que significa **antes**
3. O ____ é a canção nacional portuguesa; ____ Francisco é uma grande cidade californiana
4. O masculino de as é ____; "A ____ e o Boi" é uma fábula muito conhecida
5. "Não moro no primeiro andar, moro no ____--do-chão."; "____ tiver férias, vou à Madeira."; ____ é uma forma do presente do verbo **cair**
6. Portugal é um dos países que formam a ____; ____ é uma forma do presente do verbo **beijar**
7. A Severa vivia no bairro da ____
8. "É ____ mesmo!"; ____ é a primeira sílaba de **motor**
9. ____ é também usado em português para significar "**Está bem!**"; um veto é um ____ negativo
10. Paulo ____ é um conhecido futebolista português; a carta de jogar mais valiosa é o ____

Verticais:
1. Os ____ são os homens que pegam o touro
2. ____ é o mesmo que **época**; as duas vogais de **chefe**
3. Cada mão tem cinco ____; ____ é uma nota musical
4. O Tejo e o Douro são os mais importantes ____ portugueses; a primeira sílaba de **bosque** é ____
5. ____ é um prefixo negativo; todo o fadista tem os ____ acompanhantes
6. Manolete foi um famoso ____ espanhol
7. A Susan ____ conhece bastante bem Lisboa; o Dieter usa óculos, não ____ muito bem ao longe
8. O ____ é o Partido Socialista; Carlos do ____ é um dos mais conhecidos fadistas portugueses hoje em dia
9. ____ é a primeira sílaba de **granito**; o ____ é uma vogal grega
10. O ____ é um dos clubes de futebol mais famosos em Portugal; ____ é a primeira sílaba de **Óscar**

Lição 9 165

Exercícios Suplementares

A. Answer:

1. O que é a Taverna d'el Rei?

_____

2. Que género de música se pode ouvir lá?

_____

3. A que horas abre?

_____

4. A que horas fecha?

_____

5. A pessoa que escreveu o anúncio sabia bem inglês? Porque é que dizes isso?

_____

_____

6. Qual é a direcção deste restaurante?

_____

NOTE: **Lg.** is short for **Largo** (Square). The **Largo do Chafariz de Dentro** is located at the lower end of Alfama, an old neighborhood in Lisbon.

RESTAURANTE TIPICO TAVERNA D'EL REI

Taverna d'el Rei

**A MELHOR PARA OUVIR FADO
ABERTO DAS 20.00 ÀS 04.00 HS
THE BEST TO LISTEN FADO
OPEN 20.00 - 04.00 HOURS
☎ 87 67 54
Lg. do Chafariz de Dentro, 14-15
1100 LISBOA**

B. Mark the correct answer:

1. Alfama é um bairro de a. Setúbal b. Évora c. Lisboa
2. A fadista tem nas mãos a. uma guitarra b. uma viola c. uma flauta
3. Sobre os ombros a fadista tem a. um *sarape* b. um xaile c. uma gabardine
4. O jarro deve conter a. vinho tinto b. chá gelado c. Coca-Cola
5. O restaurante está situado a. numa avenida b. num largo c. num beco

NOTE: Parreirinha de Alfama is one of the oldest fado houses in Lisbon. The design of the ad is incorrect, though, in that the singer is never the one who plays the **guitarra**. **Beco** is a blind alley.

C. Answer the questions. Use your imagination.

1. Onde está agora o Dieter?

_____

2. Como se chama a casa de fados?

_____

3. Onde está situada?

_____

4. O que é que o Dieter pediu para beber?

_____

5. O que é que ele vai pedir para comer?

_____

6. Como se chama a fadista?

_____

7. Que instrumentos tocam os seus acompanhantes?

_____

8. Quem são os ocupantes da mesa ao lado?

_____

9. Quem é o homem que está de pé ao fundo da sala?

_____

10. Porque é que o Dieter não convidou a Susan para ir com ele à casa de fados?

_____

F. These four pictures, representing respectively nineteenth-century **fadistas**, Hermínia Silva, Amália Rodrigues and Carlos do Carmo illustrate the trajectory of the **fado** from its early times to the present. Based on what you already know, how would you describe this trajectory in five sentences?

_____

_____

_____

_____

_____

CLASSIFICAÇÃO — II DIVISÃO						
EQUIPAS	J	V	E	D	Gm-Gs	Pts
1. SPORTING	5	5	0	0	12-4	10
2. Boavista	5	4	0	1	10-4	8
3. Benfica	5	2	3	0	11-6	7
4. Beira-Mar	5	3	1	1	7-3	7
5. Guimarães	5	3	1	1	5-1	7
6. Belenenses	5	3	0	2	8-6	6
7. P. Ferreira	5	2	1	2	4-4	5
8. F.C. Porto	5	1	3	1	5-3	5
9. U. Madeira	5	2	1	2	7-6	5
10. Gil Vicente	5	2	1	2	6-7	5
11. Marítimo	5	2	0	3	4-7	4
12. Estoril	5	1	2	2	3-4	4
13. Salgueiros	5	2	0	3	4-7	4
14. Famalicão	5	2	0	3	3-6	4
15. Sp. Braga	5	0	3	2	2-6	3
16.	5				3-7	
17. Amadora	5	0	2	3	3-9	2

G. Complete the following sentences:

1. Este quadro refere-se ao Campeonato da

_____

2. O clube que está à frente do Campeonato é o

_____

3. O clube que está em segundo lugar é o_____

4. O clube que está em último lugar é o_____

5. O Belenenses teve três vitórias e_____

6. O Sporting de Braga não teve nenhuma vitória e teve três empates e_____

7. O Estoril só teve_____

8. O Vitória de Setúbal teve quatro derrotas e

_____

9. O Beira-Mar marcou sete golos e sofreu

_____

NOTES:
J = jogos *games*
V = vitórias *wins*

E = empates *ties*
D = derrotas *losses*

Gm = golos marcados *goals for*
Gs = golos sofridos *goals against*
Pts = pontos *points*

F. **Certo** or **errado**? If **errado**, correct.

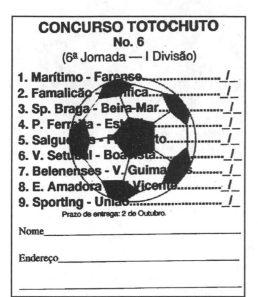

CONCURSO TOTOCHUTO
No. 6
(6ª Jornada — I Divisão)

1. Marítimo - Farense......................./_
2. Famalicão - ....fica....................../_
3. Sp. Braga - Beira-Mar................/_
4. P. Ferr..a - Est........................./_
5. Salgu....s - ....to................./_
6. V. Setu..l - Boa....sta.............../_
7. Belenenses - V. Guima....s........./_
8. E. Amadora - ....Vicente.........../_
9. Sporting - União......................../_

Prazo de entrega: 2 de Outubro.

Nome_____

Endereço_____

_____

1. A finalidade do Concurso Totochuto é predizer correctamente os resultados dos jogos da 1ª Divisão.

_____

2. Os concorrentes têm de predizer os resultados de dez jogos.

_____

3. Este boletim corresponde à 7ª jornada *leg* do Campeonato.

_____

4. O boletim tem de ser entregado até 2 de Outubro.

_____

5. Nas últimas linhas o concorrente deve escrever o nome do seu clube favorito.

_____

G. Look at this photo of a **largada de touros**. **Largadas de touros**, held mainly in central mainland, and **touradas à corda**, held in the island of Terceira, are similar events, with the exception that at **largadas** the bull is not re-strained by a rope. Now write **certo** or **errado** after each sentence and correct the **errado** sentences.

1. As largadas de touros têm lugar numa praça de touros.

_____

2. Nas largadas de touros o animal não é preso com uma corda.

_____

3. Todos os participantes nas largadas de touros são mata-dores profissionais.

_____

4. Muitas mulheres participam nas largadas de touros.

_____

5. As largadas de touros são passatempos inofensivos.

_____

M. Who are these two men? Can you describe their garb and what they will be doing in the ring?

_____

_____

_____

_____

_____

_____

N. Answer:

1. Onde se situa esta cena?

2. Quem são os seis homens que enfren-
   tam o touro?

3. Quem é o que está em frente de todos?

   _____

4. O bandarilheiro, com o capote na
   mão, está pronto para fazer o quê?

   _____

   _____

5. Achas que o cabo de forcados vai
   poder pegar bem o touro?

   _____

   _____

6. Se ele não tiver sorte, para onde é que
   achas que ele vai depois da corrida?

   _____

Lição 9—Laboratório
Fado, futebol e touros

I. Pronúncia: Pronúncia: O *lh* e o *nh*

These two combinations of letters should be well known to you by now. We offer this pronunciation lesson now just to make sure you've got them down pat. The combination **lh** is pronounced quite like the *li* of *million*. If you use the *li* of *million* you'll be perfectly understood.

alho *garlic*	ovelha *sheep*	milhão
mulher	trabalho	olho
lhe		velho

The combination **nh** is pronounced like the *ny* of *canyon*.

unha *fingernail*	venho	espanhol
vinho	sonho *dream*	Alemanha *Germany*
ponho		banho *bath*

II. O pretérito perfeito—Formas irregulares

After the tape says the present tense of the verb, you say the preterite form. Don't be fooled by the irregularities in the present tense.

MODELO: (tape) eu trago
(student) eu trouxe
(confirmation) eu trouxe
(repetition) eu trouxe

Vozes portugesas—Cantar o fado fora de Portugal

Write in the missing words. The **Voz** will be repeated once.

Sou de uma família pobre. _____ a cantar por volta dos sete anos, pelas

ruas. Depois começaram a _____ em mim, na minha voz, comecei a

concorrer aos _____ juvenis de fado. Depois consegui alguma _____-

_____. E entretanto tenho cantado ultimamente mais para os _____

o que me dá extremamente prazer porque acho que os emigrantes sentem o fado, faz-lhes

_____ a pátria que deixaram para trás.

III. O pretérito perfeito—Pretéritos perfeitos especiais

After the question is asked, pick and say the correct response from among the choices given below. The example is from **número um**.

MODELO: (tape) Tu conhece o Professor Osvaldo?
(student) Sim, conheci ontem à noite.
(confirmation) Sim, conheci ontem à noite.
(repetition) Sim, conheci ontem à noite.

1. a. Sim, conheci ontem à noite.
   b. Sim, pude chegar a tempo.
   c. Sim, quis entrar no prédio.

2. a. Não, não quis ir para a cama tão cedo.
   b. Não, não conheci essa pessoa.
   c. Não, não estive lá.

3. a. Sim, pude ir à prova.
   b. Sim, foi muito agradável.
   c. Sim, tive razão.

4. a. Não, não pude sair cedo.
   b. Não, não quis viajar por avião.
   c. Não, não soube as lições.

5. a. Sim, quis comer às oito.
   b. Sim, pude chegar ao Porto.
   c. Sim, soube ontem.

6. a. Foi óptimo.
   b. Quis ir ao aeroporto mas não pude.
   c. Conheci o dono do restaurante ontem à noite.

7. a. Sim, o Frederico quis ir à festa mas não pôde.
   b. Sim, o Frederico pôde ajudar-nos.
   c. Sim, conheci muito tempo atrás.

8. a. Sim, vi o programa.
   b. Sim, vim em setembro.
   c. Sim, ela veio comigo.

9. a. Sim, comi duas bananas.
   b. Sim, ela trouxe os cadernos.
   c. Sim, estive lá há dois anos.

10. a. Eu quis ligar mas não pude.
    b. O meu irmão voltou ontem.
    c. O exercício foi difícil mesmo!

Vozes portugesas—O fado—canção tradicional portuguesa

You will hear the **voz** twice. Circle the words below that don't correspond to what is said.

O fado é uma canção nova portuguesa. Tem sido muito popularizado. A nossa Amália Rodrigues, que disse o que era o fado no mundo, é a mais célebre. O fado é uma tradição que desapareceu na década passada. Portanto estava bastante em crise na década passada. Penso que agora a gente está novamente a olhar para o fado e está a criar um novo interesse por essa música.

IV. Formas do futuro do conjuntivo

This is a form exercise on the future subjunctive. After the tape gives you an infinitive, say **se** and then the future subjunctive if the **você**-form of the verb. There is a written part to this exercise after the oral part.

MODELO: (tape) querer
          (student) se tu quiseres
          (confirmation) se tu quiseres
          (repetition) se tu quiseres

Written part:

1. _____

2. _____

3. _____

4. _____

V. Usos do futuro do conjuntivo

In this exercise, statements will be made which contain **se** and **quando** plus a future with an **ir** expression. Your job is to comment on what is said. Begin each of your comments with **Diga-me** *tell me* and then reflect what the tape said in the rest of your comment, but using a future subjunctive after **se** or **quando** instead of the future with the **ir** expression of the tape's sentence. Follow the model.

MODELO: (tape) Não sei quando vai ser possível.
          (student) Diga-me quando for possível.
          (confirmation) Diga-me quando for possível.
          (repetition) Diga-me quando for possível.

VI. Contrastes de vocabulário: O QUE e QUAL

Circle the letter corresponding to the question that gives the answer on the tape.

MODELO: (tape) é uma actividade física.
          a. O que é uma actividade física?
          ⓑ. O que é o futebol?
          c. Qual é o futebol?

1. a. O que é uma cidade grande?
    b. Qual é a capital de Portugal?
    c. Qual é Lisboa?
2. a. Qual é o teu pai?
    b. O que é o teu pai?
    c. O que é um advogado?

3. a. Qual é a cor vermelha?
    b. O que é a cor?
    c. O que é o amarelo?
4. a. O que é a tua casa?
    b. O que é a casa azul?
    c. Qual é a tua casa?
5. a. O que é o Canadá?
    b. Qual é o Canadá?
    c. Qual é um país muito grande?

Vozes portugesas—Estão a regressar ao fado
You will hear the **voz** twice. Write in the missing phrases.

A minha geração cresceu _____. O fado era tido

como conservador, passadista, triste, melancólico, passivo. _____

_____rejeitou o fado, pelo menos até aos _____

anos. Neste momento _____ que as pessoas estão a regressar ao

fado. É um certo regresso a _____ que a evolução social

portuguesa trouxe.

VII. Texto de compreensão:
Listen to the comprehension text and write answers to the questions asked.

1. _____
2. _____
3. _____
4. _____

VIII. Ditado.
You will hear this dictation three times. The first time, just listen attentively. The second time, write what you hear during the pauses. The third time it will be read with no pauses so that you can verify your work.

_____

_____

_____

_____

_____

Lição 10—Caderno de Trabalho
Abra a boca e diga "aaah!"

1. Contrastes de vocabulário: TUDO e TODO, pp. 215-17

1a. Complete with **todo, toda** or **tudo**:

1. Tanta comida! Não posso acabar _____ isto!

2. Amanhã vamos estudar _____ o dia.

3. _____ o que posso fazer é dar um conselho.

4. Não estudei ainda _____ a lição.

5. Choveu muito e cheguei a casa _____ molhado *wet*.

6. Não vais ter tempo para fazer _____ o trabalho de casa.

7. _____ a gente sabe que ele é mentiroso.

8. Ela não vai saber _____ isso.

9. A Susan esteve nervosa durante _____ a aula.

10. Fui ao centro comercial mas _____ o que comprei foi um caderno.

11. Como estás? _____ bem?

12. Ontem estudei português _____ o dia.

13. Procurei por _____ a casa mas não consegui encontrar as chaves.

14. Confessa _____ aos teus pais!

15. Quase _____ o português gosta de futebol, não é?

1b. Complete with **tudo** or **todo/toda/todos/todas.**

Que desastre o exame! Na véspera eu estudei _____ o livro. Depois dei-me

conta de que _____ as perguntas eram terríveis. _____

aquilo me parecia um absoluto mistério. Durante _____ o exame eu estive

nervosíssimo. O que me dava raiva *made me mad* era que eu tinha estudado

_____. E o professor esteve o tempo _____ a olhar! Não

podia mesmo copiar! _____ o que eu queria fazer era chorar. Por fim

_____ acabou. Entreguei a prova _____ em branco. E agora vou passar _____ as férias bem triste porque com certeza chumbei nesta cadeira.

2. O imperativo, pp. 217-20

2a. Fill in the blanks with the **tu** command form of the verb in parentheses.

1. "Não _____ (perguntar) o que o teu país pode fazer por ti, _____ ____ (perguntar) o que tu podes fazer pelo teu país."

2. Antes que cases, _____ (ver) o que fazes.[a]

3. "Lázaro, _____-te (levantar) e _____ (caminhar)!"

4. "Ó Susana,/ não _____ (chorar) mais por mim,/ que eu vou para a Califórnia/ a tocar meu bandolim."

5. _____ (adivinhar) **quem vem jantar.**

6. Nunca _____ (dizer) desta água não beberei.[b]

7. Não _____ (fazer) aos outros o que não queres que te façam a ti.

8. "América, _____-a (amar) ou _____-a (deixar)!"

9. _____-me (dizer) com quem andas e dir-te-ei _I will tell you_ quem és.

10. "_____-te (conhecer a ti próprio!"

NOTES:
    [a] This proverb is a rough equivalent of "Look before you leap."
    [b] The rough meaning of this proverb is "Don't make promises you will not be able to fullfill."

2b. What would you suggest that Dona Fernanda should do in the following situations:
    MODELO: Dói-me a cabeça!
                    Tome uma aspirina!

Dona Fernanda:

1. Não tenho nada para o jantar! _____

2. Estou cheia de sono!_____

3. Que sede tenho!_____

4. Não sei onde está a minha carteira._____

5. Estou com fome!_____

6. Estou doente! _____

7. A casa ali em frente está a arder *on fire*!_____

8. Que calor!_____ _____

9. Estou muito cansada *tired*._____

10. Tenho muito frio!_____

2c. Dona Clara wants her children to do certain things. Fill in the blanks with the verbs she would use.

Meninos, ...

1. _____ as mãos antes de almoçar!

2. _____ o espinafre *spinach* todo!

3. _____ o trabalho para casa agora!

4. _____ o quarto antes de irem ver televisão!

5. _____ para a cama porque já são onze horas!

3. Pronomes de complemento directo, pp. 220-26

3a. Substitute a direct object pronoun for the expression in italics.

1. Nenhuma rapariga quer convidar *o Pedro* para a festa.

_____

2. Quem é que atirou *a bola de papel* ao professor?

_____

3. Queres conhecer *a Isabel e a Laura*?

_____

4. Viram *o José Carlos e o Fernando* na Universidade hoje?

_____

5. Ela encontrou *o meu irmão* na praia.

_____

6. Não vai visitar *os seus amigos* esta noite?

_____

7. O quê? Comeste *o meu pudim*?

_____

8. Ele conhece *o seu pai e você* há muitos anos.

_____

9. Jorge, nós queremos ouvir *a sua namorada* cantar.

_____

10. Vais levar *as tuas colegas e eu* a Las Vegas?

_____

3b. Rewrite the following sentences using a direct object pronoun in the second segment to avoid repeating the object.

1. A Helena e o Ricardo? Nós conhecemos a Helena e o Ricardo no outro dia.

_____

2. O jarro partiu-se *was broken*. Foi o Rui que tentou lavar o jarro.

_____

3. O filme foi muito bom. Acho que vamos ver o filme outra vez.

_____

4. Eu adoro cozido. Pedia sempre cozido nos restaurantes quando estava em Portugal.

_____

5. Vocês trouxeram os *slides*? Quero ver os *slides* antes de jantar.

_____

6. Onde está o frango? A empregada precisa meter o frango no forno às quatro.

_____

7. O meu carro não funciona bem. O mecânico tem que consertar o carro amanhã.

_____

8. Vocês gostam da música dos Madredeus? Nós ouvimos a música dos Madredeus num concerto no sábado.

_____

9. Amanhã os meus amigos vão pintar a casa. Vão pintar a casa de azul.

_____

10. Quase toda a nossa roupa está suja. Nós temos que lavar a nossa roupa.

_____

3c. Answer these questions affirmatively using an object pronoun for the expression in italics.

1. Tens *o recibo*?_____

2. Eles perderam *o dinheiro*?_____

3. O Zé pagou *a hipoteca*?_____

4. A tua irmã limpou *a cozinha*?_____

5. Vocês reservaram *os quartos*?_____

3d. In the following sentences the words in italics are not very appropriate or outright wrong. Cross out the wrong word and write in the correct form in the right place. (Some of these constructions would be acceptable in very colloquial Brazilian Portuguese.)

1. Que vergonha! A professora viu *eu* a copiar no exame.

2. A D. Teresa conheceu *ela e eu* quando éramos crianças.

3. Os ladrões assaltaram o banco mas a polícia não pôde prender *eles*.

4. O Luís pode levar *tu* ao aeroporto.

6. Como quer que eu convide a Rita? Eu não conheço *ela*.

7. As tuas primas? Não vi *elas* na festa.

8. Quero apresentar *tu* ao meu namorado.

9. Eles reconheceram *eles e eu* imediatamente.

10. Nós vimos *você* na praia.

4. Que horas são? pp. 226-30

4a. Answer these questions about time.

1. Que horas são agora?_____

2. A que horas começou a aula de Português?_____

3. A que horas vai terminar?_____

4. A que horas te levantaste hoje?_____

5. A que horas tomaste o pequeno almoço?_____

6. A que horas saíste de casa?_____

7. A que horas chegaste à Universidade?_____

8. A que horas vais almoçar/almoçaste hoje?_____

9. A que horas vais voltar para casa?_____

10. A que horas vais fazer o trabalho para casa?_____

11. A que horas vais jantar?_____

12. A que horas te vais deitar?_____

5. A forma progressiva: "Ela está a estudar," pp. 230-32

5a. Write ten sentences in the progressive form using the pronoun, verb and adverb in parentheses.

1. (Nós–fazer–agora)_____

2. (Eu–comer–ontem)_____

2. (Eu–comer–ontem)_____

3. (As senhoras–trabalhar–hoje)_____

4. (Ela–preparar–recentemente)_____

5. (Tu–estudar–hoje)_____

6. (Vocês–jogar–presentemente)_____

7. (Eles–ouvir–agora)_____

8. (O senhor–ver–ontem)_____

9. (Ele–dormir–ontem)_____

10. (Os senhores–falar–anteontem)_____

5b. What could the following people be doing yesterday at 4:00 p.m.? Always use the progressive form in your answers.

1. A Susan_____

2. A Ana Maria _____

3. O João Carlos e a Fátima_____

4. Tu_____

5. O Jorge e eu_____

6. Os senhores_____

7. O Sr. Saraiva e tu_____

8. A D. Fernanda e nós_____

9. O Dieter e os seus amigos_____

10. A professora de Português_____

6. Haver-de, pp. 232-33

6. Fill in the blanks with a form of **haver-de**:

1. Amanhã eu _____ escrever a carta.

2. Nós _____ confirmar esse caso.

3. Eles _____ chegar às oito.

4. Tu _____ me emprestar esse livro.

5. Os senhores _____ vir cá jantar um dia destes.

6. _____ haver um bom hotel nessa cidade.

Nome_____Data_____Aula_____

Instantâneos portugueses—A medicina no Renascimento

Desde a Idade Média os Judeus tiveram um papel preponderante na medicina portuguesa. Por um documento dos fins do século XIV pode verificar-se que eram judeus todos os físicos que exerciam a sua profissão na cidade do Porto, a segunda de Portugal.

No século XVI vários médicos portugueses, todos de origem judaica, alcançaram considerável renome na Europa. João Rodrigues de Castelo Branco, conhecido como Amatus Lusitanus, descobriu as válvulas das veias e deixou uma importante obra em que descrevia centenas de casos clínicos. Garcia da Orta passou mais de trinta anos na Índia, onde exerceu medicina e realizou extensas pesquisas botânicas, o que levou à publicação de **Colóquios**, uma importantíssima obra sobre plantas medicinais. Rodrigo de Castro, nascido em Lisboa, estabeleceu-se em Hamburgo, onde escreveu notáveis obras, entre elas os primeiros estudos conhecidos no mundo sobre ética legal médica, obstetrícia e ginecologia. E estes são apenas três entre os que então prestaram um muito significativo contributo às ciências médicas.

centenas hundreds
conhecido known
deixou left
descobriu discovered

ética ethics
físicos physicians
obra work
papel role

pesquisas research
preponderante predominant
prestaram lent

Renascimento Renaissance
renome renoun
válvulas valves
veias veins

1. Que importância tiveram em Portugal os médicos judeus?

_____

2. No Porto, nos fins do século XIV, quantos médicos cristãos havia?

_____

3. Por que nome era conhecido João Rodrigues de Castelo Branco?

_____

4. Qual foi a importância de Amatus Lusitanus na história da medicina?

_____

5. Quanto tempo passou Garcia da Orta na Índia?

_____

6. O que fez ele lá?

_____

7. De que tratam os **Colóquios**?

_____

8. Em que país estrangeiro viveu Rodrigo de Castro?

_____

9. Podes imaginar por que razão tantas pessoas de origem judaica, como Rodrigo de Castro, decidiram sair de Portugal?

_____

Instantâneos portugueses—João Semana, o bom médico de aldeia

Algumas vezes em português usa-se a expressão João Semana para designar um médico. A origem desta expressão está num romance de Júlio Dinis[a] intitulado **As Pupilas do Senhor Reitor**. Uma das personagens secundárias—mas extraordinariamente bem caracterizada—deste romance é um médico de aldeia, já de certa idade, jovial, franco e generoso, chamado João Semana. Logo de manhã cedo João Semana montava na sua égua e percorria a aldeia atendendo os seus doentes, muitos deles pobres. Várias vezes, quando tomava o pulso a um destes doentes, deixava-lhe algum dinheiro na mão. O maior defeito de João Semana era contar anedotas de frades—o que muito mortificava o Sr. Reitor, o pároco da aldeia, outra santa alma.

NOTE: Júlio Dinis, a doctor himself, wrote four important novels during his short life (1839-1871).

alma soul
anedotas jokes

contar tell
égua mare
frades friars

intitulado titled
pároco parish priest

percorria went about
personagens characters

Complete the following sentences:

1. O termo João Semana refere-se a

_____

2. João Semana é uma personagem secundária de um romance de

_____

3. Esse romance chama-se

_____

4. João Semana tinha um carácter

_____

5. João Semana levantava-se sempre

_____

6. O médico ia visitar os seus doentes montado numa

_____

7. Alguns dos doentes de João Semana eram bastante

_____

8. João Semana deixava muitas vezes dinheiro na mão do doente quando

_____

9. João Semana gostava muito de contar

_____

10. Estas anedotas mortificavam muito

_____

Um problema de palavras cruzadas

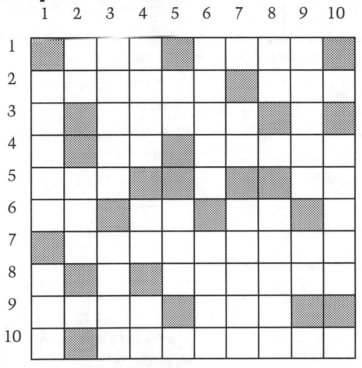

Horizontais:

1. **De** em holandês é ____; a Organização do Tratado do Atlântico Norte ou OTAN também é conhecida como ____
2. Os olhos, o nariz e a boca estão situados na ____; "____, bom dia!"
3. Uma pessoa que tem horror a gastar dinheiro é um ____
4. O Sr. Saraiva ____ o **Diário de Notícias** todos os dias; ____ é um sufixo diminutivo plural
5. "Os Portugueses escrevem **acto** mas os Brasileiros escrevem ____; **sua** em francês é ____
6. ____ é o mesmo que **ali**; as iniciais de Guarda Fiscal são ____; ____ é um diminutivo de **António**
7. Uma ____ é uma inflamação nos pulmões
8. ____ é um nome de homem
9. A ____ é uma doença relativamente recente; as pessoas idosas às vezes vivem num ____
10. "Tenho uma dor de cabeça terrível! Vou tomar uma ____"

Verticais:

1. O ____ do Panamá liga o Oceano Atlântico ao Pacífico; "Não, não tenho óculos. ____ lentes de contacto."
2. "O senhor tem uma temperatura alta. ____ ao médico!"; a linha aérea portuguesa é a ____
3. Um sismo é um ____ de terra; os médicos não podem fazer ____ para curar a artrite
4. Na Serra da Estrela, durante o inverno, cai muita ____; o ____ é a letra que vem depois do efe; ____ é um artigo plural
5. Em francês **isso** diz-se ____; a Frente Unida Revolucionária ou ____ foi um partido da extrema esquerda
6. A sinusite é uma doença do ____; ____ é um país da África Ocidental
7. Em inglês **em cima de** diz-se ____; os diabéticos têm de ____ insulina
8. ____ é a primeira sílaba de **todos**; ____ são as três primeiras sílabas de **onírico**
9. Um oftalmologista é um especialista em doen-

ças de ____; "Tenho um abcesso. Amanhã
tenho que ____ ao dentista."
10. Para evitar infecções devemos sempre lavar
muito bem as mãos com água e ____

Exercícios Suplementares

A. Quais destes produtos podes comprar numa farmácia?

adredalina _____   heroína _____

aspirina _____   insulina _____

cafeína _____   margarina _____

cocaína _____   nitroglicerina _____

estricnina _____   penicilina _____

gasolina _____   sacarina _____

gelatina _____   vaselina _____

B. Suppose you are in Santarém, a town not too far from Lisbon. It is 11:00 P.M. on a Monday.
You have a sore throat and need some medication. You find a pharmacy, but it is closed. Ah,
but on the door there is a list of the **farmácias de serviço** in town. Which one do you choose?

_____

Now that you found it, you decide you
ought to buy a few more items to be
prepared for any emergency. See the list
below.

Alka-Seltzer
anti-histamínicos
aspirina
gotas para os ouvidos
pastilhas de eucalipto
pensos rápidos band aids

FARMÁCIAS
SANTARÉM

Quinta-Feira	OLIVEIRA R. Colégio Militar, 1 - Telef.: 26182
Sexta-Feira	SÁ DA BANDEIRA Av.ª Brasil, 39 - Telef.: 22968
Sábado	VITORINO Av.ª Bernardo Santareno, 24 - Telef.: 26704
Domingo	FLAMA VITÁE Pç. Sá da Bandeira, 4 e 5 - Telef.: 22195
Segunda-Feira	PEREIRA R. Serpa Pinto, 109 e 111 - Telef.: 25113
Terça-Feira	BAPTISTA R. Serpa Pinto, 101 e 103 - Telef.: 22072
Quarta-Feira	VERÍSSIMO R. Capelo Ivens, 74 - Telef.: 25073

Now answer the questions.
O que é que vais comprar para ...

1. a febre dos fenos hay fever?_____

2. um pequeno corte cut num dedo?_____

3. uma forte dor de cabeça?_____

4. um pouco de indigestão?_____

5. uma dor de ouvidos?_____

6. a garganta irritada?_____

Nome_____Data_____Aula_____

C. Answer:

```
FARMÁCIA MELO ALMEIDA                    FACTURA / RECIBO  Nº  7200
    Directora Técnica
  Dr.ª M.ª Manuela R. de Melo Almeida
      Licenciada em Farmácia
   Rua Diogo do Couto, 16 — Tel. 419 16 97
        2795 LINDA-A-VELHA
                                    Linda-a-Velha, 30 de Novembro de 19 95
Contribuinte N.º 660 006 990
O Exmo. Sr. ___ Vítor Fonseca
Morada ___ R. Vasco da Gama, 97, 6º Dto
Cont. Fiscal N.º
COMPROU:
```

QUANT.	DESIGNAÇÃO	PREÇO UNIT.	TOTAL
1	Aspirina		295,02
	INCLUI IVA À TAXA DE 8 %		

1. Em que farmácia é que o Sr. Fonseca comprou a aspirina?

_____

2. Em que data?

_____

3. Quem foi o Vasco da Gama que deu o nome à rua onde o Sr. Fonseca mora?

_____

4. Em que andar mora o Sr. Fonseca?

_____

5. Quantas embalagens de aspirina comprou ele?

_____

6. Quanto é que ele pagou?

_____

7. Esse preço inclui uma taxa de quanto?

_____

8. Sabias que o Sr. Fonseca comprou a aspirina porque tinha uma tremenda dor de cabeça? Pois tinha. Agora usa muito a tua imaginação e explica quais foram os problemas que causaram essa dor de cabeça.

_____

_____

_____

D. Answer the following questions. Use your imagination.

1. Como se chama este médico?

_____

2. Qual é a sua especialidade?

_____

3. Ele tem uma expressão séria?

_____

4. Como se chama o paciente?

_____

5. Ele está em boa forma física? Porque é que dizes isso?

_____

6. De que é que ele se queixa ao médico?

_____

7. Este médico vai muitas vezes a casa dos pacientes?

_____

8. É possível ir à Policlínica Primavera para levar injecções?

_____

9. A mulher do paciente espera um bebé. A que especialista vai ela?

_____

10. O filho do paciente tem acne. A que especialista vai ele?

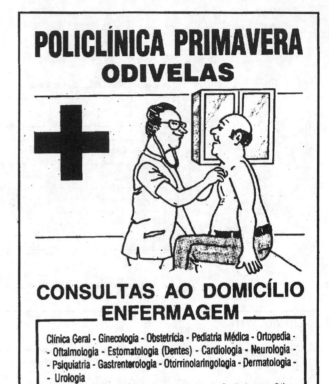

11. A filha do paciente não vê bem. A que especialista vai ela?

_____

12. A mãe do paciente fracturou uma perna. A que especialista vai ela?

_____

13. O paciente precisa de fazer uma análise de sangue. Pode fazer nesta policlínica?

_____

14. A Policlínica Primavera aceita pacientes das Caixas?

_____

NOTES: **Policlínicas** are clinics offering outpatient care in several specialties and are very common in Portugal. In Portugal some doctors still make routine house calls (**consultas ao domicílio**). **Caixas**, short for **Caixas de Previdência** are medical plans—the **Policlínica** will accept members of the **Caixas** for an EKG and is willing to be reimbursed at a lower rate than the one charged to a private patient.

E. Circle the correct answer:

SILVA CORREIA
CHEFE DE CLINICA DE UROLOGIA
ESPECIALISTA DE RINS E VIAS URINARIAS   30.1.95

Para o sr.º Eng. Vasco Pereira da Silva.

Rp/ Bactrim F. — duas embalagens 25'
tomar 1 e. ao pequeno almoço e
1 e. ao jantar.

Amanase - F — uma emb.
Tomar 1 e. de 12/12 horas

Becozyme forte — uma emb.
tomar 1 grafeia ao almoço.

Consultório: Rua Alexandre Herculano, 17, r/c-Esq. — LISBOA — Telefones 54 54 84 - 54 66 09

1. O Dr. Silva Correia é especialista em a. cardiologia b. psiquiatria c. urologia
2. Esta receita foi passada em a. Janeiro b. Agosto 3. Novembro
3. O consultório do Dr. Silva Correia é a. num primeiro andar b. num rés-do-chão c. num terceiro andar
4. Possivelmente o paciente tem um problema de a. ouvidos b. rins *kidneys* c. estômago
5. O paciente é a. arquitecto b. advogado c. engenheiro
6. O primeiro medicamento deve ser tomado a. ao pequeno almoço e ao jantar b. de cinco em cinco horas c. quando o paciente sentir dores
7. O paciente deve tomar uma embalagem do segundo medicamento a. todas as noites b. de doze em doze horas c. uma vez por dia, ao pequeno almoço
8. O paciente deve tomar o terceiro medicamento uma vez por dia a. ao almoço b. a meio da tarde c. ao jantar

F. Answer:

1. Achas que esta clínica é bastante especializada? Porque dizes isso?

_____

_____

2. Na clínica fazem-se electrocardiogramas e radiografias?

_____

3. Os pacientes recebem atenção individualizada?

_____

4. O que acontece se uma empresa quer fazer um **check-up** a todos os empre-

gados? Eles têm que ir todos à clínica?

5. Os preços são exagerados em relação à qualidade do serviço?

6. Em que é que achas que consiste o charme de Miss Marina? (Usa muito a tua imaginação e descreve pormenorizadamente a Miss Marina.)

7. O que é que pensas do primeiro apelido do director da clínica?

J. All the following statements are false. Correct them.

MOTORISTA DA CARRIS IMPEDIDO DE CONDUZIR

Um motorista da Carris foi «apanhado» a conduzir um autocarro, em Lisboa, com uma taxa de alcoolemia de três gramas, seis vezes superior ao máximo legal.
Ficará ano e meio sem conduzir e pagará 70 contos de multa.

1. O motorista conduzia um Lexus quando foi "apanhado" pela polícia.

2. A polícia "apanhou-o" porque ele não tinha carta de condução.

3. A percentagem de álcool que ele tinha no sangue era insignificante.

4. O máximo legal para poder conduzir é oito gramas.

5. Agora o motorista vai ficar trinta dias sem poder conduzir e vai pagar vinte contos de multa.

L. Read the following text (you may have to use your dictionary) and then answer the questions.

ÁLCOOL E GASOLINA SÃO UMA MÁ COMBINAÇÃO

Genericamente pode dizer-se que uma quantidade de álcool da ordem dos três decilitros de vinho de 11°, tomados à refeição, provoca uma concentração alcoólica no sangue de aproximadamente 0,8 gramas por litro, ultrapassando a chamada faixa de segurança de 0,5 gramas por litro.

Com uma alcoolémia de 0,3 gramas por litro o condutor de um automóvel já pode ter dificuldades em avaliar distâncias.

Com 0,8 gramas por litro a coordenação sobre os reflexos motores fica perturbada. Dos 1,5 aos 3,0 gramas por litro (a partir de um litro e meio de vinho de 11° tomado à refeição) o indivíduo está completamente embriagado e perde o controle dele próprio.

1. É perfeitamente seguro conduzir um automóvel quando o motorista tem 0,3 gramas de álcool por litro de sangue no seu corpo?

_____

2. Concordas com o facto de a faixa de segurança poder ir até aos 0,5? Porquê?

_____

3. Em que estado se encontra um condutor depois de ter bebido um litro e meio de vinho à refeição?

_____

4. Qual é que achas que deve ser a idade mínima para o consumo legal de álcool? Como justificas essa opinião?

_____

_____

5. Tens algum amigo ou conhecido que sofreu um acidente por conduzir sob a influência do álcool? Como aconteceu? (Se não tens, imagina a situação.)

_____

_____

N. The following fragment was extracted from an article titled "Consumos Ilícitos nas Nossas Escolas," recently published in a Portuguese newspaper.

Oito entre cada mil estudantes entre o 7º e o 8º anos de escolaridade consomem heroína, dado que uma especialista considera preocupante mas não alarmante. As preferências dos jovens destas idades vão para a cerveja e, no capítulo das drogas, para o haxixe. A droga ilícita mais consumida nas escolas pelos estudantes entre o 7º e o 9º anos é o haxixe e é entre os rapazes que se verifica maior uso da substância, conclui um estudo que está a ser feito desde 1987 pelo Gabinete de Combate à Droga do Ministério da Justiça nas escolas portuguesas. A investigação realizada através de inquéritos que garantem o anonimato aos estudantes, incide também no consumo das chamadas substâncias ilícitas: tabaco, cerveja, vinho e aguardente.

aguardente brandy	**chamadas** so-called	**ilícita** illegal
capítulo matter	**escolaridade** schooling	**inquéritos** surveys

Answer the following questions:

1. Que idade têm geralmente os alunos do 7° ano de escolaridade? E os do 9°?

2. Entre estes alunos que percentagem consome heroína?

3. Concordas com a especialista quando ela diz que esta percentagem não é alarmante? Porquê?/Porque não?

4. No capítulo da droga, qual é a substância mais consumida pelos alunos destas idades? E no capítulo do álcool?

5. Quem consome mais haxixe, os rapazes ou as raparigas?

6. Como foi possível obter estas conclusões?

7. Em que ano foi iniciado este inquérito?

8. Os alunos precisam de declarar os seus nomes quando respondem a este inquérito?

9. Além das drogas, que outras substâncias são consideradas ilícitas por este inquérito?

Lição 10—Laboratório
Abra a boca e diga "aaah!"

Exercício I: Pronúncia: O *i* e o *u* finais
Final **i** is always stressed, unless there is an accent elsewhere in the word (as in **táxi**, or **grátis**). Because of preterite verb endings, there are a great many examples of final **i** in Portuguese.

rabi	dormi	produzi
abri	travesti	rubi
ali	gurani *Indian tribe*	tossi
comi	Haiti	tupi *Indian tribe*
	ouvi	vivi

Exceptionally, Italian names that end in **i** maintain their original stress without a written accent: **Vivaldi, Verdi, Roselli, Signorelli. Biquini** and **mini** also have no accent.

Final **u** is also always stressed unless there is an accent mark elsewhere in the word. There are not many examples of final **u** in Portuguese—they are all of foreign origin.

bambu	biju *jewel (Fr.)*	peru *turkey*
canguru	caju *cashew*	tabu
Belzebu *Beelzebub*	menu	tatu *armadillo*

Exercício II: Pronomes de complemento directo

First, answer these questions using pronouns to replace direct objects from the questions. The first set deals only with things. Follow the model:

>MODELO: (tape) Tu tens o novo romance?
>(student) Sim, tenho-o.
>(confirmation) Sim, tenho-o.
>(repetition) Sim, tenho-o.

Now answer the questions dealing with people.

> MODELO: (tape) Tu viste-me no cinema?
> (student) Sim, vi-o no cinema.
> (confirmation) Sim, vi-o no cinema.
> (repetition) Sim, vi-o no cinema.

Now put pronouns after an infinitive. Follow the model.You'll have to make the real direct object into a pronoun as well.

> MODELO: (tape) Tu conheces o meu pai?
> (student) Não, mas vou conhecê-lo.
> (confirmation) Não, mas vou conhecê-lo.
> (repetition) Não, mas vou conhecê-lo.

Written section:

1. _____

2. _____

3. _____

4. _____

Vozes portuguesas—O caos impera

Write in the missing words.

    Há muito bons _____ aí mas o caos impera. Vive-se na balbúrdia, pode-se _____ na urgência, como eu já fiquei uma vez, com um pé _____, seis horas à espera. A assistência médica _____ em Portugal, infelizmente, tem que _____ bastante para chegar ao nível europeu. No entanto temos _____ privados de muito boa qualidade, em que se recebe um _____ de primeira e se paga também um preço de primeira.

III. Que horas são?
Tell the times on the clockfaces in the order given by the tape.

MODELO: (tape) **Número seis**—Que horas são?
(student) São cinco e cinco.
(confirmation) São cinco e cinco.
(repetition) São cinco e cinco.

Written section:

a. _____

b. _____

c. _____

Vozes portuguesas—Há muito bons especialistas em Portugal
Circle the words below that don't correspond with what is said.

Hoje em dia deve-se pagar em Portugal por uma consulta de um médico dez, vinte mil

escudos. Se levarmos em consideração o salário comum, o salário médio, o custo de vida, para um português é bastante caro pagar essa quantia por uma visita médica. Mas há muito bons médicos em Portugal, que vão aprender em toda a parte do país.

IV. Os imperativos
An infinitive will be given followed by a subject. Make them into a command. There is an oral part and a written part.

MODELO: (tape) Não entrar agora—tu
(student) Não entres agora.
(confirmation) Não entres agora.
(repetition) Não entres agora.

Now write these solutions. Be careful.

1. _____

2. _____

3. _____

4. _____

Vozes portuguesas—Fumar, uma forma de libertação feminina?
You will hear the **voz** twice. Write in the missing phrases.

Talvez seja uma forma de libertação social. As mulheres sentem... Não sei, julgo eu que seja _____ se afirmarem perante os homens. Portanto querem _____igual. Há uns _____as mulheres... rara era aquela que pegava num cigarro. _____todas as mulheres pegam num cigarro...

V. A forma progressiva
Restate the sentences given by the tape using the progressive. use **estar** in your solutions.

MODELO: (tape) Eles jogam futebol.
(student) Eles estão a jogar futebol.
(confirmation) Eles estão a jogar futebol.
(repetition) Eles estão a jogar futebol.

Exercício VI. Texto de compreensão:
Listen to the comprehension text and write answers to the questions asked.

1. _____

2. _____

3. _____

4. _____

Exercício VII. Ditado.
You will hear this dictation three times. The first time, just listen attentively. The second time, write what you hear during the pauses. The third time it will be read with no pauses so that you can verify your work.

_____

_____

_____

_____

_____

Lição 11—Caderno de Trabalho
Quero telefonar à minha mãe

1. Dias, meses e estações, pp. 240-42

1a. O que é que tu fazes nestes dias? Responde segundo o modelo.

MODELO: Domingo.
           Aos domingos vou à praia [durmo muito, vou ao cinema, etc.]

1. Segunda-feira _____

2. Terça-feira _____

3. Quarta-feira _____

4. Quinta-feira. _____

5. Sexta-feira _____

6. Sábado _____

1b. Escreve por extenso as datas abaixo. Recorda que em português vem primeiro o dia e depois o mês.

1. 3-4-86 _____

2. 1-7-89 _____

3. 5-2-90 _____

4. 8-12-94 _____

5. 23-5-95 _____

1c. Responde às perguntas abaixo. Escreve por extenso estas datas importantes.

1. Qual é o Dia de Ano Novo? (1-1) _____

2. Qual é o Dia das Mentiras? (1-4) _____

3. Qual é o Dia do Trabalho? (1-5) _____

4. Qual é o Dia de Todos os Santos? (1-11) _____

5. Qual é o Dia da Restauração? (1-12) _____

2. Contrastes de vocabulário: PARA e POR, pp. 242-46

2a. Preenche os espaços com **para** ou **por**:

1. Comprei o meu carro em 1985 _____ 3 000 dólares.

2. É um carro fantástico _____ o meu trabalho.

3. Mas agora está velho e tenho que o trocar _____ outro.

4. Vi um Nissan de 1990 _____ 4 000 dólares.

5. Pareceu-me bastante bom _____ ser desse ano.

6. _____ estes dias vou telefonar à agência e perguntar _____ um empregado que conheço e que consegue carros _____ bom preço.

7. _____ fins deste mês já devo ter o outro carro porque quero ir _____ San Francisco.

8. A caminho de San Francisco passo _____ Monterey.

9. Fico lá _____ uns dias.

10. _____ fim vou ter umas boas férias!

2b. Preenche os espaços com **para**, **por** ou uma contracção de **por**.

1. A minha mãe é enfermeira. Trabalha _____ um hospital infantil.

2. Recebi a notícia do acidente _____ telefone.

3. Caramba! Paguei um conto _____ um *hamburger* e uma Coca-Cola!

4. Eu não quero ir viver _____ a Sibéria! Faz lá um frio danado.

5. Estás maluco? Queres trocar o teu Cadillac _____ um Volkswagen?

6. Não sabes onde é o cinema? Vai aqui _____ esta rua. É lá ao fim.

7. O chefe quer o trabalho pronto _____ amanhã às cinco em ponto. Nem um minuto mais!

8. _____ que serve este aparelho? Medir a radiação? Detectar metais?

9. Ele é um pouco estranho. Vai _____ rua a falar sozinho.

10. Durante o incêndio muita gente saltou _____ janela.

2c. Nas perguntas seguintes tanto **por** como **para** fazem sentido. Preenche os espaços sucessivamente com os dois termos e dá uma explicação em cada caso. Se necessário usa uma contracção ou acrescenta um artigo.

MODELO: O meu pai está a trabalhar _____ um amigo.
O meu pai está a trabalha **por** um amigo. O pobre homem está no hospital.
O meu pai está a trabalhar **para** um amigo. Ele ofereceu-lhe um lugar na sua fábrica de plásticos.

1. A Sónia vai fazer o trabalho _____ ti?

_____

2. Ele ganha pouco _____ ser bancário.

_____

3. As meninas correm _____ o parque.

_____

4. Essa canção foi composta _____ a noiva do músico.

_____

5. Vou _____ a praia.

_____

3. Expressões úteis numa conversa telefónica, pp. 246-47

3a. Completa o seguinte diálogo.

TRRIM... TRRIM... TRRIM...

1. SOLANGE: _____?

2. PAULO: Solange? _____ o Paulo.

3. SOLANGE: Ói, Paulo, como _____?

4. PAULO: _____. Olha, logo à...

TÊÊÊÊÊÊÊÊÊÊÊÊÊÊ....

5. PAULO: Ora bolas! Desligou! Dá sinal de _____. Vou

_____ outra vez. Qual é o _____? Ah, sim, 428 7643.

TÊ TÊ TÊ TÊ TÊ TÊ .....

6. PAULO: E esta! Agora dá sinal de _____! Não pode ser! Vou

_____ __ para as Reclamações. O número é... Sim, é o 180.

TRRIM... TRRIM... TRRIM...

7. RECLAMAÇÕES: Portugal Telecom, boa tarde.

8. PAULO: Boa tarde. Estou a ter dificuldade em ligar para o _____. Pode

verificar o _____, por favor.

9. RECLAMAÇÕES: Um _____, por favor. Está a _____.

TRRIM... TRRIM... TRRIM...

10. SOLANGE: _____?

11. PAULO: Desculpa. Olha, logo à ...

TÊÊÊÊÊÊÊÊÊÊÊÊÊÊÊ...

12. PAULO: _____!

NOTA: Tem cuidado! Não reproduzas literalmente o que pensas que o Paulo exclamou.

3b. Escreve três curtos diálogos telefónicos. Ilustra as seguintes situações:

A. Queres saber a que horas chega o voo 473 da TAP, procedente de Paris.

_____

_____

_____

_____

_____

B. Telefonas para as Informações para saber um número que não encontras na tua lista telefónica.

_____

_____

_____

_____

C. Queres chamar um táxi. (O número do Tele-Táxi em Lisboa é o 815 2016.)

_____

_____

Nome_____ Data_____ Aula_____

_____

_____

_____

4. QUALQUER e QUALQUER COISA, pp. 247-49

4. Preenche os espaços com **qualquer, qualquer coisa** ou **quaisquer.**

1. Quero comprar _____ dos Madredeus. _____ CD
   deles é bom, suponho.

2. É verdade que _____ português pode entender bem espanhol?

3. Podes ir a _____ agências desse banco.

4. Há alguma coisa fresca para beber? _____ serve.

5. Vamos a _____ restaurante aqui perto.

5. Os demonstrativos, pp. 249-54

5a. Completa o diálogo abaixo com demonstrativos ou contracções de preposições e demonstrativos. Em alguns casos existe mais de uma possibilidade lógica.

OLGA: Onde é que compraste _____ camisola?

CLARA: _____ camisola? Comprei _____ loja da
Avenida onde fomos _____ dia em que não tivemos aulas.

OLGA: E _____ colar, onde é que o compraste? Foi também
_____ loja?

CLARA: _____ colar não comprei. Foi um presente _____
último Natal.

OLGA: Não me digas! Quem é que to deu? Foi _____ namorado que tinhas
o ano passado?

CLARA: Não! _____ já acabou há muito tempo. _____ ano
tenho outro namorado.

OLGA: Quem é? É _____ rapaz que conheceste _____
_____ cafetaria onde fomos _____ dia de muita
chuva?

CLARA: Como é que adivinhaste? É _____ mesmo. _____

noite vou sair com ele, sabes?

OLGA: Onde é que vocês vão? À festa _____ rapaz que nos convidou a

semana passada?

CLARA: Não, vamos ver _____ filme de que me falaste o outro dia.

5b. Traduz as frases abaixo. Em alguns casos existe mais de uma possibilidade lógica.

1. What's this here?

_____

2. What's that in your hand?

_____

3. What's that over there?

_____

4. This novel is pretty good but that one you read is terrible.

_____

5. Those jeans you bought are very nice. These are nice, too.

_____

6. In that case I will only buy this.

_____

7. What's the name of that café where we went that day?

_____

8. The name of that boy over there is Rui.

_____

9. These girls were in that class we had last semester.

_____

10. All this is normal.

_____

6. O comparativo: "Ela é mais inteligente do que o irmão," pp. 254-57

6a. Compara os elementos abaixo. Usa **muito** ou **pouco** quando apropriado.

1. A China – a Albânia

_____

2. A Lituânia – a Índia

_____

3. Uma baleia *whale* – um mosquito

___

4. Rhode Island – o Texas

___

5. Einstein – eu

___

6. Eu – a família Rockefeller

___

7. O Zé (280 quilos) – o Chico (45 quilos)

___

8. Um Volkswagen de 1967 – um Alfa Romeo de 1995

___

9. Um caracol *snail* – um cavalo de corrida

___

10. Tóquio – Cascais

___

11. Um chimpanzé – um burro

___

12. O Pedrinho (dois meses) – A Heleninha (um mês)

___

13. A Marta (500 contos no banco) – o Fernando (50 contos no banco)

___

14. A Sibéria – o Zaire

___

15. Um Lamborghini – uma bicicleta

___

Instantâneos portugueses

Nos primeiros tempos do telefone em Portugal

A rede telefónica de Lisboa começou a funcionar em 1882 - com 22 assinantes. Isto foi em Abril. Em Julho entrou em funcionamento a do Porto, esta apenas com 19 assinantes. Os primeiros tempos do serviço telefónico foram heróicos. As "meninas dos telefones"[a] tinham de fazer todas as ligações manualmente[b] e em épocas de crise conservavam-se nos seus postos horas e horas a fio sem poder descansar. Eram também obrigadas a ouvir pacientemente os inúmeros protestos dos assinantes quando não podiam obter uma ligação rápida por falta de linhas. Um deles, contudo, encarou a situação com humor. Cansado de ouvir repetidamente a desculpa de que "Não há linha" resolveu enviar à chefe da estação... um carrinho de linhas!

Lição 11

ᵃ At that time, telephone operators, all female, were not allowed to marry and were addressed as **menina**.

ᵇ Automatization took place in 1930.

assinantes subscribers	**desculpa** excuse	**meninas** young ladies
cansado tired	**encarou** faced	**ouvir** listen to
carrinho spool	**enviar** send	**postos** places
chefe station head	**épocas** times	**primeiros** early
conservavam-se remained	**falta** lack	**rede** system
crise crisis	**horas a fio** hours on end	**repetidamente** repeatedly
descansar rest	**ligações** connections	**resolveu** decided
	linhas threads, lines	

O que é que podes dizer sobre a invenção do telefone?

_____

_____

_____

_____

_____

Um problema de palavras cruzadas

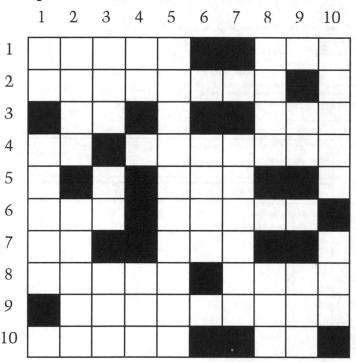

Horizontais:

1. Para telefonar para o estrangeiro a Susan ____ primeiro zero zero; a linha aérea nacional portuguesa é a ____
2. Em muitas ruas os veículos podem apenas ____ num só sentido
3. Os médicos usam as iniciais ____antes do seu nome; ____ é uma terminação frequente de verbos portugueses
4. Um prato favorito em Portugal é o bacalhau à Gomes de ____; para ir de Lisboa ao Porto pode-se utilizar o avião, o autocarro ou o ____
5. O vermelho é a ____ que indica proibição
6. Uma ____ é um barco antigo, parecido com um galeão; para ir de Lisboa aos Açores é preciso tomar um ____
7. ____ **hoc** significa "criado para essa ocasião"; as três primeiras letras de **relógio** são ____
8. Para saber a hora da partida do avião para o Funchal devemos ____ para a TAP; ____ é um prefixo grego que significa "cavalo"
9. Nas grandes cidades é muitas vezes difícil estacionar o ____
10. ____ é um dos signos do zodíaco; "Paulinho, lava ____ mãos antes de comer!"

Verticais:

1. As iniciais de **Ministério da Cultura** são ____; os automobilistas têm de parar no ____ vermelho
2. ____ é uma ópera famosa; ____ é deixar para outro dia
3. As três consoantes de **errar** são ____; "____ vens connosco, Cecília?"; ____ é a primeira sílaba de **Guilherme**
4. ____ são as iniciais de Câmara de Comércio; "Adeus, ____ amanhã!"
5. Há linhas de ____ que chegam a todas as partes de Portugal.
6. ____ é uma forma do verbo **mover**
7. ____ é uma forma do verbo **brilhar**
8. Um grupo de três músicos é um ____; o ____ é o Imposto ao Valor Agregado
9. "____ Jesus! Parti um copo!"; Os animais têm patas mas as pessoas têm ____
10. "O comboio era rápido. Não ____ em Santarém"; Devemos usar um creme quando estamos muito tempo ao ____

Exercícios suplementares

A. Vê esta conta de telefone e depois responde às seguintes perguntas:

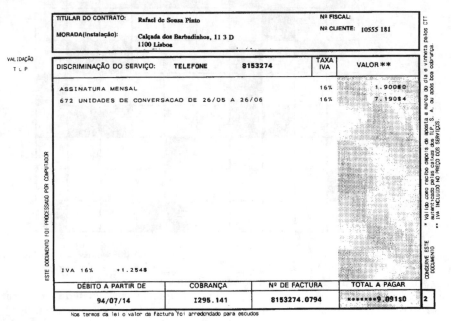

1. Qual é o nome do assinante?

_____

2. Em que cidade é que ele mora?

_____

3. Qual é o número do seu telefone?

_____

4. Em que mês é que a conta foi emitida?

_____

5. Até que data tem a conta de ser paga?

_____

6. Quanto custa a assinatura mensal básica?

_____

7. Quantas unidades de conversação se contaram?

_____

8. De que data a que data?

_____

9. Qual é a percentagem de IVA que é preciso pagar?

_____

10. Qual é o total que o assinante tem de pagar?

_____

11. Quanto representa esta conta em dólares?

_____

12. A tua conta de telefone é parecida com esta? Explica porquê.

_____

NOTES: Notice that in some official documents dates begin with the year. Remember that **IVA** is the **Imposto ao Valor Agregado**, the equivalent of the sales tax in the US.

B. Escolhe a resposta correcta.

A Susan deve telefonar para o número

1. 115 para a. comunicar à polícia que estão a assaltar a casa do vizinho b. perguntar como vai estar o tempo amanhã c. saber o horário dos comboios para o Porto
2. 118 para a. pedir informações sobre hotéis no Algarve b. comunicar à polícia que lhe roubaram o passaporte c. perguntar onde pode comprar um medicamento às onze horas da noite
3. 60 60 60 para a. avisar os bombeiros de que o prédio em frente está a arder b. saber a hora exacta c. perguntar de onde partem autocarros para Belém
4. 795 01 43 quando a. quer saber a que horas chega o avião da TAP de Londres b. quer falar com o seu amigo Dieter c. se sente mal por causa do marisco estragado que comeu.
5. 117 para a. perguntar o número de telefone da Embaixada dos Estados Unidos b. comunicar que há um incêndio num eucaliptal c. saber se o Museu dos Coches está aberto à segunda-feira
6. 886 08 48 quando a. quer saber a que horas são as visitas aos doentes b. quer comunicar uma fuga de gás c. quer ligar para o serviço de despertar
7. 301 77 77 quando a. quer fazer uma chamada a pagar no destino b. quer pedir informações sobre um número de telefone que não está na lista. c. quer uma ambulância para transportar um inválido a uma consulta médica

serviços de urgência

SOS	NÚMERO NACIONAL DE SOCORRO	**115**
✳	INTOXICAÇÕES	**795 01 43**
H	HOSPITAIS S. José Santa Maria S. Francisco Xavier	**886 08 48** **797 51 71** **301 73 51**

117	NÚMERO NACIONAL DE PROTECÇÃO À FLORESTA	**117**
	FARMÁCIAS DE SERVIÇO	**118**
	CRUZ VERMELHA Ambulâncias Hospital	**301 77 77** **776 30 03 - 778 61 71**
	BOMBEIROS	**342 22 22** **60 60 60**

Nome_____ Data _____ Aula _____

C. Responde:

ESTATÍSTICAS

FALAR PARA GRAVADORES DE CHAMADAS

IMPORTAM-SE	32%
NÃO SE IMPORTAM	49%
NUNCA LHE ACONTECEU	19%

Atitude face ao gr...

| FALA PAR AO GRAVADOR | 45% |
| DESLIGA E LIGA MAIS TRADE | 54% |

1. A maioria dos Portugueses aceita bem o gravador de chamadas?

_____

2. Tu tens um gravador de chamadas? Porquê?

_____

3. Quando telefonas a alguém e o gravador responde o que é que fazes?

_____

4. Porque é que muitas pessoas desligam quando ouvem uma mensagem no gravador?

_____

5. Nos gravadores de chamadas é conveniente deixar mensagens como "Estamos de férias até ao dia 30 mas...." Porquê?

_____

D. Responde:

1. Qual é o objectivo do serviço Tagarela *chatterbox*?

_____

2. Na tua opinião que tipo de pessoa utiliza este serviço?

_____

3. Este serviço funciona dia e noite?

_____

4. Quanto custa o serviço dentro de Lisboa?

_____

5. E no resto do país?

_____

6. Podes imaginar sobre que assunto a senhora da esquerda conversa com o senhor de óculos?

_____

E. Responde:

1. O que é que vais ouvir quando ligares para o 321321?

_____

2. Que género de anedotas achas que vais ouvir?

_____

3. O Herman conta sempre as mesmas anedotas?

_____

4. Quanto custa este serviço?

_____

F. Vê esta gravura de um "americano" e depois marca a resposta mais correcta.

1. Os "americanos foram introduzidos em Portugal a. no século dezanove b. durante a Segunda Guerra Mundial c. nos fins do século vinte
2. Os "americanos" eram movidos por a. um motor a gasoil b. tracção animal c. energia eléctrica
3. Os carros eram puxados por a. uma junta de bois b. duas mulas c. um burro
4. A capacidade máxima deste "americano" é de cerca de a. 8 pessoas b. 30 pessoas c. 150 pessoas

G. Quais são as vantagens de se transportar o automóvel no comboio quando se viaja?

A VIAGEM DO SEU CARRO... DE COMBOIO

Fazer-se à estrada é cada vez mais um grande risco.
Optar pelo serviço de transporte de automóveis que a CP coloca à sua disposição, é uma escolha acertada. Para si e para a sua Família.
Os benefícios são enormes, o descanso e a segurança ainda maiores.
Pode viajar no mesmo comboio que o seu automóvel ou noutro comboio qualquer. A escolha é sua.
E não esqueça que a estação de destino do seu automóvel não serve só aquela cidade, mas toda uma região, a partir dali.

H. A Susan e o Dieter querem ir passar o próximo domingo a Santarém. Que comboio é que tu achas que eles vão tomar para lá? Porquê?

LISBOA - ENTRONCAMENTO

Estações e apeadeiros	Reg. 4407 1-2 ☒	Reg. 4409 1-2 ☒	IC 20531 1-2 ☲ ⊗	Reg. 4413 1-2	IC 531 1-2 ☲ ⊗	IR 20831 1-2 ☲	IR B23 1-2 ☲	Reg. 4417 1-2 ✗	Reg. 4421 1-2	IC 521 1-2 ⊛ ☲ ⊗
Lisboa (Santa Apolónia) P	5 45	6 21	7 22	7 25	8 05	8 10	9 00	9 10	10 25	11 00
Braço de Prata	5 50	6 27		7 30		—	—	9 16	10 31	
Vila Franca de Xira	6 15	6 45		7 54		8 34	9 22	9 50	11 00	
Azambuja	6 33	7 00		8 12				10 07	11 17	
Virtudes (ap.)	6 36	7 04		8 15				10 11	11 21	
Reguengo	6 40	7 08		8 19				10 14	11 24	
Setil C	6 42	7 10		8 21				10 17	11 27	
Setil P	6 43	7 11		8 22				10 18	11 35	
Santana-Cartaxo	6 47	7 14		8 25				10 22	11 38	
Vale de Santarém	6 52	7 19		8 30				10 26	11 43	
Santarém	6 59	7 25	8 07	8 36	8 49	9 04	9 50	10 33	11 50	11 44
Vale de Figueira	7 05	7 32		8 43				10 40	11 57	
Mato de Miranda	7 12	7 38		8 50				10 46	12 04	
Riachos	7 19	7 44		8 56				10 52	12 10	
Entroncamento C	7 25	7 48	8 27	9 00	9 06	9 25	10 09	10 56	12 14	12 01

SIMBOLOGIA

IC — Comboio Intercidades.
IR — Comboio Inter-Regional.
Reg. — Comboio Regional.
1-2 — 1.ª e 2.ª classes.
☲ — Serviço de bar.
⊗ — Serviço de mini-bar.
☲ — Serviço de pequeno-almoço no lugar em 1.ª classe.
☒ — Reserva de lugar obrigatória e lotação limitada.
☒ — Não se efectua aos sábados, domingos e feriados oficiais.
✗ — Não se efectua aos domingos e feriados oficiais.
⊡ — Só se efectua aos sábados, domingos e feriados oficiais.
⑤ — Não se efectua aos sábados.
⊛ — Serviço de refeição no lugar em 1.ª classe.
{ — Comboio não diário.

Lição 11—Laboratório
Quero telefonar à minha mãe

I. Pronúncia: O *o* pronúnciado como *u*.

An unstressed *o* is usually pronounced as a *u* in European Portuguese. One notable exception is the initial *o*. An initial *o* is normally open, but it is close when nasalized.

Open *o*		Close *o*
operacional	oftalmologia	ombro
observação	ocasião	ontem
Odemira	oliveira	onda
oligarquia	onírico	oncologia
omitir	oxidar	

NOTE: The *o* may be preceded by an *h*, which, as you know, is never pronounced: **Ho**rácio, **ho**milia, **ho**nesto, **ho**mófono

The *o* pronounced as *u* may appear before or after the stressed vowel. The post-tonic *o* usually occurs in a final position, and it may be followed by an *s*.

começar	cinco
almofada	público
transportar	capítulo
isolar	único
trocar	livro
conhecer	médico
valorizar	lidos
drogar-se	químicos
poder	braços
problema	alunos

When the *o* forms a diphtong with an *a* or an *e* it is also pronounced as *u*.

boato	doente
coagir	poema
toalha	coesão
doado	moer
moagem	goês

II. Contrastes de vocabulário: PARA e POR
Circle the letter corresponding to the question that gives the answer on the tape.

MODELO: (tape) Vamos por Espanha.

a) Onde é Madrid?
b) Como vamos de Portugal a França?
c) É um pais grande?

3. a) Quanto pedes pelo teu carro?
   b) O teu pai tem um carro novo?
   c) Queres um carro novo?

1. a) Posso levar esta carta ao correio?
   b) Vai chegar em dois dias?
   c) Qual é a a maneira mais rápida de man- dar esta carta?

4. a) Este exame é para quem?
   b) O exame é difícil?
   c) Quando é o exame?

2. a) Onde posso comprar os bilhetes de comboio?
   b) Onde fica Sintra?
   c) Perdi o meu dinheiro na estação.

5. a) Porque é que tu não vieste à aula ontem?
   b) Porque é que não te vi na festa de ontem?
   c) Porque é que a festa foi tão boa?

III. Expressões úteis numa conversa telefónica
Circle the letter corresponding to the expression that best reacts to the situation on the tape.

MODELO: You answer the phone. You say:
a) Sim?
b) É engano.
c) Um beijinho.

3. a) Quer deixar um recado?
   b) Não, não está. Já foi para a escola.
   c) Está a tocar.

1. a) Meneses e companhia, bom dia.
   b) Desejava falar com o José.
   c) Posso desligar?

4. a) Vou atender o telefone.
   b) Pode marcar o número.
   c) Não desligue.

2. a) Quem fala?
   b) É a própria.
   c) Queria fazer uma chamada interurbana.

5. a) Um momento, por favor.
   b) Espere pelo sinal!
   c) Está ocupado.

Vozes portuguesas—Ai, estes telefones!
This **Voz** will be read twice. Write in the missing words. Sometimes one word, sometimes two words will be missing.

O telefone demora _____ meses e em alguns casos ainda alguns

_____ Como é muito difícil _____

telefones há muitos casos, por _____ nas zonas não muito

modernas, em que quando uma _____ quer vender uma casa e tem um _____, normalmente ao vender a casa também _____-

_____ o telefone. A pessoa que _____ a casa vai à

companhia dos telefones e _____ o nome do proprietário desse

telefone.

IV. Qualquer e qualquer coisa
Following the model, use a command and **qualquer** or **qualquer coisa** to write answers to the questions asked.

MODELO: (tape) Quero ler uma boa novela./
Lê qualquer novela de Eça de Queirós.

Vozes portuguesas—Às vezes é preferível apanhar um táxi
Circle the words that are printed wrong. The text will be read twice.

Os transportes são muito lentos. São muito caros, a menos que se tenha um passe. Aí é permitido usar todos os transportes. É o passe social que dá para metro, autocarro, comboio, avião, tudo e mais alguma coisa. Se não se tiver esse passe, o bilhete do autocarro é muito caro. Então é melhor muitas vezes apanhar um táxi. Embora seja caro, acaba por ser mais barato porque à hora de ponta, é detestável andar de metro. É sardinha em lata!

V. Os demonstrativos
This exercise will refer to items near me, near you, and far away. Repeat what they are, but use forms of **este, esse,** and **aquele** with them instead of what is in the model.

MODELO: (tape) A mesa perto de mim
(student) Esta mesa
(confirmation) Esta mesa
(repetition) Esta mesa

Vozes portuguesas—O Rádio Táxi—Um Bom Serviço
This **Voz** will be read twice. During the second reading, write in the missing words.

O Rádio Táxi funciona _____ . Eu utilizei o Rádio Táxi durante

um ano em que estive a trabalhar _____ de Lisboa, e todas as

segundas-feiras de manhã eu usava o Rádio Táxi. Telefonava_____

ou mesmo à hora e era muito_____ , e eles eram

extremamente prontos no serviço. E _____ até mais acessíveis por vezes, _____ conseguiam, do que outras companhias.

VI. O comparativo: «Ele é mais inteligente do que o seu irmão»

This exercise asks two rounds of questions about each drawing. Each question refers only to the section of the drawing within brackets. Either **muito** or **um pouco** is necessary in every answer. The model refers to **pergunta número um**.

MODELO: (tape) Que casa é maior?
(student) A casa dos Santos é um pouco maior do que a casa dos Gomes.
(confirmation) A casa dos Santos é um pouco maior do que a casa dos Gomes.
(repetition) A casa dos Santos é um pouco maior do que a casa dos Gomes.

dos Gomes   dos Santos   dos Abreu

o Alberto   o António   o Frederico

3

a Helena   a Maria   a Lourdes

9

4

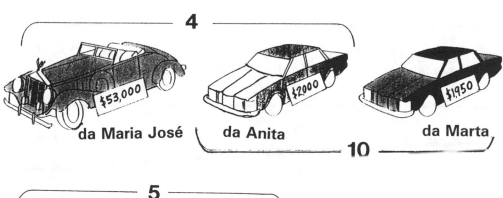

da Maria José   da Anita   da Marta

10

5

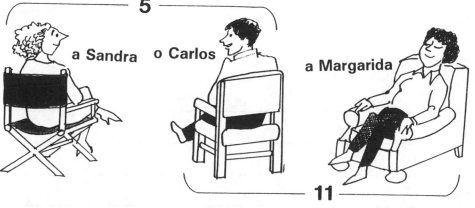

a Sandra   o Carlos   a Margarida

11

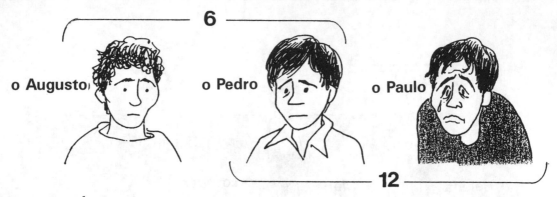

Write answers here:

9. _____

10. _____

11. _____

12. _____

VII. Texto de compreensão: O transporte público
Listen to the comprehension text and write answers to questions asked about it.

1. _____

2. _____

3. _____

4. _____

VIII. Ditado.
Do this dictation in the usual way.

_____

_____

_____

_____

_____

Lição 12—Caderno de Trabalho
A malta vai hoje à discoteca

1. O calão português, pp. 264-67

1. "Traduz" as palavras em tipo grosso para calão:

1. Ele já **morreu**.

_____

2. **Estudei** muito para o exame final.

_____

3. Ele apanhou uma **bebedeira** tremenda.

_____

4. **Reprovei** no exame de Física.

_____

5. Esta discoteca é **muito boa**.

_____

6. Esse **indivíduo** é muito estranho.

_____

7. Não tenho **dinheiro** para isso.

_____

8. Eles são muito **distraídos**.

_____

9. Vai **incomodar** outro!

_____

10. Cuidado com o **polícia**!

_____

2. O complemento indirecto, pp. 267-70

2a. Volta a escrever as frases abaixo substituindo as expressões em tipo grosso por um pronome de complemento indirecto. A ordem da frase vai ter que ser alterada.

1. Amanhã vou dar um presente de aniversário **ao meu amigo**.

_____

2. Ele escreveu uma carta **ao meu irmão e a mim**.

_____

3. Ele telefonou e disse "Esta tarde vou trazer umas revistas **para ti**."

_____

4. Ela disse **às minhas irmãs** que ia para África.

_____

5. Ele e a sua família são muito simpáticos e agora eu quero dar um presente **a eles**.

_____

6. Eu vou perguntar isso **à professora**.

_____

2b. Responde às perguntas abaixo, substituindo por um pronome as palavras em tipo grosso.

1. O meu pai comprou os livros **ao Joãozinho**?

_____

2. Vocês falaram **à Helena**?

_____

3. A professora vai explicar a lição outra vez **ao Francisco e a mim**?

_____

4. Ele disse **aos polícias** que a culpa não era dele?

_____

5. Ela mencionou isso **a ti e oo teu irmão**?

_____

6. Vão conceder uma bolsa de estudo **às nossas amigas**?

_____

3. Verbos que pedem complemento indirecto, pp. 270-73

3. À base dos elementos indicados, forma frases originais usando pronomes de complemento indirecto, que devem substituir as expressões entre parênteses.

> MODELO: Comprar (meu amigo)
> Comprei-lhe um carro.

1. Vender (a mim) _____

2. Emprestar (meu irmão) _____

3. Perguntar (professora) _____

4. Dever (banco) _____

5. Trazer (meus pais) _____

6. Pedir (minha avó) _____

7. Ensinar (crianças) _____

8. Escrever (minha família e eu) _____

9. Mostrar (Lina e Jorge) _____

10. Pagar (médico) _____

4. Os pronomes directos e indirectos com o mesmo verbo, pp. 273-74

4. Responde às perguntas segundo o modelo.

> MODELO: Contaste essa história à tua amiga?
> Sim, eu contei-lha..

1. Deste o cheque ao teu primo?

_____

2. Contaste-me toda a história?

_____

3. Entregaste as cartas ao teu pai?

_____

4. Levaste os apontamentos à tua namorada?

_____

5. Compraste os selos à Joana e a mim?

_____

6. Dás-me uma boleia hoje à tarde?

_____

7. Fizeste-me a omelete que te pedi?

_____

8. A D. Cecília preparou as sanduíches para os filhos?

_____

9. O carteiro entregou o postal à tua amiga?

_____

10. O polícia pediu a carta de condução àquela senhora?

_____

5. Faltar, doer, importar, interessar e parecer, pp. 274-78

5a. Responde às três primeiras perguntas usando o verbo **faltar** e às três seguintes usando o verbo **doer**.

1. Porque é que não pagas os 800 contos por inteiro?

_____

2. Vocês já terminaram todas as cadeiras para o mestrado?

_____

3. Já está na hora de o avião partir?

_____

4. Porque é que o teu amigo não veio à aula hoje?

_____

5. Porque é que vais ao dentista hoje?

_____

6. Porque é que o José Carlos não joga futebol hoje?

_____

5b. Forma frases com os seguintes elementos:
1. Meus irmãos – importar – ter notas baixas

_____

2. Tu – importar – estudar comigo?

_____

3. Nós – importar – vocês ficar no nosso apartamento

_____

4. Mário – interessar – matemática

_____

5. Meus amigos – interessar – ir à discoteca

_____

6. Eu – interessar – história

_____

7. Parecer – tu – vai chover?

_____

8. Parecer – eu – ir ao Brasil

_____

9. Parecer – meus pais – eu não estudo muito

_____

6. O grau superlativo, pp. 278-82

6a. Com os elementos abaixo indicados forma frases originais usando um superlativo.

1. O presidente dos Estados Unidos_____

2. O meu namorado/a minha namorada _____

3. As baleias_____

4. A China _____

5. Shakespeare _____

6. Esta universidade _____

7. O meu/minha professor,-a de Português_____

8. A minha cidade_____

7. Expressões com DAR, pp. 282-84

7. Completa as frases abaixo com outras usando o verbo **dar**.

    MODELO: O meu quarto no hotel de Copacabana tinha uma vista esplêndida.
                 Dava para a praia.

1. Não podemos alugar esse apartamento tão caro. _____

2. Vamos ver se podemos resolver esse problema. _____

3. Ainda temos duas horas. _____

4. Está um dia muito bonito e não temos nada que fazer esta tarde.

_____

5. Não tenho carro hoje. _____

6. Todo o plano falhou. _____

7. Vais aceitar esse miserável salário? _____

8. Usar esse vestido vermelho com riscas amarelas e verdes? Não!

_____

Instantâneos portugueses

Pronúncias regionais do português

    O calão usado por uma determinada pessoa pode revelar a sua idade, a sua condição social ou a sua ocupação. Por outro lado a pronúncia dessa pessoa pode denunciar a sua origem regional.[a] Na pronúncia típica do Norte de Portugal o **b** toma o lugar do **v**: **bento**[b] em vez de **vento**. Também se insere um **i** entre o artigo feminino singular e qualquer palavra começada por **a** tónico: **a i água, a i árvore**.

    Em Lisboa o **e** passa a **â** antes de uma palatal: **eu vâjo, uma ovâlha**. Muitos alentejanos pronunciam o ditongo **ei** como **ê** (o **lête**) e acrescentam um **i** a certas palavras (**calori**)[c]. O falar da ilha Terceira é marcado por ditongos específicos: **portugües** em vez de **português** e **esquiola** em vez de **escola**. Em São Miguel existe um **u** e um **eu** muito parecidos aos do francês e um **a** que se aproxima do **o**.[d] Na Madeira o **i** passa a **âi**: **o fâim** em vez de **o fim**. Apesar destas e de outras diferenças, os Portugueses não têm dificuldade em se entenderem uns aos outros, claro![e]

NOTES:

    [a] Obviously, regional accents are not generalized. Very often it is impossible to determine a person's regional origin from his or her accent.

Nome_____Data_____Aula_____

These and other following spellings are only an attempt to transcribe pronunciation, not accepted written spellings.

[c] A current joke is: **Onde é que os alentejanos põem o i de "leite"? No "caféi."**

[d] Another joke: A Lisbonite arrives in São Miguel, and wants to confirm that there are no snakes on the island. So he asks a local: **É verdade que não há cobras aqui?** Rather surprised, the other answers: **Não senhor, não é verdade. Há cobras, há vocas, há ovelhas, há tudo.**

[e] An interesting story dealing with these regional differences is that during the period of the colonial wars Portuguese troops from the islands of Madeira, Terceira and São Miguel arrived simultaneously in Angola. Angolans, used to mainland troops, were puzzled by their speech. Someone passed on the news of their arrival to the Angolan guerrillas who in turn transmitted the information to the Russians. That same night Radio Moscow announced that a battalion of *Spanish* troops had arrived in Luanda to aid the Portuguese in their fight against the guerrillas.

artigo article
árvore tree

calão slang
falar speech
idade age

palavra word
qualquer any

Podes mencionar algumas das características dialectais do teu país?

_____

_____

_____

_____

_____

Instantâneos portugueses

Uma imperial, se faz favor

Em Portugal bebe-se muita cerveja. Num café ou numa cervejaria[a] pode-se pedir cerveja de garrafa (a Sagres é a marca portuguesa mais antiga e conhecida) ou a copo. Um copo de cerveja chama-se uma imperial ou um fino. Quem tem muita sede pede uma caneca. Por vezes a cerveja vem acompanhada com um pratinho de tremoços.[b]

Nos bares há, evidentemente, uma enorme variedade de bebidas. Além do *whisky*,[c] uma das mais populares é o gin tónico. Nalguns cafés (ou num restaurante, com o café) pode-se pedir um bagaço.[d]

Para quem não quer beber álcool existem vários refrigerantes, como o Sumol, a Fanta, o Joy ou o Trinaranjus ou sumos de frutas como o Compal. Alguns clientes pedem água tónica ou águas minerais, como Luso, Pedras ou Carvalhelhos.[e] E, claro, sempre é possível tomar um sumo de laranja[f] ou uma limonada natural.

© 1995 by LinguaText, Ltd.

NOTES:
   [a] One Lisbon **cervejaria** merits a visit. This is the Cervejaria da Trindade, whose back room, adorned with quite interesting tile work, is the former refectory of a sixteenth century monastery.
   [b] **Tremoços** are salted lupini beans. The technique for eating them puzzles many foreign visitors. However, all you have to do is to bite off the end of the seed coat and pop the bean into your mouth.
   [c] You have already read that whisky means scotch. You may have it with **água lisa** or **com Castelo**, Castelo being a brand of mineral water mainly used for mixed drinks.
   [d] **Bagaço** is a rough white brandy made with bagasse, the residue left after the must is pressed out of the grapes when wine is made.
   [e] If you are not familiar with the different types of mineral waters you may just order **uma água com gás** or **uma água sem gás**.
   [f] Not to be confused with a **laranjada**, a bottled orange drink.

a copo by the glass	**clientes** patrons	**limonada natural** lemonade
bebidas drinks	**copo** glass	**marca** brand
caneca mug	**de garrafa** bottled	**refrigerantes** soft drinks
cerveja beer	**imperial** a glass of beer	**sede** thirst
cervejaria beer hall	**laranja** orange	**sumo** juice

Completa as frases abaixo:

1. Em Portugal bebe-se _____.

2. Pode-se pedir cerveja de garrafa ou _____.

3. A Sagres é _____.

4. Uma imperial é _____.

5. Uma caneca é maior do que _____.

6. Às vezes a cerveja vem acompanhada com _____.

7. As bebidas mais populares nos bares são _____.

8. Às vezes, no restaurante, os clientes acompanham o café com _____.

9. Alguns dos refrigerantes mais conhecidos são _____.

10. Nos bares também se pode pedir _____.

Instantâneos portugueses

O teatro de revista

A revista é o género mais popular do teatro português. Contém bailados, canções e quadros de comédia. Tudo isto é articulado por um argumentador, a que se dá o nome de **compère**. O humor dos quadros de comédia e das intervenções do **compère** baseia-se na sensibilidade do homem da rua e no casticismo da linguagem. Por vezes este humor é atrevido e, nos últimos tempos, depois da abolição da censura, mesmo um pouco obsceno. Durante o período do salazarismo[a] a revista funcionou também como um discreto veículo de sátira política. Foi por esses tempos que se afirmaram, nos teatros do Parque Mayer[b], grandes nomes deste género, como Beatriz Costa, Mirita Casimiro, Eugénio Salvador e Vasco Santana.

NOTES:
   [a] The term **salazarismo** refers to the period in which António de Oliveira Salazar headed a dictatorial government.
   [b] The Parque Mayer is an enclosed area off the Avenida da Liberdade in Lisbon where one can find several theatres, cafés and restaurants.

afirmaram-se stood out	**canções** songs	**mesmo** even
argumentador commentator	**casticismo** authenticity	**quadros de comédia** comedy
atrevido bold	**censura** censorship	sketches
bailados dances	**género** genre	**revista** revue
baseia-se are based		**sensibilidade** sensitivity

1. Em que consiste uma revista?

_____

2. No teu pais existe alguma coisa comparável a uma revista?

_____

3. Como se caracteriza o humor dos quadros de comédia?

_____

4. Porque é que no tempo do salazarismo a sátira política não era mais aberta?

_____

5. O que é o Parque Mayer?

_____

Um problema de palavras cruzadas

Horizontais:

1. As iniciais da Confederação Geral do Trabalho são ____; ____ é o mesmo que **aqui**; "Boa noite, ____ amanhã!"
2. Em Alcântara e no Bairro Alto há muitas ____
3. ____ é um prefixo que significa **novo**; É em espanhol diz-se ____
4. Pode-se beber *whisky* puro ou com ____
5. "Eu ____ muito dinheiro em livros."
6. ____ é o mesmo que **pensar** ou **encontrar**; "____ alguma coisa para comer no frigorífico?"
7. "Dê-me um ____ de laranja, se faz favor!"; "O médico disse-lhe que ele tinha uma pedra no ____"
8. "As flores não estão bem aqui. Estão melhor ____."; "Já ____ os três romances para a aula de literatura."
9. A contracção de **me+a** é ____; a mãe do meu pai é a minha ____; "É mais barato comprar roupa ____ Baixa"
10. Uma ____ é um poema de assunto elevado; "O filme que fomos ver ontem era muito ____."

Verticais:

1. Um ____ é um disco compacto; em muitas discotecas há o sistema de ____ obrigatório
2. "Uma cerveja e um ____ tónico, por favor!"; ____ *nauseam* significa "até à saciedade"
3. A mosca ____-tse é a transmissora da doença do sono; Vasco da ____ foi um famoso navegador português
4. Muita gente prefere beber ____ nas discotecas
5. A fórmula química do carbono é ____; em inglês **cinza** diz-se ____; em Portugal o ____ é o equivalente da *sales tax* nos Estados Unidos
6. ____ o depósito de gasolina do carro é enchê-lo completamente.
7. O ____ é entre Lisboa e Cascais
8. ____ quer dizer **antes de Cristo**; ____ é um prefixo que significa **pequeno**
9. ____ é a contracção de **te+a**; "O Luís tem sempre um ____ triste."
10. "Comi muito e agora sinto-me mal do ____."

Exercícios suplementares

A. Explica em que consiste a Noite das Minis na Discoteca Lipp's, quem vai ganhar o primeiro prémio, o que é que tu pensas dos prémios, porque é que todos os prémios são artigos de pele, que vantagem há em levar o jornal onde apareceu este anúncio, o que é que tu achas deste tipo de espectáculo e faz qualquer outro comentário adequado.

_____

_____

_____

_____

_____

_____

B. Lê o que diz o gerente de uma discoteca na linha do Estoril:

"Normalmente, mais aos fins-de-semana, as pessoas pagam mil escudos de consumo mínimo, ficando com direito a uma bebida, seja cerveja, *whisky* ou outra coisa qualquer. Para quem não pague essa tal senha[a] ou queira continuar a beber, os preços são acessíveis. Um *whisky* custa 900$00, uma cerveja 500$00, as vodcas, os gins e os runs[b], tudo ao mesmo preço do *whisky* e a comida anda entre os 400$00 e os 900$00 e o bife a 1 600$00."

NOTES:
   [a] He is referring to the ticket the patron buys for the right to order the one drink included in the cover charge.
   [b] This is the Portuguese plural for "rum."

Considera que na altura em que o gerente mencionou estes preços um dólar valia aproximadamente 150$00. Tendo isto em mente responde às seguintes perguntas:

1. Estes preços são superiores ou inferiores aos preços médios das discotecas no teu país?

_____

2. Se um bife custa 1 600$00, que tipo de comida achas que se pode servir por 400$00? E por 900$00?

_____

_____

C. A Susan está hoje na cidade das Caldas da Rainha e quer ir a qualquer sítio à noite para se divertir um pouco. Viu estes anúncios no jornal local mas ainda não se decidiu. Podes aconselhá-la?

Discoteca D'Ayala

Hoje à noite, no Pub "Espaço In" da Discoteca D'Ayala haverá uma festa da música com muitos risos pelo meio. Para animar ainda mais esta noite actuará o duo "J. Leandro/C. Dias".

Amanhã, actuará o artista Nelo.

Maxim
Fados

No Restaurante MAXIM nas Caldas da Rainha (Rua Fonte de Pinheiro) hoje sexta-feira, dia 6 de Maio, realiza-se como habitualmente um espectáculo de fados em que cantam Arminda Simões, Marcelino Ribeiro, João Plácido, António Plácido e Paulo Ribeiro, acompanhados à guitarra por Fernando Silva e Carlos Nogueira.

Os espectáculos semanais lançados por este novo restaurante caldense destinam-se a relançar a arte do canto do fado nas Caldas e a divulgá-la junta da população caldense e mesmo dos estrangeiros.

Não há bilhete de entrada, limitando-se cada assistente a ter de realizar um consumo mínimo de 800$00.

Discoteca Rubi
— Bombarral

Hoje à noite a loja "Porta Aberta" vai fazer uma passagem de modelos na Discoteca Rubi, no Bombarral.

Discoteca Green Hill

Hoje, à noite vai haver um desfile de candidatas para o apuramento da primeira "Miss Luso Galaica", que irá representar no Casino Estoril, a Zona Oeste.

Susan, deves ir _____. Lá tens

_____

_____

_____

D. Responde às seguintes perguntas:

1. A que horas é que geralmente abrem estas discotecas?

_____

2. A que horas é que fecham?

_____

3. Tu achas que fecham realmente a essa hora?

_____

4. Em quais destas discotecas se pode cear?

_____

5. Quais delas anunciam que abrem diariamente?

_____

6. É difícil estacionar o carro quando se vai à Discoteca
Sociedade Anónima? Porque é que dizes isso?

_____

Lição 12—Laboratório
A malta vai hoje à discoteca

I. Pronúncia: O *a* aberto e fechado portugueses

An acute or circumflex accent over an *a* will indicate whether it is open (á) or close (â).
An accented close *a* is normally followed by a nasal consonant.

Open a	tábua	sofá	*Close a*	tâmara
ácido	Lázaro	maná	câmara	lâmina
rápido	sádico	Panamá	fâmulo	brâmane
máximo	vários		Dâmaso	pânico
				trâmite

A stressed *a* without an accent mark preceding a nasal consonant is also close.

cama	pano	fama	chama	lama
banho	dama	sanha	Gama	

But a stressed unaccented *a* NOT PRECEDING A NASAL CONSONANT is usually open.

casa	galo	prato	metade	torradas
espada	macho	fraco	sala	gelado

An unstressed *a* is normally close and somewhat obscured.

toma	fazer	Líbano	responda	daninho
Rússia	escreva	cometa	caneta	malévolo

The *à*, resulting from a contraction of two *a*s, is open. It only occurs in two main cases:

à (a+a)
àquilo (a+aquilo); àquele (a+aquele) and variants

In the first person plural of the present and preterite of -**ar** verbs, the stressed *a* is always close in the present and open in the preterite.

Present
brincamos	jogamos	cantamos	tocamos	conversamos
andamos	falamos	estudamos	voltamos	dançamos

<u>Preterite</u>

brincámos	jogámos	cantámos	tocámos	conversámos
andámos	falámos	estudámos	voltámos	dançámos

II. Os pronomes de complemento indirecto—LHE e LHES

Make these sentences better by putting the proper indirect object pronoun in them.

Modelo:: (tape) Dou o trabalho de casa à professora.
(student) Dou-lhe o trabalho de casa.
(confirmation) Dou-lhe o trabalho de casa.
(repetition) Dou-lhe o trabalho de casa.

Write answers here.

1. _____

2. _____

3. _____

Vozes portuguesas—A noite de Lisboa é tardia

This **Voz** will be read twice. Write in the missing words. Sometimes one word, sometimes two words will be missing.

A noite de Lisboa é _____ Começa à meia-noite ou à uma da

_____ num bar, os jovens encontram-se aí, _____

_____ qualquer coisa, conversam, _____ aí com o seu grupo.

Depois às duas, três da manhã, às _____ quatro é que vão para a

discoteca. Antes das duas da manhã não é _____ ir a uma discoteca

porque vai estar _____ . A noite termina às sete, oito da manhã.

III. Os pronomes de complemento indirecto—ME, TE, NOS e LHES

Answer the questions beginning your answers with **sim** and use an indirect object pronoun in every answer. In this exercise use **te** instead of **lhe** in the singular, as in the model.

Modelo: (tape) Tu contas-me o segredo?
(student) Sim, conto-te o segredo.
(confirmation) Sim, conto-te o segredo.
(repetition) Sim, conto-te o segredo.

Write answers here.

1. _____

2. _____

3. _____

Vozes portuguesas—As discotecas mais populares de Lisboa
Circle the words that are printed wrong. The text will be read twice.

As discotecas mais famosas penso que são as da 24 de Julho, aquelas novas. Eu não sei, que eu não vou muito para esses lados nem nunca fui a nenhuma, mas acho que são essas essencialmente as mais populares. Depois também há o Bairro Alto, que é preferido por outro tipo de pessoas. É mais uma vocação intelectual e artística, digo eu.

IV. O uso dos pronomes directo e indirecto com o mesmo verbo
Transform these longer sentences with complete direct and indirect objects into shorter ones which use only pronouns.

MODELO: (tape) Eu trouxe o jornal de hoje ao meu pai.
(student) Eu trouxe-lho.
(confirmation) Eu trouxe-lho.
(repetition) Eu trouxe-lho.

IV. FALTAR, DOER, IMPORTAR, INTERESSAR e PARECER
Follow the model and answer every question with **Sim**. Sometimes the question will refer to you, sometimes to your sister.

MODELO: (tape) A geometria interessa-lhe?
(student) Sim, a geometria interessa-me.
(confirmation) Sim, a geometria interessa-me.
(repetition) Sim, a geometria interessa-me.

Write answers here.

1. _____

2. _____

3. _____

4. _____

5. _____

Vozes portuguesas—O grupo que vai à discoteca
This **Voz** will be read twice. During the second reading, write in the missing words.

A estrutura varia muito de _____ . No meu grupo

eu procurava sempre que eu fosse _____ e o resto fossem

raparigas. Agora _____ em que saem só rapazes e vão para a discoteca

tentar arranjar uma rapariga. _____ a estrutura normal do grupo

que sai à noite, cinco, seis pessoas, _____ pessoas, rapazes e

raparigas.

VI. O grau superlativo

In this exercise, a series of questions will be asked about each drawing. Answer each question using the indicated superlative based on the question. The example is based on **a cidade**.

MODELO: (tape) A Isabel tem uma casa pequena?
(student) Sim, tem a casa mais pequena da cidade.
(confirmation) Sim, tem a casa mais pequena da cidade.
(repetition) Sim, tem a casa mais pequena da cidade.

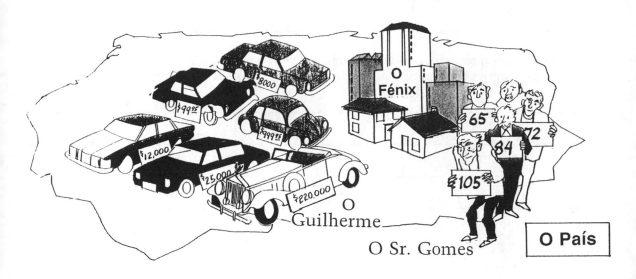

O Fénix

65

72

84

$105

O Guilherme

O Sr. Gomes

O País

$8000

$999⁹⁵

$999⁹⁵

$12,000

$25,000

$220,000

A Escola

IQ 78

IQ 129

O João
IQ 162

IQ 118

A Conceição

F

O Guilherme

A+

Write answers here.

1. _____

2. _____

3. _____

VII. Texto de compreensão: O calão português de ontem e de hoje
Listen to the comprehension text and write answers to questions asked about it.

1. _____

2. _____

3. _____

4. _____

VIII. Ditado.

Do this dictation in the usual way.

_____

_____

_____

_____

_____

Nome_____Data_____Aula_____

Lição 13—Caderno de Trabalho
Eh pá, vamos a Alfama hoje à noite

1. Mais comparativos: «Tu tens menos aulas do que eu», pp. 289-92

1a. CERTO ou ERRADO? Se ERRADO, corrige.

1. A família Rockefeller tem menos dinheiro do que eu.

_____

2. A China tem mais habitantes do que o Luxemburgo.

_____

3. O Japão produz menos automóveis do que a Suécia.

_____

4. Um canário pesa menos do que um hipopótamo.

_____

5. Os Brasileiros bebem mais cerveja do que os Árabes.

_____

6. Nova Iorque tem menos arranha-céus do que Las Vegas.

_____

7. Uma bicicleta custa mais do que um Ferrari.

_____

8. As gazelas correm menos do que as tartarugas.

_____

9. A minha rua tem mais lojas do que a Quinta Avenida de Nova Iorque.

_____

10. No meu apartamento há mais livros do que na biblioteca pública.

_____

1b. Estabelece uma comparação entre o elemento abaixo e outro que tu imagines:

MODELO: O meu irmão
          O meu irmão vê mais televisão que eu.

1. O meu carro _____

2. A minha universidade _____

3. A minha família _____

4. O meu apartamento _____

5. O meu pai _____

6. O meu gato _____

7. A minha professora _____

8. A minha cidade _____

9. O meu namorado/a minha namorada _____

10. O meu melhor amigo _____

1c. Compara os elementos abaixo.

MODELO: O meu carro (1989) – O carro de meu amigo (1995)
          O meu carro é mais velho que o carro do meu amigo.

1. A Olga (22 anos) – eu (23 anos)

_____

2. O meu irmão (1,79 metros de altura) – o meu pai (1,68 metros de altura)

_____

3. O meu tio (2 000 contos) – o meu primo (500 contos)

_____

4. O meu vizinho (175 quilos) – a minha vizinha (64 quilos)

_____

5. O meu quarto ($3m^2$ x $5m^2$) – o quarto do meu irmão ($4m^2$ x $6m^2$)

_____

2. O comparativo de igualdade, pp. 292-98

2a. Responde afirmativa ou negativamente às perguntas abaixo. Usa **tão** nas tuas respostas.

1. O teu pai é tão alto como tu?

_____

2. Um jornal é tão caro como um livro?

_____

3. Um gorila é tão grande como um elefante?

_____

4. O teu irmão é tão inteligente como tu?

_____

5. O autocarro é tão rápido como o metro?

_____

6. A tua cidade é tão grande como Nova Iorque?

_____

7. Um bife é tão barato como um *hamburger*?

_____

8. Um chocolate é tão nutritivo como uma banana?

_____

9. Uma caneta é tão pesada como um computador?

_____

10. O Estádio Nacional, em Lisboa, é tão antigo como o Coliseu de Roma?

_____

2b. Responde afirmativa ou negativamente às perguntas abaixo. Usa **tanto** (ou variantes) nas tuas respostas.

1. O McDonald's custa tanto como o Pizza Hut? [pronounced "peesa oot."]

_____

2. O professor de Português dá tanto trabalho de casa como os teus outros professores juntos?

_____

3. Na escola primária estudavas tantas horas como na universidade?

_____

4. Pagavas tanto pelas propinas na escola secundária como pagas na universidade?

_____

5. Tens tanto dinheiro no banco como os teus pais?

_____

6. Tens tantas horas de aula na segunda como na terça-feira?

_____

7. Tu vês tantos filmes como o teu melhor amigo/a tua melhor amiga?

_____

8. Comes tanto ao almoço como ao jantar?

_____

9. Há geralmente tanta gente num teatro de ópera como num estádio de futebol?

_____

10. Pagas tanto por uma revista como por um livro de texto?

_____

3. Mais sobre a forma progressiva: "Ele está dormindo," pp. 298-302

3a. Passa as frases abaixo para a forma progressiva. Usa um particípio presente.

1. O meu gato dorme no sofá.

_____

2. A minha irmã estuda Medicina.

_____

3. Faz muito calor agora.

_____

4. Os carros hoje em dia custam uma fortuna.

_____

5. Os meus amigos fazem o seu trabalho de casa.

_____

6. Os meus pais vêem televisão.

_____

7. O Roberto faz o mestrado em História.

_____

8. A Laura come demais.

_____

9. O Jorge trabalha muito.

_____

10. Gastas muito dinheiro?

_____

3b. Volta a escrever as frases abaixo segundo o modelo.

MODELO: **Se estudares** muito podes ter uma boa nota nesta aula.
Estudando muito podes ter uma boa nota nesta aula.

1. **Se fores** por esta rua chegas lá em cinco minutos.

_____

2. **Se tiveres** cuidado não vai acontecer nada.

_____

3. **Se usares** o dicionário não vais fazer muitos erros.

_____

4. **Se vieres** cedo é possível acabares o trabalho hoje.

_____

5º. **Se fizeres** como te digo não vais ter problemas.

_____

6. **Quando viveres** nesse apartamento vais estar muito perto da praia.

_____

7. **Quando estiveres** em Portugal é fácil ir a Espanha.

_____

4. Termos positivos e negativos, pp. 302-07

4a. Passa as frases abaixo para a forma negativa:

1. Vi alguém no quintal.

_____

2. Vamos ou à farmácia ou ao supermercado.

_____

3. O Zezinho sempre diz a verdade.

_____

4. Precisas de alguma coisa?

_____

5. Eles já terminaram o exercício.

_____

6. O Jorge ainda trabalha no aeroporto.

_____

4b. Passa as frases abaixo para a forma afirmativa:

1. Não entendo nada de japonês.

_____

2. Nunca vamos a essa discoteca.

_____

3. O meu irmão já não tem essa namorada.

_____

4. Não há ninguém na sala de espera.

_____

5. Ainda não li esse livro.

_____

6. Eles não têm nenhum amigo em Aveiro.

_____

4c. Responde às perguntas abaixo na forma negativa:

1. O que é que sabes sobre João das Regras?

_____

2. Quem é que vocês conhecem na Universidade dos Açores?

_____

3. Queres ir ao cinema ou ao teatro?

_____

4. O teu professor já deu as notas do teste?

_____

5. Ainda há muitos carros eléctricos em Portugal?

_____

6. Tu "cabulas" sempre nos exames?

_____

5. O particípio passado e o seu uso com estar, pp. 305-07

5a. Preenche os espaços com um particípio passado adequado.

1. O café já está _____.

2. Não saiam ainda! A aula ainda não está _____.

3. Podes entrar. A porta está _____.

4. Este poema está _____ em húngaro.

5. Não é preciso ir ao supermercado. Todas as compras já estão _____.

6. Espera mais dez minutos. A salada ainda não está _____.

7. Os filmes não estão _____ em português.

8. Tudo que eles têm para dizer já está _____ há muitos anos.

9. São oito horas. Já não podemos ir à Baixa. As lojas estão _____.

10. Podem vir comer! A mesa já está _____!

5b. Responde às perguntas abaixo usando o particípio,passado do verbo entre parênteses.
  1. Porque é que não vamos hoje a essa discoteca? (fechar)

_____

  2. O teu relógio *watch* funciona bem? (atrasar *to run slow*)

_____

  3. Posso falar com o director? (ocupar *to be busy*)

_____

  4. Como está a tua mãe? (constipar *with a cold*)

_____

  5. Que sopa é que queres comer? (preparar)

_____

  6. Já resolveram esse caso? (resolver)

_____

  7. Falta alguma coisa para fazer o jantar? (comprar)

_____

  8. O trabalho já está pronto? (acabar)

_____

  9. Eles já se vestiram? (vestir)

_____

Nome_____ Data_____ Aula_____

Instantâneos portugueses

As marchas populares

Em Lisboa o mês de Junho é o mês dos arraiais nos bairros típicos mas também o mês das marchas populares. Estas marchas populares representam uma longa tradição. São grupos de bailarinos e cantores que desfilam aos pares pelas ruas da capital, cada par empunhando um arco de onde pende um balão. Daí que por vezes se designem estes desfiles como "marchas ao flambó." (Porque a expressão francesa *aux flambeaux*-with lanterns-se introduziu numa tradição tão castiça como as marchas não é coisa fácil de explicar!) Cada marcha vem de um bairro diferente e os trajes, que mudam de ano para ano, assim como as canções, também chamadas marchas, aludem às características desse bairro. Depois do desfile pela Avenida da Liberdade, um júri atribui prémios às melhores marchas. É a este espectáculo que se refere uma conhecida canção que começa assim: Lá vai Lisboa, / Com o seu arquinho e balão, / Com cantiguinhas na boca / E amores no coração

NOTE: **Arraiais** are street dances, where food and drink are also available. The **balões** are paper lanterns, presumably introduced into Portugal from the Orient. A larger type of **balão** may be lit so it will rise in the air and be carried away by the wind, but this practice has been discouraged by the fire department.

amores love
arco bow
atribui awards
bailarinos dancers
balão Chinese lantern
boca mouth
canções songs

cantores singers
castiça traditional
coração heart
desfilam parade
empunhando holding
marchas populares neighborhood dancing groups

mudam change
pares pairs
pende hangs
prémios prizes
típicos traditional
trajes dress

1. Em que cidade é que os turistas podem ver as marchas?

2. Em que mês é que desfilam estas marchas?

3. O que é que cada par empunha?

4. Os trajes e as canções repetem-se cada ano?

5. A que é que aludem estes trajes e estas canções?

Um problema de palavras cruzadas

```
     1   2   3   4   5   6   7   8   9   10
 1
 2
 3
 4
 5
 6
 7
 8
 9
10
```

Horizontais:
1. Esta noite vamos a ___; duas iniciais que significam "por exemplo" são ___
2. As duas vogais de **cabe** são ___; ___ significa "desta maneira"
3. No Natal comemos bolo-___; ___ Welles é um famoso actor americano
4. Muitas raparigas vão para a universidade de camisola e ___
5. ___ é a terminação de muitos particípios passados; um ___ é uma unidade de resistência eléctrica; no mês de Junho ___ muitos bailaricos populares
6. Gosto muito de bacalhau à Gomes de ___; a primeira sílaba de **Brasil** é ___; as duas últimas letras de **azul** são ___.
7. O Dia de Reis não é ___ festejado como o Natal; ___ António nasceu em Lisboa
8. Já viste a nossa árvore de ___?; A mãe da Susan ___-lhe sempre um presente pelo Natal.
9. Na passagem do ano come-se uma ___ por cada badalada da meia-noite; as iniciais de Estados Unidos são ___; Junho é o mês ___ Santos Populares

10. Em Alfama por toda a parte se assam ___

Verticais:
1. As ___ comem-se durante a época de Natal; **Os ___ e os Mortos** é um romance de Norman Mailer
2. Uma forma de imperfeito de **datar** é ___
3. O oposto de **religioso** é ___; ___ é o mesmo que **amarrar**
4. Os Portugueses disseminaram a ___ cristã por muitos países; o oposto de **má** é ___.
5. ___ significa o mesmo que **perfume**; todos temos que obedecer à ___
6. Em Junho podemos ver ___ populares; as iniciais inglesas de **Nações Unidas** são ___
7. Em Alfama por toda a parte se ___ sardinhas; ___ é uma preposição latina que significa **para**
8. ___ é um código internacional para pedir socorro; o oposto de **alguma coisa** é ___
9. Um em alemão é ___; Vamos hoje ao Pizza ___?; o masculino de **as** é ___
10. A ___ é uma empresa americana que fabrica automóveis; As marchas desfilam com arcos e ___

Nome_____Data_____Aula_____

Exercícios suplementares

A. Responde às perguntas abaixo.

1. O que é que estas duas lojas sugerem como presentes para o Dia de São Valentim, ou Dia dos Namorados?

_____

2. Em que data é o Dia de São Valentim?

_____

3. Como é que este dia se festeja nos Estados Unidos?

_____

4. Que presentes achas tu que vais dar (ou receber) no próximo Dia de São Valentim?

_____

B. Lê o seguinte trecho, adaptado de uma crónica intitulada "Santos Populares," assinada por Eurico Mendes e publicada no jornal **Portuguese Times**, de New Bedford. Vais ter que usar bastante o teu dicionário.

Junho é o mês dos santos populares, o milagreiro trio formado por Santo António, São João e São Pedro. Há cinquenta anos Lisboa enfeitava-se de balões de papel e nos poiais a miudagem montava altares e pedinchava tostõezinhos para o padroeiro[a]. Isso acontecia nos bairros populares (leia-se pobres), a Bica, a Madragoa, o Castelo, paredes meias com a Graça, Alfama e Mouraria. Os bairros finos (Lapa, Restelo e Alvalade) nunca entraram no roteiro do santinho. Mas a cidade ribeirinha[b] ficava por conta de Santo António e era toda arraiais e velhinhas assando sardinhas no fogareiro de barro à porta da casa e dezenas de bailaricos de rua. O desfile das marchas pela Avenida[c] era a apoteose das festas.

NOTES:
[a] St. Anthony is Lisbon's patron saint.
[b] i.e. the river front neighborhoods
[c] i. e. the Avenida da Liberdade, Lisbon's widest avenue.

Baseando-te neste texto e noutros contidos nesta lição, explica quais são as tradições associadas aos santos populares.

_____

_____

_____

_____

_____

_____

_____

C. Lê este cartão que o Álvaro, um colega e amigo do João Carlos, mandou ao Sr. Saraiva e depois responde às perguntas abaixo.

votos de

Boas Festas

e

Feliz Ano Novo

extensivos à Senhora
sua Esposa.

abraço,

Álvaro.

Natal/94

FAMÍLIA:
a força do Sangue;
a razão da Ternura;
o testemunho da Solidariedade
— para sempre!

1. Qual é a data deste cartão?

_____

2. O que é que o Álvaro deseja nele?

_____

_____

3. Os desejos são dirigidos exclusivamente ao Sr. Saraiva?

_____

_____

4. O tom do cartão é familiar ou um pouco cerimonioso? Porque é que dizes isso?

_____

_____

_____

5. 1994 foi o Ano Internacional da Família. Sabendo isso, podes explicar qual é a mensagem das últimas frases?

_____

_____

D. A Susan comprou este cartão de Boas Festas para mandar à D. Margarida, a mãe da D. Fernanda. O que é que achas que ela escreveu nele?

_____

_____

_____

_____

_____

Nome_____ Data_____ Aula_____

E. Responde às perguntas abaixo.

A TASQUINHA DO AMÉRICO
— DE —

Américo, Joaquina & Teresa, Lda.

ALMOÇOS • JANTARES • PETISCOS

Deseja a todos os seus estimados
clientes, Bom Natal e Próspero Ano Novo

Rua Almirante Reis, 18 (Frente aos CTT)   Rossio ao Sul do Tejo
Telefs.: (041) 3 18 84 - 3 16 26 (Resid.)   2200 Abrantes

1. Quem são os proprietários da Tasquinha do Américo?

_____

2. Em que cidade é esta tasquinha?

_____

3. Podes explicar o que significa a palavra petiscos?

_____

4. Achas que o Américo, a Joaquina e a Teresa têm um interesse pessoal em desejar um Bom Natal e Próspero Ano Novo a todos os seus clientes?

_____

5. Qual achas que é o objectivo real deste anúncio?

_____

Bom Natal e Feliz Ano Novo

Nesta época festiva, a Telecom Portugal reduziu as tarifas interurbanas e internacionais para que possa ter todos os seus perto de si!

TELECOM PORTUGAL

F. Completa as frases abaixo.

1. A Telecom Portugal é

_____

2. A Telecom Portugal deseja aos seus assinantes

_____

3. O presente de Natal que a Telecom Portugal oferece aos seus assinantes é

_____

4. Uma chamada interurbana é

_____

5. "Todos os seus" significa

_____

6. A maneira como o assinante pode ter "todos os seus perto de si" na época do Natal é

_____

G. A Fátima foi a Santarém para fazer a passagem do ano com o João Carlos. Eles compraram o jornal e encontraram lá estes anúncios. Por qual deles achas que se decidiram? O que é que eles discutiram quanto à qualidade do espectáculo., ao serviço de mesa e ao preço?

■ O reveillon, no **Casino da Figueira** vai ser em cheio. Haverá ballet russo e no Salão Nobre, actuará Pedro Malagueta. A música do conjunto "Sygma Band", do trio "Sílvia Cascão" e da grande orquestra "Quo Vadis", encarregar-se-á de sublinhar um baile memorável, com salsas, lambadas, sambas entre outras. Também as iguarias ricamente confeccionadas irão dar melhor sabor à noite. No Dancing (outro espaço do Casino) actuará a cantora britânica Nicola Railton.

■ Se preferir entrar em 95 com a discoteca **Horta da Fonte**, no Cartaxo, fazem parte da ementa aperitivos diversos, rissóis, patés, lombo, frango, leitão, creme de aves, bolos, fruta, bolo rei e cacau. Para apreciar estes petiscos terá de desembolsar seis contos por pessoa e terá direito a uma garrafa de champanhe para quatro pessoas. A animação musical vai estar a cargo do grupo "Os Charruas". Não se esqueça de marcar mesa.

■ Na passagem de ano da discoteca **Castelo**, em Alcanhões, haverá bar aberto toda a noite e self-service. A ementa é composta por caldo verde e de aves, arroz à valenciana, presunto, filetes, pastelinhos, panados, paio, frango, perú, bolo rei, arroz doce, pudins e muito mais. À meia-noite haverá também champanhe e aperitivos.

■ Em Almeirim, a QB também faz reveillon. À meia-noite serve champagne, bolo rei e passas. E, por volta das cinco horas, há cacau quente e bolos. Se esta for a sua escolha, prepare três mil escudos por pessoa.

_____

_____

_____

_____

H. O Sr. Saraiva e a D. Fernanda fizeram o **réveillon** de 1994 no Hotel Mansão da Torre. Lê o respectivo programa e responde às perguntas abaixo.

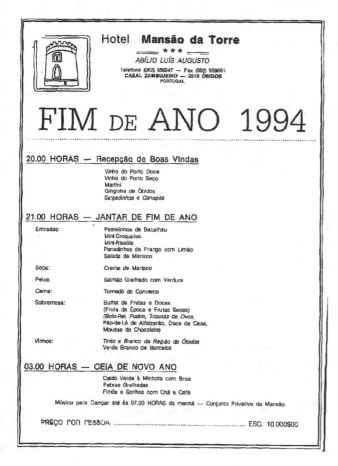

NOTE: **Ginjinha** is cherry brandy. **Salgadinhos** are appetizers. **Panadinhos de frango** are breaded chicken strips. **Trouxas de ovos** are very rich egg-based sweets from the Aveiro area. **Pão-de-ló** is sponge cake. **Febras** are fried pork.

1. Onde é o Hotel Mansão da Torre?

_____

2. Sabes alguma coisa sobre Óbidos?

_____

3. O Hotel Mansão da Torre é de três estrelas. O que significa isso quanto à sua categoria?

_____

4. A que horas começou a recepção?

_____

5. O que é que achas que o Sr. Saraiva e a D. Fernanda beberam durante a recep-ção?

_____

6. A que horas foi o jantar?

_____

7. Tu achas que o Sr. Saraiva e a D. Fernanda provaram todas as entradas? Quais achas que eles preferiram?

_____

8. Eles comeram peixe e carne? O que é que achas?

_____

9. Que vinhos é que achas que cada um deles bebeu?

_____

10. Que sobremesas é que achas que eles escolheram?

---

11. Achas que eles observaram algum ritual quando o relógio deu as doze badaladas da meia--noite? Qual?

---

12. A que horas começou a ceia?

---

13. Achas que eles voltaram a comer? O quê?

---

14. Até que horas é que achas que eles ficaram na festa?

---

15. O que é que eles fizeram até essa hora?

---

16. Que tipo de música é que tu achas que a orquestra do hotel tocou?

---

17. Quanto é que eles pagaram em total?

---

18. Quanto é que achas que eles deixaram de gorjeta?

---

19. Achas que eles foram tomar o pequeno almoço depois de sair da festa?

---

20. Como é que achas que eles se sentiram no dia seguinte?

I. Vamos cantar? (O teu professor possivelmente sabe a música ou tem um disco desta marcha.)

MARCHA DE LISBOA

Lisboa nasceu	Ai, ai, ai, menina,	É cantar e dar ao pé.
Pertinho do céu,	Foi baptizada na Sé.	Vaidosa e ladina,
Toda embalada na fé.	Já se fez mulher	Ai, ai, ai, menina,
Lavou-se no rio.	E hoje o que ela quer	Mas que linda que ela é!

Lição 13—Laboratório
Eh pá, vamos a Alfama hoje à noite

I. Pronúncia: Intonação.

The word order in a statement does not differ from the word order in a question. In writing, a period or a question mark indicate that we are dealing with a statement or a question. In speech it is a rising intonation that distinguishes a question from a statement. Practice the contrast.

A camisola é azul.	A camisola é azul?
O professor deu um exame.	O professor deu um exame?
Tu tens dinheiro.	Tu tens dinheiro?
Amanhã não há aulas.	Amanhã não há aulas?
Ela fala bem alemão.	Ela fala bem alemão?
O banco abre às oito.	O banco abre às oito?
O Sérgio é bom aluno.	O Sérgio é bom aluno?
O café está frio.	O café está frio?
A Susan mora nas Avenidas Novas.	A Susan mora nas Avenidas Novas?
Essa aula é difícil.	Essa aula é difícil?

II. Mais comparativos

Look at the drawings and compare the items given by the tape.

MODELO: (tape) Livros
(student) A Joana tem mais livros do que o Carlos.
(confirmation) A Joana tem mais livros do que o Carlos.
(repetition) A Joana tem mais livros do que o Carlos.

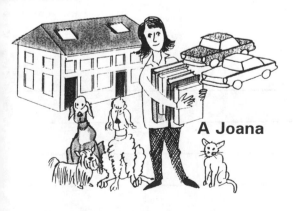
A Joana

O-Carlos

III. TÃO... QUANTO, NÃO TÃO... QUANTO...
Look at the statements as the tape asks about them and make comparisons using **tão... quanto** and **não tão... quanto**.

MODELO: (tape) O José — a Margarida: inteligente
(student) O José é tão inteligente como a Margarida.
(confirmation) O José é tão inteligente como a Margarida.
(repetition) O José é tão inteligente como a Margarida.

Vozes portuguesas—O mês dos Santos Populares
This **Voz** will be read twice. Write in the missing words. Sometimes one word, sometimes two words will be missing.

Em Portugal o mês de Junho é _____. Inclusive em Lisboa,

durante todo o mês de _____ existem as Festas da Cidade. E, nos

_____ mais típicos, como Alfama, Bairro Alto, Mouraria, o

_____ ainda podemos encontrar bailaricos, os _____-

_____ populares, e não só. Em cada canto existe _____ um

fogareiro com sardinhas a assar, nos bairros mais _____, mais

típicos, mais populares. Nas zonas enfim já não tão _____, não tão

genuínas, também se _____ muito os Santos Populares.

IV. Termos positivos e negativos
Answer these questions with negative responses. Keep the answer's negative word in the same relative position as the question's positive word.

MODELO: (tape) Tu vês alguém?
(student) Não, não vejo ninguém.
(confirmation) Não, não vejo ninguém.
(repetition) Não, não vejo ninguém.

Write answers here.

1. _____

2. _____

3. _____

4. _____

5. _____

Vozes portuguesas—A noite de São João
Circle the words that are printed wrong. The text will be read twice.

Vamos lá a ver... Se pensarmos noutra cidade do país, no Porto, é evidente que o São João no Porto tem muito mais interesse do que o Santo António em Lisboa, sem dúvida nenhuma. É uma noite em que as pessoas não se deitam, elas divertem-se durante toda a semana e é uma tradição que não se vai perder nunca porque as pessoas do Porto são muito mais conservadores, muito mais ligadas às tradições.

V. O particípio pasado e seu uso com ESTAR
The first part is a form exercise on the past participles. After the infinitive is given, just say its past participle form.

> MODELO: (tape) abrir
> (student) aberto
> (confirmation) aberto
> (repetition) aberto

In the second part, follow the model to reflect the use of the past participle with **estar**.
> MODELO: (tape) Tu preparaste a comida?
> (student) Sim, já está preparada.
> (confirmation) Sim, já está preparada.
> (repetition) Sim, já está preparada.

Vozes portuguesas—O Natal em família
This **Voz** will be read twice. During the second reading, write in the missing words.

O Natal passamos em família sempre. No dia 24 _____ na nossa casa, ou na casa de outro familiar, o _____ _____ de familiares. Depois, no dia 25, há outra ceia, em família também. Geralmente _____ fazemos é que um dia passamos com a família da mãe e _____ com a família do pai. Comemos peru, comemos migas, _____, bacalhau cozido, depois temos bacalhau. Depois _____ , há as filhós, há os sonhos, as broas.

VI. Texto de compreensão: O Carnaval de Ontem
Listen to the comprehension text and write answers to questions asked about it.

1. _____

2. _____

3. _____

4. _____

VII. Ditado

Do this dictation in the usual way.

_____

_____

_____

_____

_____

Lição 14—Caderno de Trabalho
Olhai, senhores, esta Lisboa doutras eras!

1. Uma forma do imperativo indirecto, pp. 313-15

1a. Dá uma forma mais suave a estes imperativos usando **querer, desejar** ou **precisar**:

1. Abra a porta.

_____

2. Espere um momentinho.

_____

3. Diga o seu nome.

_____

4. Fique connosco.

_____

5. Vá ao médico.

_____

6. Dê esses documentos à secretária.

_____

7. Faça o que eu lhe digo.

_____

8. Traga mais uma cerveja.

_____

9. Feche a janela.

_____

10. Sirva a comida agora.

_____

1b. Termina as frases abaixo:

1. Senhor doutor, preciso que _____

2. D. Alice, quero que a senhora _____

3. Sr. Santos, peço-lhe que _____

4. Meus amigos, desejo que _____

5. Meninos, prefiro que _____

6. Isabel, sugiro que _____

7. Os alunos precisam que a professora _____

8. Os senhores desejam que _____?

9. Sugerimos que os nossos visitantes _____

10. Ela pede-me que _____

11. O meu médico recomenda que _____

12. A Joana prefere que o seu namorado _____

13. A polícia não permite que _____

14. Os regulamentos proíbem que _____

15. A nossa directora autoriza que _____

1c. Completa com uma forma do verbo indicado:

Quero que...

1. (trazer) _____

2. (chegar) _____

3. (discutir) _____

4. (começar) _____

5. (dormir) _____

6. (ficar) _____

7. (conhecer) _____

8. (fazer) _____

9. (vir) _____

10. (ver) _____

2. A formação do conjuntivo, pp. 316-24

2a. Muda as expressões abaixo do presente do indicativo para o presente do conjuntivo.

1. eu estudo _____

2. nós trazemos _____

3. eles vêm _____

4. tu dormes _____

5. vocês fazem _____

6. ela come _____

7. os sres. conhecem _____

8. ele pode _____

9. elas trabalham_____

10. ele vê _____

11. a senhora tem _____

12. nós somos _____

13. tu escreves _____

14. o senhor está _____

15. eu começo _____

2b. Preenche os espaços com um verbo apropriado:

1. Quero que tu _____ isso!

2. Preciso que ela _____ à loja.

3. Sugiro que vocês _____ as cartas hoje.

4. Exijo que tu _____ toda a verdade!

5. Proíbo que eles _____ à minha casa.

6. Autorizo que vocês _____ às cinco da tarde.

7. Necessito que eles _____ isso depressa.

8. Prefiro que tu não _____ essas coisas.

9. Desejo que os senhores _____ amanhã.

10. Recomendo que todos _____ a tempo.

3. O conjuntivo com expressões impessoais, pp. 324-25

3a. Responde afirmativamente com uma frase completa.

1. É possível que tu faças esse trabalho?

_____

2. É conveniente que eu pague essa conta já?

_____

3. É preciso que vocês venham tão cedo?

_____

4. É necessário que tu estejas lá na segunda-feira?

_____

5. É essencial que nós assinemos esse documento?

_____

6. É preferível que ela venha só?

_____

7. É bom que os senhores sigam esse regime?

_____

8. É urgente que nós façamos isso?

_____

9. É melhor que eu venha para cá?

_____

10. É importante que tu aceites essa proposta?

_____

3b. Completa as frases abaixo. Usa sempre verbos diferentes.

    É muito recomendável que...

1. Os alunos _____

2. Os meus pais _____

3. Tu _____

4. Todos nós _____

5. As crianças _____

6. Vocês _____

7. Os jovens _____

8. Os bebés _____

9. Eu _____

10. Os senhores _____

Nome_____Data_____Aula_____

4. Mais números ordinais, pp. 325-27

4a. Completa com um número ordinal escrito por extenso:

1. Outubro é o _____ mês do ano.

2. Os caloiros são os alunos do _____ ano.

3. Os países mais pobres constituem o _____ Mundo.

4. Henrique _____ foi um rei de Inglaterra que teve várias mulheres.

5. Filipe _____ foi o filho de Filipe Primeiro.

6. Depois de criar o mundo, no _____ dia Deus descansou.

7. O D é a _____ letra do alfabeto.

8. Se começarmos com segunda-feira, o sábado é o _____ dia da semana.

9. As lojas mais caras de Nova Iorque estão na _____ Avenida.

10. As mais conhecidas sinfonias de Beethoven são a Quinta e a _____.

4b. Escreve por extenso:

1. A 28ª fila _____

2. O 100º aniversário _____

3. A 25ª hora _____

4. A 18ª edição _____

5. A 35ª pessoa _____

6. O 93º lugar _____

7. O 45º concorrente _____

8. A 32ª página _____

9. O 75º concurso _____

10. O 59º número _____

11. A 87ª candidata _____

12. O 61º dia _____

5. Alguns usos de mesmo, p. 328-29

5. Traduz, usando sempre a palavra **mesmo** ou uma variante:

1. It's really cold today.

_____

2. She is very intelligent indeed.

_____

3. Did you really eat all that?

_____

4. They themselves came.

_____

5. That apartment does indeed cost fifty **contos**.

_____

6. Are you really French?

_____

7. Is it actually ten o'clock?

_____

8. She does sing very well.

_____

9. She herself told me that.

_____

10. Do you really want to know?

_____

6. Expressões exclamativas, pp. 329-30

6a. Acrescenta uma exclamação confirmativa às frases abaixo.

1. Tive uma boa nota no teste. _____

2. Queres ir ao Algarve este verão? _____

3. Podes fazer-me um favor? _____

4. Gostavas de ganhar a lotaria? _____

5. Podes estar pronto às sete horas? _____

6b. Acrescenta uma exclamação negativa às frases abaixo.

1. Vais pagar dez contos por esse livro? _____

2. Disseram-me que foram eles que tiveram a culpa. _____

3. Queres que a tua sogra vá com vocês na lua-de-mel? _____

4. É verdade que vais viver para o Tibete? _____

5. Posso pagar metade da gasolina? _____

Instantâneos portugueses

Ir de burro ou de Ferrari?

Com as suas ruas estreitas e cheias de carros estacionados até sobre os passeios, Lisboa oferece o espectáculo de um trânsito extremamente congestionado. Para ilustrar este problema o Partido Socialista, durante uma campanha para eleições municipais, organizou em Outubro de 1993 uma corrida de cerca de dois quilómetros e meio entre um burro e um Ferrari. Vai ser preciso dizer quem ganhou? E com quatro minutos de vantagem!

corrida race **estreitas** narrow **passeios** sidewalks
estacionados parked **ganhou** won **vantagem** lead

1. Porque é que o trânsito é tão congestionado em Lisboa?

_____

2. Quem organizou a corrida entre o burro e o Ferrari?

_____

3. Com que objectivo se organizou a corrida?

_____

4. Qual foi a distância percorrida?

_____

5. Na tua opinião, quem é que ganhou a corrida?

_____

6. Com quantos minutos de vantagem?

_____

Instantâneos portugueses

Igrejas de Lisboa

A mais antiga igreja de Lisboa é a Sé. Antiga mesquita, sofreu inúmeras transformações e hoje acusa uma grande variedade de estilos. Da arquitectura gótica pouco ficou na cidade. O melhor exemplo são as ruínas da igreja do Carmo, terminada nos princípios do século XIV.

A arte manuelina[a] está principalmente representada pela igreja dos Jerónimos, com o seu belo claustro. Dos fins do século XVI, S.Roque possui no interior magníficas peças de talha dourada da época barroca.

Da arquitectura seiscentista há a destacar a igreja do Loreto, que serve a comunidade italiana de Lisboa, e a igreja de S. Vicente de Fora, onde se encontram os túmulos de muitos dos reis de Portugal.

A maior parte dos templos da capital, tais como as basílicas dos Mártires e da Estrela, foi construída no estilo neo-clássico. São estes, sobretudo, os que se ergueram após o terramoto de 1755.[b]

De épocas mais recentes existem algumas igrejas do século XIX. Uma nova fase, aliás não muito produtiva, da arquitectura religiosa inicia-se com a construção das igrejas de Nossa Senhora de Fátima, na década de trinta, e de S. João de Brito, de S. João de Deus e do Santo Condestável na década de quarenta.[c]

NOTES:

[a] The **manuelino** style, developed in the early sixteenth century under the reign of Manuel I, is the only truly Portuguese form of architecture. Influenced by flamboyant Gothic from Northern Europe, Spanish plateresque and Moorish art, it relies heavily on motifs of decoration inspired by the Portuguese navigations, such as the cross of Christ, anchors, twisted ropes and seaweed. Other outstanding examples of the **manuelino** in Portugal are the Torre de Belém, the Church of Jesus in Setúbal and an elaborate window at the Convent of Christ in Tomar.

[b] You will find a reference to this earthquake in the present lesson's Leitura.

[c] Three current Portuguese expressions are associated with churches in Lisbon. **Caiu o Carmo e a Trindade** means that somebody reacted angrily and noisily. **Muito bem se canta na Sé** normally implies a snowjob. **Obras de Santa Engrácia,** meaning a project that goes on endlessly, refers to an interesting legend. According to this legend, in 1630 the church of Santa Engrácia, still under construction, was vandalized. A New Christian found wandering in the area in the middle of the night was arrested and accused of the sacrilege. Since he refused to explain what he was doing there (apparently he had a *rendezvous* with a nun in a convent nearby, whom he did not want to name), he was sentenced to be hanged. On his way to the gallows he prophesized that the construction of the church would never be completed. He was almost right. The church was only dedicated in 1966.

claustro cloister	**igreja** church	**seiscentista** seventeenth
destacar point out	**mesquita** mosque	century
ergueram were built	**talha dourada** giltwork	

1. O que aconteceu à antiga mesquita de Lisboa?

2. Em que estilo foi construída a igreja do Carmo?

_____

3. Em que época apareceu a arte manuelina?

_____

4. Em que igreja se encontram os túmulos de muitos reis de Portugal?

_____

5. O que se pode ver no interior da igreja de S. Roque?

_____

6. De que época são as basílicas dos Mártires e da Estrela?

_____

7. Qual foi a primcira igreja de Lisboa construída durante a época moderna?

_____

8. O que quer dizer a expressão "obras de Santa Engrácia"?

_____

9. O que é que o cristão-novo acusado de sacrilégio prognosticou?

_____

10. A sua previsão saiu certa?

_____

Instantâneos portugueses

Lisboa e a sua toponímia

Que outra cidade do mundo tem um Cemitério dos Prazeres ou um Palácio das Necessidades?[a]

Os nomes de muitos pontos de Lisboa são facilmente explicáveis. Alcântara, por exemplo, significa "a ponte" em árabe. A Ribeira é naturalmente uma zona na margem do Tejo e o Bairro Alto está sobranceiro à Baixa. O Poço dos Mouros e o Poço dos Negros devem os seus nomes à proximidade de fossas comuns onde eram enterrados aqueles que não seguiam a religião cristã. E é lógico concluir que as Escadinhas do Quebra-Costas foram assim baptizadas devido aos acidentes que provocavam.

A origem de outras denominações perde-se contudo na noite dos tempos. Quantos lisboetas há de facto que saibam porque assim se chamam o Braço de Prata, o Arco do Cego, a Praça da Alegria, o Largo do Rato, a Travessa do Fala Só, ou a Rua da Triste Feia?[b]

NOTES:
 [a] The term **necessidades**, besides needs, also means bodily functions.
 [b] Some Lisbon suburbs also have mysterious names such as Galinheiras *chicken vendors*, Cruz Quebrada *broken cross*, Linda-a-Velha *beautiful old woman* or Linda-a-Pastora *beautiful sheperdhess*.

alegria mirth	**feia** ugly woman	**quebra** breaks
escadinhas stairs	**mouros** Moors	**rato** mouse
fossas comuns potter's field	**poço** pit	**sobranceiro** overlooking
arco arch	**ponte** bridge	**travessa** alley
cego blind man	**prata** silver	**triste** sad
	prazeres pleasures	

A. Usando muito mesmo a tua fantasia, explica a origem dos nomes mencionados no último parágrafo do texto. Depois faz o mesmo com os seguintes nomes:

Pátio de Ferro de Engomar *Flatiron Court*

Pátio das Malucas *Crazy Women Court*

Largo das Seis Marias *Six Marias Square*

Beco do Tagarela *Chatterbox Cul-de-sac*

Azinhaga da Bruxa *Witch's Lane*

Casal das Pulgas *Flea Hamlet*

Rua dos Bons Dias *Good Morning Street*

Travessa do Pote de Água *Water Jar Alley*

B. Que nomes pitorescos há na tua região? Podes traduzi-los para português?

Um problema de palavras cruzadas

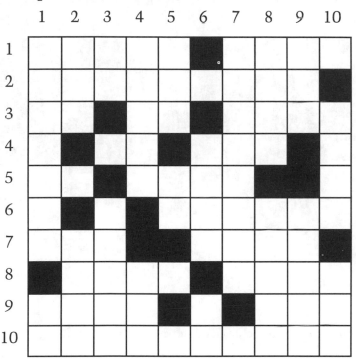

Horizontais:

1. A ___ é o centro de Lisboa; o ___ é o rio que passa por Lisboa
2. ___ é um bairro de Lisboa
3. A Susan ___ muito com as piadas do James; ___ é uma forma do verbo **ir**; ___ significa **prazer**
4. ___ é uma palavra antiga que significa **outra coisa**; ___ é uma forma do verbo **ir**.
5. ___ também se usa em português para significar **está bem!**; um ___ é um chefe árabe
6. ___ é uma cidade da Ucrânia
7. ___ é um prefixo que significa **referente a ouvidos**; o *jai-*___ é a pelota basca
8. O dicionário é muito ___ nas aulas de Português; ___ é uma forma do verbo **abrir**
9. ___ é um verbo que se conjuga como **pôr**; ___ quer dizer **aqui está**
10. Os ___ de Lisboa oferecem uma bela vista sobre a cidade

Verticais:

1. O ___ é um estilo dos séculos XVII e XVIII; ___ são iniciais que significam **de manhã**
2. O Rossio é logo ___ adiante; o ___ é uma língua dos índios brasileiros
3. A segunda e a terceira letras de **rico** são ___; o meu carro tem um ___ de quatro cavalos
4. As fadistas usam um ___ preto; ___ é o mesmo que **raiva**
5. ___ é um nome de mulher; ___ é a contracção de **me** e **o**
6. O Sr. Saraiva tem um bom seguro de ___; os Portugueses gostam muito de pão-de-___
7. ___ é uma mulher que fala muito
8. ___ é o deus grego do amor; os alunos devem aprender a diferença entre ___ e **conhecer**
9. Numa sepultura pode ler-se **Aqui ___**...; ele nasceu em Damasco, é ___
10. ___! Que bonito panorama!; o ___ foi a organização que precedeu a CIA

Exercícios suplementares

A. Responde às seguintes perguntas:

1. Que meio de transporte público se pode ver nesta fotografia?

_____

2. Que outros meios de transporte público existem em Lisboa?

_____

3. Os transportes públicos são utilizados para fazer publicidade comercial? Porque é que dizes isso?

_____

4. Porque é que não é aconselhável os eléctricos circularem pelo centro de Lisboa?

_____

5. Há eléctricos na tua cidade? Já viste eléctricos noutras cidades? O que é que achas desse meio de transporte?

_____

B. Esta turista está a olhar para um dos mapas da cidade que se encontram na Baixa de Lisboa. Usando muito a tua imaginação, responde às seguintes perguntas:

1. Onde é que a turista quer ir?

_____

_____

2. Como é a melhor maneira de chegar lá?

_____

_____

3. O que é que ela vai fazer lá?

_____

_____

4. E depois, que lugares é que ela quer visitar?

_____

_____

5. Como é que ela vai voltar para o hotel?

_____

_____

C. Neste mapa podes ver a parte central da cidade de Lisboa. O Rossio (Praça de D. Pedro IV) é o coração da cidade. Duas outras praças importantes são a Praça dos Restauradores, ao norte e a Praça do Comércio (Terreiro do Paço), ao sul, em frente do rio. Olha para o mapa e depois responde:

1. Neste mapa podes notar como a Baixa de Lisboa apresenta um aspecto relativamente geométrico, implicando um planeamento deliberado. Podes explicar este facto por razões históricas? O que foi que determinou este planeamento? (Se não te lembras vê a Leitura desta lição.)

_____

_____

_____

_____

_____

2. Embora não estejam todas assinaladas neste mapa, as ruas da Baixa que correm no sentido norte-sul aludem a certos negócios: Rua dos Fanqueiros *clothiers*, Rua dos Sapateiros, Rua dos Correeiros *leather workers*, Rua da Prata (i.e. dos Prateiros *silversmiths*), Rua do Ouro (i.e. dos Ourives *goldsmiths*), etc. Podes ver alguma reminiscência medieval nesta nomenclatura? Na tua cidade existem algumas ruas onde se concentre um determinado tipo de negócio?

_____

_____

_____

_____

_____

D. Lê este anúncio. (Vais talvez ter de usar o teu dicionário.) Depois explica em que consistem estes cruzeiros e que vantagens oferecem.

CRUZEIROS NO TEJO

2 horas

Lisboa, cidade de rio e de mar, tem a sua história e os seus destinos permanentemente ligados ao Tejo, cujo estuário, dos maiores de todo o mundo, ainda hoje exerce uma função revitalizadora sobre toda a vida citadina.

Para bem ver e admirar Lisboa, é preciso percorrer o Tejo. Um passeio pelo rio deixará no visitante recordações inolvidáveis, tal a variedade de aspectos que a cidade, vista do rio, lhe proporcionará. Na verdade, só do rio é possível ver, na sua quase totalidade, os planos distintos da cidade, desde a borda de água até aos bairros mais altos; só do rio é possível ver, em toda a sua perspectiva e grandeza, alguns dos mais belos monumentos de Lisboa.

Todos os dias, entre Abril e Outubro, das 15 às 17 horas, um navio da Transtejo, especialmente adaptado para o efeito, proporciona aos turistas um passeio pelo Tejo e uma surpreendente visão de Lisboa.

_____

_____

_____

_____

_____

_____

_____

_____

E. O que é que se disse nesta lição sobre o problema do estacionamento em Lisboa? Esta fotografia ilustra a situação? O que é que podes ver nela? O que é que achas que pensam disto as pessoas que andam a pé pelas ruas de Lisboa?

F. Vê esta fotografia, que representa a fachada do Mosteiro dos Jerónimos, e completa as frases abaixo.

Penso que o Mosteiro dos Jerónimos...

1. é um monumento do século _____.

2. é um exemplo do estilo _____, que se caracteriza por motivos _____.

3. comemora a viagem de Vasco da Gama, o descobridor do caminho marítimo para a _____.

4. tem lá dentro o túmulo de Luís de Camões, o mais famoso _____.

5. fica perto da Casa dos pastéis de _____

G. Sabias que este grupo, parado numa esquina da Rua Augusta, é composto por alunos do Curso de Português para Estrangeiros? Pois é verdade. Neste momento discutem o que vão fazer no resto da tarde. (Claro que como são de nacionalidades diferentes a língua comum é o português.) Imagina agora um diálogo entre eles.

1. _____

2. _____

3. _____

4. _____

5. _____

6. _____

7. _____

8. _____

9. _____

10. _____

H. Os pais da Susan pensam vir a Lisboa visitá-la. A Susan, entre vários, escolheu estes dois hotéis. Por qual é que tu achas que ela vai finalmente decidir-se? Que vantagens é que ela encontra em cada um deles?

_____

_____

_____

_____

_____

I. Descreve este prédio antigo de Lisboa.

_____

_____

_____

_____

_____

Lição 14—Laboratório
Olhai, senhores, esta Lisboa doutras eras!

I. Pronúncia: Diferenças entre formas singulares e plurais

Remember from Lição 8 that masculine words ending in **-oso** changed their stressed close *o* to an open *o* when they became feminine. The same happens when they are pluralized.

ambicioso / ambiciosos	moroso / morosos
caprichoso / caprichosos	populoso / populosos
aventuroso / aventurosos	virtuoso / virtuosos
desejoso / desejosos	volumosos / volumosos
luminoso / luminosos	

II. As formas do imperativo indirecto

Change the indicative forms into the subjunctive. Put **que** before your form.

MODELO: (tape) Vocês saem.
(student) Que vocês saiam.
(confirmation) Que vocês saiam.
(repetition) Que vocês saiam.

Vozes portuguesas—Memórias da Lisboa de outros tempos
This **Voz** will be read twice. Write in the missing words.

Antes havia mais mercearias, com um sortido _____ e é claro

comprava-se um decilitro de _____, meio decilitro, dois tostões

de café, _____ de açúcar. Uma posta de _____-

_____ cinco tostões. Havia a praça da Figueira e a _____ de São

Bento que eram duas praças _____. Eu ainda me lembro quando

era garoto ia para lá para os bailes de _____. Eu na minha

mocidade ia para o _____ e andava de carrocel, comprava dois

tostões de tremoços.

III. Usos do imperativo indirecto

Your friend tells you what people are not doing. You say what you want them to do. Follow the model.

MODELO: (tape) O João não vem.
(student) Mas quero que o João venha.
(confirmation) Mas quer o queo João venha.
(repetition) Mas quero que o João venha.

Write answers here.

1. _____

2. _____

3. _____

4. _____

5. _____

IV. O que é que eles querem?
Look at the drawings and write original answers to the questions.

MODELO: (tape) O que é que o senhor Gomes quer?

<u>Quer que o restaurante abra.</u>

Look at these drawings and write answers on the next page.

O Sr. Gomes

1

2 TÁXI
O José

3

4 Traga-me água, por favor.

A Joana

1. _____

2. _____

3. _____

4. _____

IV. O conjuntivo com expressões impessoais

Look at your manual and say the sentences given by the tape, preceding each one with the corresponding impersonal expression.

> MODELO: (tape) [É importante...] Ela vem à festa.
> (student) É importante que ela venha à festa.
> (confirmation) É importante que ela venha à festa.
> (repetition) É importante que ela venha à festa.

1. É preciso	3. É melhor	6. É preciso	8. É melhor
2. É importante	4. É bom	7. É importante	9. É bom
	5. É óptimo		10. É óptimo

Vozes portuguesas—Vendedores ambulantes em Lisboa

Circle the words that are printed wrong. The text will be read twice.

Há certas áreas de Lisboa que estão reservadas a vendedores ambulantes. Estão ali reunidos, há várias barraquinhas e vendem tudo e mais alguma coisa. Há pessoas até de várias nacionalidades, muitos chineses, sobretudo. Vendem desde carteiras, balões, rebuçados, tudo o que se pode conceber é vendido naquelas zonas estritamente dedicadas a esses vendedores ambulantes. E ainda há outro tipo de vendedor ambulante que é o cigano. É muito frequente ver-se um cigano com um saco cheio de camisolas.

VI. Mais números ordinais

Listen to the question the tape will give and then answer the question according to the reference number the tape will also give.

MODELO: (tape) Para onde é que tu vais no elevador? Número três.
(student) Vou para o vigésimo segundo andar.
(confirmation) Vou para o vigésimo segundo andar.
(repetition) Vou para o vigésimo segundo andar.

Número um: 3ª discoteca   Número seis: 75º aniversário
Número dois: 100º ano   Número sete: 45º particípio passado
Número três: 22º andar   Número oito: 12ª voz portuguesa
Número quatro: 67º reunião   Número nove: 50ª vez
Número cinco: 89º dia   Número dez: 32º grau

Vozes portuguesas—O terrível problema do estacionamento em Lisboa
This **Voz** will be read twice. During the second reading, write in the missing words.

Complicadíssimo o estacionamento em Lisboa! _____ para a cidade é sinal de multa. Para já porque _____ o sistema—ou existe muito pouco—em que a pessoa é obrigada a ficar _____ . O que quer dizer que há pessoas que estacionam o carro _____ e só o vão retirar à noite. _____! Se há necessidade de ir, por exemplo para uma _____ numa zona movimentada da cidade é preferível apanhar um táxi do que levar o carro. Levar o carro para a Baixa é um _____, sem dúvida nenhuma.

VII. Expressões exclamativas
Look at the manual and pick the best exclamation for each situation.

MODELO: (tape) Número um. João learns that the beautiful Teresa has accepted his invitation. He says:
(student) Fantástico!
(confirmation) Fantástico!
(repetition) Fantástico!

1. a) Livra!, b) Sem dúvida! c) Fantástico!
2. a) Bolas! b) Safa! c) Pudera!
3. a) Nem por sombras b) Deus do céu! c) Claro!
4. a) Que idea! b) Fantástico! c) Que desgraça!

5. a) Até que enfim! b) Ai, meu Deus! c) Nem falar nisso!
6. a) Certo! b) De maneira nenhuma! c) Uf!
7. a) Não me digas! b) Que desgraça! c) Mau!
8. b) Perfeitamente! b) Ai c) Que seca!

VIII. Texto de compreensão: "Quem não viu Lisboa não viu coisa boa"
Listen to the comprehension text and write answers to questions asked about it.

1. _____

2. _____

3. _____

4. _____

IX. Ditado.
Do this dictation in the usual way.

_____

_____

_____

_____

_____

Lição 15—Caderno de Trabalho
Coimbra é uma lição de sonho e tradição...

1. O conjuntivo expressando dúvida, pp. 336-40

1a. Completa as frases abaixo.

1. Quando verifica a sua conta de banco, o João Carlos duvida que

_____

2. A Susan não acredita que

_____

3. A Susan vai-se encontrar com o James às cinco mas não acha que

_____

4. O Dieter estudou bastante para o teste mas não está certo de que

_____

5. Não pode ser que o James e a Fie

_____

6. Não é certo que a Ana Maria

_____

7. É provável que a Fátima

_____

8. Não me parece que a D. Fernanda

_____

9. Não é possível que os Saraiva

_____

10. Não parece bem que o Jorge

_____

1b. Faz preceder as frases abaixo por **Não me parece que** e faz as modificações necessárias.
Não me parece que...

1. a aula começa às oito.

_____

2. amanhã há um teste.

_____

3. os alunos trazem os dicionários.

_____

4. o professor chega tarde.

_____

5. muitos alunos "cabulam."

_____

6. o teste é difícil.

_____

7. temos só vinte minutos para fazer o teste.

_____

8. alguns alunos estão doentes.

_____

9. todos estudam muito para o teste.

_____

10. nós fazemos muitos erros no teste.

_____

2. O conjuntivo expressando emoção, pp. 340-42

2a. Faz preceder as frases abaixo por **As crianças têm medo de que** e faz as modificações necessárias.

As crianças têm medo de que...

1. não há sobremesa.

_____

2. o Pai Natal não lhes traz brinquedos.

_____

3. o cão morde-as.

_____

4. o gato arranha-as.

_____

5. a mãe castiga-as.

_____

6. a professora dá muito trabalho.

_____

7. não têm dinheiro para ir ao circo.

_____

8. o pai não as deixa ver televisão.

_____

9. vai chover no dia do piquenique.

_____

10. não podem ir à praia.

_____

2b. Completa as frases abaixo usando uma forma do conjuntivo dos verbos entre parênteses.

MODELO: O James tem medo de que (chegar)...
           O James tem medo de que o dinheiro não chegue do Canadá.

1. O Miguel receia que (ir)

_____

2. A Guida lamenta que (fazer)

_____

3. O professor sente muito que (não estudar)

_____

4. A D. Fernanda tem medo que (dizer)

_____

5. É pena que a Fie não (saber)

_____

6. É triste que os amigos do Jorge (ser)

_____

7. É ridículo que vocês (estar)

_____

8. É estranho que ela (falar)

_____

9. O Dieter espera que (não "chumbar")

_____

10. Oxalá que nós (ter)

_____

3. Mais expressões com ESTAR COM e TER, pp. 342-44

3a. Preenche os espaços abaixo com uma expressão com **ter** ou **estar com**.

1. O Rui não sabe reparar o carro. Não _____ para a mecânica.

2. Eu caí pelas escadas o outro dia e ainda _____ no ombro.

3. Eu não _____ ! Não fui eu quem quebrou o vidro da janela.

4. Já sei que são onze horas mas não quero levantar-me para trabalhar. _____!

5. As crianças não conseguiram dormir depois de ver esse filme horrível sobre Drácula. _____ dos vampiros.

6. Esse argumento não me convence. _____ com o caso.

7. Os meus avós são dos Açores. Vivem em Massachusetts há quarenta anos mas ainda _____ das ilhas.

8. Há alguma coisa para comer no frigorífico? _____!

9. Não podemos atender agora o telefone. Estamos atrasados! _____!

10. Pobre homem! _____ dele.

3b. Volta a escrever as frases abaixo substituindo as expressões em tipo grosso por outras com **ter** ou **estar com:**

1. Não vou fazer o trabalho para casa esta tarde. Estou cansada e **não tenho vontade de trabalhar**.

_____

2. **Tememos muito** que vocês percam o rápido para o Porto.

_____

3. **Sentimos** que os senhores não possam finalizar os seus negócios aqui.

_____

4. Eu não **sou responsável** se eles fizerem esse disparate.

_____

5. Pede ao teu amigo que te faça um retrato. Ele **tem muito talento** para o desenho.

_____

4. O pretérito perfeito composto, pp. 344-48

4a. Completa as frases abaixo com o pretérito perfeito composto dos verbos entre parênteses e qualquer outro elemento adequado..

1. Desde o mês passado que nós não (ir)

_____

2. Há uma semana que ela (trabalhar)

_____

3. Todo este verão nós (estar)

_____

4. Estes últimos dias vocês (ter)

_____

5. Durante estas férias eles (jogar)

_____

6. Desde 1994 (haver)

_____

7. A partir do último dia 3 tu (fazer)

_____

8. Que filmes bons é que vocês (ver)

_____?

9. Todos os dias nós (comer)

_____

10. Tenho insónias. Não

_____

4b. Preenche os espaços com uma forma adequada do pretérito perfeito simples ou do pretérito perfeito composto. Sempre que possível, dá preferência ao pretérito perfeito composto.

1. A Susan já _____ a Cascais três vezes.

2. O Dieter _____ muito nas últimas semanas.

3. O Miguel e o João Pedro _____bastante ultimamente.

4. De vez em quando a Ana Maria _____ à esplanada.

5. Tu _____ a Manela na festa de sábado?

6. O Mário _____ doente desde Fevereiro.

7. A Gabriela _____ a Clara para irem ao cinema hoje à noite.

8. Que livros vocês _____ este semestre?

9. O Paulo _____ uma motocicleta ontem.

10. O professor _____ testes bastante difíceis.

11. O Sr. Saraiva _____ no banco desde 1981.

12. O Luís Filipe não _____ nos últimos tempos.

13. A Fátima _____ sempre em Lisboa.

14. Não _____ o James na Faculdade.

15. O Tio Cláudio _____ com a Tia Antonieta em 1979.

5. O particípio passado duplo, pp. 348-50

5a. Preenche os espaços abaixo com um particípio passado adequado.

1. Os livros já estão _____.

2. Tens _____ muito dinheiro em roupa?

3. Gostas de ovos _____?

4. A hipoteca da nossa casa já está _____.

5. Põe essa camisa na máquina de lavar a roupa. Já está muito _____.

6. Todo o dinheiro já está _____.

7. Desde que começaram a jogar futebol as crianças têm _____ muita roupa.

8. Agora no inverno temos _____ as luzes às cinco da tarde.

9. Esta tipografia tem _____ muitos livros de texto.

10. Todas as cartas já estão _____ no correio?

11. Todas as luzes da casa estavam _____.

12. Quando a ambulância chegou o pobre homem já estava _____.

13. Tens sempre _____ os ovos com azeite?

14. Ele foi _____ deputado pelo Partido Socialista.

15. Na América Latina tem _____ muita gente de cólera.

5b. Escreve duas frases usando os particípios passados de cada um dos verbos abaixo indicados. Numa das frases usa o particípio regular e na outra o particípio irregular.

1. (morrer) _____

1a. _____

2. (sujar) _____

2a. _____

3. (pagar) _____

3a. _____

4. (gastar) _____

4a. _____

5. (ganhar) _____

5a. _____

Instantâneos portugueses

A lenda de Pedro e Inês

Depois de ficar viúvo de uma princesa castelhana, o Infante D. Pedro ligou-se a D. Inês de Castro, uma dama galega vinda para Portugal no séquito da princesa, e teve vários filhos com ela. O pai do infante, o Rei D. Afonso IV, pensou talvez que D. Pedro se recusava a casar de novo e assim assegurar mais herdeiros ao trono[a] pelo amor que tinha a D. Inês. Enviou então três fidalgos a Coimbra, onde D. Inês vivia, para a assassinar.[b]

Quando soube do crime, D. Pedro ficou como louco. Mais tarde, ao subir ao trono pela morte de seu pai,[c] anunciou o seu casamento secreto com D. Inês, proclamou-a rainha e mandou desenterrar o seu corpo e sentá-lo no trono para a corte lhe prestar vassalagem. Fez também construir no Mosteiro de Alcobaça dois magníficos túmulos, um para ele e outro para D. Inês. Os dois túmulos estão situados pés contra pés para que quando D. Pedro e D. Inês se ergam no Dia da Ressurreição, a primeira coisa que vejam seja as figuras um do outro.

A lenda termina com outro aspecto macabro. Um dos três assassinos fugiu para Castela disfarçado de mendigo. D. Pedro conseguiu contudo fazer prender os outros dois e mandou-lhes arrancar os corações ainda em vida.[d]

NOTES:

[a] There was already a legitimate heir, Fernando, who became king when Pedro died.

[b] The legend says that some reddish stones at Quinta das Lágrimas in Coimbra, where Inês was supposed to have lived, had been permanently stained by her blood. The **lágrimas** were the tears she wept for Pedro when he was absent.

[c] Pedro reigned from 1357 to 1367.

[d] This story has never been historically documented in full. Its dramatic appeal, however, inspired authors such as António Ferreira (**A Castro**), Luís de Camões (a passage in **Os Lusíadas**), López de Guevara (**Reinar despues de morir**) and Henri de Montherland (**La reine morte**).

arrancar tear out	**disfarçado** disguised	**louco** mad
assegurar assure	**ficar** becoming	**mendigo** beggar
contra against	**fidalgos** noblemen	**mosteiro** monastery
corações hearts	**fugiu** escaped	**prender** arrest
corpo body	**herdeiros** heirs	**séquito** entourage
corte court	**lenda** legend	**túmulos** tombs
desenterrar exhume	**ligou-se** became involved	**viúvo** widower

1. Em que século viveu D. Pedro?

_____

2. O que aconteceu à esposa de D.Pedro?

_____

3. A princesa deixou filhos?

_____

4. Quem era Inês de Castro?

_____

5. O que aconteceu entre D. Pedro e D. Inês?

_____

6. Onde vivia D. Inês?

_____

7. Para que é que o rei enviou três fidalgos a Coimbra?

_____

8. Qual foi a reacção do infante ao saber do assassinato?

_____

9. O que é que ele mandou construir no Mosteiro de Alcobaça?

_____

10. Como estão situados os dois túmulos?

_____

11. Para que é que os dois túmulos estão situados pés contra pés?

_____

12. D. Pedro conseguiu mandar prender os três assassinos?

_____

13. Como é que um deles conseguiu escapar à ira do rei?

_____

14. Como é que o rei castigou os dois outros assassinos?

_____

Instantâneos portugueses

Conímbriga, cidade romana

Não muito longe de Coimbra encontram-se as ruínas de Conímbriga. Castro[a] préhistórico, datando de oito séculos antes de Cristo, aí deixaram as suas influências Celtas, Fenícios, Gregos e Cartagineses. Foi contudo com a conquista romana, poucos anos antes de Cristo, que a cidade se começou verdadeiramente a desenvolver. Construiu-se então um forum, um aqueduto, um anfiteatro, uma estalagem e umas termas. Criaram-se zonas comerciais e outras residenciais, com vivendas dotadas de jardins e pavimentos de magníficos mosaicos. Pelos fins do século I depois de Cristo a cidade estava cercada de muralhas, com as suas torres e amplas portas.

Após a conquista pelos Suevos, entre 465 e 468 d.C.[b] começou a decadência. A população foi deixando a cidade e por volta de 580, em plena época visigótica, Conímbriga estava virtualmente abandonada. Bastante ficou, contudo, do esplendor de outrora. As ruínas de Conímbriga permitem de facto avaliar da impressionante dimensão do que foi uma formosa e próspera cidade romana.

NOTES:

[a] What the Romans called a *castrum* was a fortified mountaintop village. Ruins of several of these pre-historic villages are still to be found in northern Portugal.

[b] In the fifth century after Christ successive waves of Germanic tribes, whom the Romans called Barbarians, invaded the Iberian Peninsula. Among these tribes were the Suevi and the Visigoths.

avaliar judge
estalagem inn

Suevos Suevi

termas hot water springs
torres towers

1. Quando é que Conímbriga foi fundada?

_____

2. Que povos passaram por Conímbriga antes da conquista romana?

_____

3. Quando foi que os Romanos conquistaram a cidade?

_____

4. Como foi que os Romanos desenvolveram Conímbriga?

_____

5. Quando começou a decadência da cidade?

_____

6. O que se pode ainda observar em Conímbriga?

_____

Um problema de palavras cruzadas

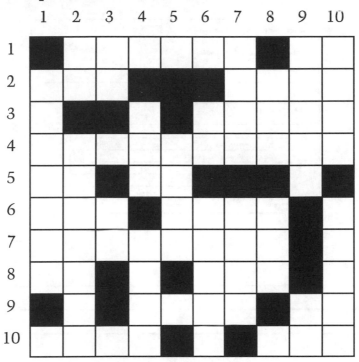

Horizontais:

1. A ____ das Fitas é uma cerimónia tradicional das universidades portuguesas; ____ é uma nota musical
2. O ____ de Ano Novo é o primeiro de Janeiro; ____ é um diminutivo de **Joaquim**
3. O Elevador de Santa ____ é em Lisboa
4. As ____ de Coimbra são casas modestas onde os estudantes vivem
5. **Em** em espanhol é ____; o oposto de **boa** é ____
6. ____ é um diminutivo que equivale a **inho**; ____ é o mesmo que **tópico**
7. As ____ são as raparigas de Coimbra
8. ____ é um feminino da terminação **ão**; a irmã do meu pai é o minha ____
9. ____ é um prefixo que significa **europeu**; ____ é uma contracção de **rapaz**
10. Portugal é um ____ pequeno; o Tejo é o maior ____ português

Verticais:

1. As fitas de ____ são vermelhas
2. ____ é a abreviatura de **quociente de inteligência**; ____ é uma forma de imperfeito do verbo **entrar**
3. ____ é a forma antiga de **uma**; ____ é uma exclamação que equivale a **olá**
4. ____ é a contracção de **em+um**; os ____ e os gatos não são bons amigos
5. Os médicos usam geralmente uma ____ branca
6. O ____ é um jornal literário; o Estoril é ____ Lisboa e Cascais
7. ____ é o oposto de **ali**; na Europa o Dia do Trabalho é o primeiro de ____
8. A ____ é uma universidade privada da Califórnia; A ____ é a parte por onde se segura a chávena.
9. Os finalistas usam ____ de várias cores, segundo a sua faculdade; o valor de ____ é 3,1416
10. ____ significa **gostas muito de**; "Coimbra é uma ____ de sonho e tradição

Exercícios Suplementares

A. O João Pedro meteu gasolina neste posto. Imagina o diálogo que ele teve com o empregado.

```
Posto de Abastecimento de Combustíveis
              GALP
        POSIÇÃO N.º 1667                          № 76427  A
«MARIA DA GRAÇA C. T. T. MESTRE»
        Contribuinte n.º 500 355 660
Av. Tomás Ribeiro — 2795 LINDA-A-VELHA

Ex.ᵐᵒ Sr.

n.º contribuinte   | morada

 quant. |      produto           |  preço  |   valor   | IVA (*)
        |                        |         |           | taxa
        | Gasolina super         |    3    | 100 00    |
        | Gasolina normal — s/ chumbo |    |           |
        | Gasóleo                |         |           | (a)
        Data  21/1/95     TOTAL  | 6
                      (*) IVA incluído no preço    (a) IVA incluído 16 %
```

EMPREGADO _____

JOÃO PEDRO _____

EMPREGADO _____

JOÃO PEDRO _____

EMPREGADO _____

JOÃO PEDRO _____

EMPREGADO _____

JOÃO PEDRO _____

EMPREGADO _____

B. Olha para este gráfico, referente a 1992, e responde às seguintes perguntas:

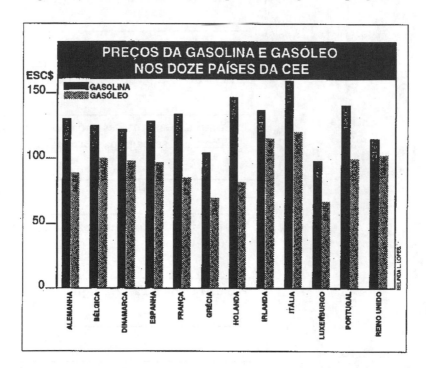

1. Quantos países havia na Comunidade Económica Europeia em 1992?

_____

2. O gasóleo é mais caro do que a gasolina?

_____

3. Em que país é que a gasolina era mais cara?

_____

4. Em que país é que a gasolina era mais barata?

_____

5. Quanto ao preço da gasolina e do gasóleo Portugal era dos países mais caros ou mais baratos?

_____

6. O que é que achas? Estes preços estão indicados por litro ou por galão? Porque é que dizes isso?

_____

C. Responde às seguintes perguntas:

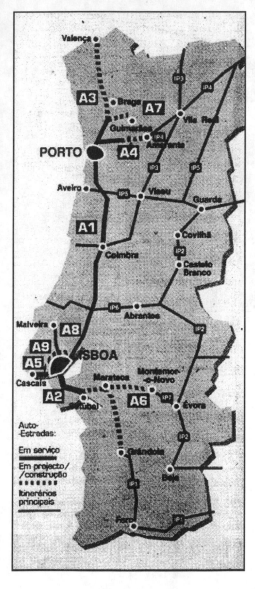

1. O que é uma auto-estrada?

_____

2. Em Portugal paga-se para utilizar a auto-estrada?

_____

3. Como são as auto-estradas na região onde vives?
Também se paga para as utilizar?

_____

4. É possível ir de Setúbal a Guimarães sempre pela
auto-estrada?

_____

5. E de Lisboa a Faro? Porquê?

_____

6. Por que cidades passa a estrada que vai de Lisboa
a Vila Real?

_____

7. Quando a auto-estrada A3 estiver concluída, para
onde continua?

_____

8. Achas que o território português está coberto por
uma boa rede de auto-estradas?

_____

_____

D. Olha para estes dois modelos de carro e depois responde às seguinte perguntas:

1. Conheces estes modelos? São americanos?

_____

2. De que nacionalidade são os Volkswagen?

_____

3. Quais são os principais países europeus produtores de carros?

_____

4. Quais são algumas das marcas europeias mais famosas? De que nacionalidade sao?

_____

_____

5. Achas que os carros americanos são muito populares na Europa? Porquê?

_____

6. Que países fora da Europa e da América produzem carros? O que é que achas destes carros?

_____

_____

E. Usando a tua imaginação, descreve o desenho abaixo. Explica a que universidade este desenho se refere, qual é em linhas gerais a história desta universidade, porque é que os estudantes estão vestidos assim, se este é o seu traje habitual, quem são eles, de que curso são e o que estão a discutir.

_____

_____

_____

_____

_____

F. No Porto a Susan ficou nesta residencial. Usando muito a tua imaginação explica quais foram as coisas de que a Susan gostou e as coisas de que a Susan não gostou quanto à residencial.

RESIDENCIAL
César ★★★

RUA DA BOAVISTA, 667

TELS. 314984/2026086

4000 PORTO

_____

QUARTOS COM BANHO PRIVATIVO, TELEFONE, AQUECIMENTO, TV VIA SATÉLITE, AR CONDICIONADO.
Ambiente familiar.

_____

_____

_____

_____

_____

_____

_____

G. Enquanto a Susan estava no Porto chegou a Lisboa uma carta registada para ela. Então a D. Fernanda telefonou para a Residencial César. Como é que achas que foi preenchida a nota que a Susan recebeu a este respeito?

Residencial César

Sr. / Sra. _____ Quarto nº _____

Dia _____ / _____ / _____   Hora _____

Na sua ausência

   O Sr. / a Sra. _____

Telefonou ☐   Esteve cá ☐

Deixou a seguinte mensagem:

_____

_____

_____

_____

H. Esta fotografia representa a Rua de Santa Catarina, no Porto. Usando muito a tua imaginação diz qual é o aspecto da rua, que estabelecimentos comerciais há lá, como está o tempo neste dia e o que vão fazer as pessoas que passam pela rua.

_____

_____

_____

_____

_____

_____

_____

I. Olha para esta fotografia da Praça da República, em Viana do Castelo, e depois responde às seguintes perguntas:

1. Qual te parece que seja o aspecto da parte central da cidade?

_____

2. Como são os prédios na Praça da República?

_____

3. O que é que há à volta da fonte?

_____

4. O que é que achas que há debaixo das sombrinhas ao lado direito?

_____

5. O que é que achas que vão fazer os dois rapazes que atravessam a praça?

_____

Lição 15—Laboratório
Coimbra é uma lição de sonho e tradição...

I. Pronúncia: O *e* inicial pronunciado como *i*.

When it forms a syllable all by itself, an untressed initial *e* is usually pronounced as the Portuguese *I*.

enigma	errata	edema
exame	equilíbrio	emendar
efémero	elementar	eventualmente

II. O subjuntivo expressando dúvida ou probabilidade

Your friend is sure the actions he reports are true, but you are extremely doubtful about each thing he says, and you say so.

> MODELO: (tape) A Ana Maria está na cantina!
> (student) Duvido que a Ana Maria eteja na cantina.
> (confirmation) Duvido que a Ana Maria eteja na cantina.
> (repetition) Duvido que a Ana Maria eteja na cantina.

Now, your friend doubts a number of things that you believe to be true. Use the given expressions to show your belief.

> MODELO: (tape) Duvido que Anita esteja aqui
> (student) Acredito que está aqui.
> (confirmation) Acredito que está aqui.
> (repetition) Acredito que está aqui.

Vozes portuguesas—As praxes académicas
This **Voz** will be read twice. Write in the missing words. Sometimes one word, sometimes two words will be missing.

As tradições _____ existentes na academia de Coimbra

sofreram uma crise grande ainda antes da _____ do vinte e cionco

de Abril. As praxes académicas _____ por entrar em crise. Depois

do 25 de Abril foram retomadas. Neste momento as _____

académicas funcionam de novo, _____ de uma forma mitigada,

evitando os excessos _____ que no passado existiram e que hoje

em dia seriam _____ para uma sociedade democrática.

III. O conjuntivo expressando emoção
Your friend says a series of things to you that affect you emotionally. React to the statements using the cued phrases.

MODELO: (tape) A minha irmã está doente.
(student) Que pena que esteja doente.
(confirmation) Que pena que esteja doente.
(repetition) Que pena que esteja doente.

Write answers here.

1. _____

2. _____

3. _____

Vozes portuguesas—A Queima das Fitas
Circle the words that are printed wrong. The text will be read twice.

A Queima das Fitas usualmente é perto do final do ano. Chama-se «Queima das Fitas» porque são os estudantes que acabaram os cursos que queimam as fitas do curso. Portanto tem um carácter simbólico. Cada escola tem fitas de cor diferente. Eu não sei muito bem. Direito é Azul sei que é de Letras, amarelo se não me engano é Farmácia... As fitas servem para pôr dedicatórias, daqueles colegas de quem gostam mais, dos parentes, dos amigos...

IV. Mais expressões com ESTAR COM e TER
Choose from the English cues in your manual to give reactions to the situations given on the tape.

    MODELO: (tape) You are going to be late for your appointment. You say:
               (student) Tenho muita pressa
               (confirmation) Tenho muita pressa
               (repetition) Tenho muita pressa

Vozes portuguesas—A cidade e a província
This **Voz** will be read twice. During the second reading, write in the missing words.

    Sob o _____ de amizades, de convívio, de facilidades de convivência, de transportes, etc. , uma _____ é sempre melhor porque a pessoa tem mais tempo para conviver, não perde _____ do tempo que perde numa cidade grande, _____ em transportes para ir para o emprego, tem as lojas _____ . Numa cidade grande é quase impossível. Uma pessoa perde _____ para fazer compras e andar em transportes. Agora, claro, Lisboa _____ tem muito mais atractivos que uma cidade de província.

V. O pretérito perfeito composto
Change these preterite tense sentences into ones with the present perfect. Note that you must also change the adverb to **muitas vezes** as well. A written part follows the oral part.

    MODELO: (tape) Estive em Setúbal uma vez.
               (student) Tenho estado em Setúbal muitas vezes.
               (confirmation) Tenho estado em Setúbal muitas vezes.
               (repetition) Tenho estado em Setúbal muitas vezes.

Write answers here.

1. _____

2. _____

3. _____

4. _____

VI. Texto de compreensão: O Norte

Listen to the comprehension text and write answers to questions asked about it.

1. _____

2. _____

3. _____

4. _____

VII. Ditado.

Do this dictation in the usual way.

_____

_____

_____

_____

_____

Lição 16—Caderno de Trabalho
O que é que achas?
Vou ao Algarve ou aos Açores?

1. O pretérito mais-que-perfeito composto, pp. 358-61

1a. Responde às perguntas abaixo segundo o modelo.

MODELO: Porque é que eles não quiseram almoçar?
          Porque já tinham almoçado antes.

1. Porque é que...

1. a empregada não comprou as batatas hoje?

_____

2. vocês não quiseram tomar café?

_____

3. tu não foste ver esse filme?

_____

4. eles não jantaram connosco?

_____

5. a professora não quis explicar isso outra vez?

_____

1b. Completa as frases abaixo usando scmpre o pretérito-mais-que perfeito composto de um verbo diferente.

   Quando...

1. a polícia chegou, os assaltantes já _____.

2. o avião aterrou, nós já _____.

3. ela telefonou, vocês já _____.

4. lá cheguei, o banco já _____.

5. eles vieram, nós já _____.

6. começou a chover, tu já _____.

7. entrei na universidade, eu já _____.

8. nós chegámos, os senhores já _____.

9. as férias acabaram, elas já _____.

10. o bebé nasceu, os pais já _____.

1c. Completa as frases abaixo usando sempre uma forma do pretérito-mais-que-perfeito composto.

1. Não quisemos ir à exposição porque já

_____

2. Ao chegar a Portugal os turistas ainda não

_____

3. Quando aluguei a casa já

_____

4. Quando voltei ao hotel a empregada ainda não

_____

5. Aos dezoito anos ela já

_____

6. Eram onze da manhã e tu ainda não

_____

7. Bati à porta mas vocês ainda não

_____

8. Não fui a Paris com eles porque já

_____

9. Foi-lhe apreendida a carta de condução porque ele já

_____

10. Foi uma experiência horrível para mim. Nunca

_____

2. Verbos reflexos, pp. 361-65

2a. Preenche os espaços abaixo com uma forma apropriada dos verbos entre parênteses:

1. Não quero ver televisão, vou (deitar-se) _____ agora mesmo.

2. Na passagem do ano todos (divertir-se) _____ muito.

3. Agora o grupo (reunir-se) _____ ___ aos sábados.

4. Na minha opinião ela (vestir-se) _____ muito mal.

5. Na festa nós (servir-se) _____ de tudo o que havia nas mesas.

6. Eles sempre (lembrar-se) _____ do dia dos meus anos.

7. Em geral eu (levantar-se) _____ antes de todos acordarem.

8. Podemos (sentar-se) _____ com vocês?

9. Quando é que eles (ir-se) _____ embora?

10. Tu ainda (demorar-se) _____ muito?

2b. Completa as frases abaixo usando o verbo entre parênteses.

1. Oxalá vocês (sentir-se)

_____

2. O presidente do clube prefere que todos (reunir-se)

_____

3. Eles falaram com o gerente e (queixar-se)

_____

4. É preciso que todos (convencer-se)

_____

5. Eu sinto muito que tu não (divertir-se)

_____

6. A mãe faz com que os filhos (deitar-se)

_____

7. O empregado do restaurante sugere que elas (sentar-se)

_____

8. Nos dias de frio é recomendável que todos (vestir-se)

_____

9. Não achamos que o/a professor,-a (chamar-se)

_____

10. No dia da viagem é preciso que nós (levantar-se)

_____

2c. Responde afirmativa ou negativamente às perguntas abaixo segundo o modelo.

MODELO: Vocês levantam-se cedo?
Sim, levantamo-nos cedo.
Não, não nos levantamos cedo.

1. Na aula vocês sentam-se sempre nos mesmos lugares?

_____

2. Lembras-te do nome da tua professora da escola primária?

_____

3. Os alunos vestem-se bem para vir para as aulas?

_____

4. O Presidente Lincoln suicidou-se?

_____

5. O professor de Português chama-se Anastácio?

_____

6. Esqueces-te muitas vezes de trazer o dicionário?

_____

7. O inventor do telefone chamava-se Benjamin Franklin?

_____

8. Vocês deitam-se cedo?

_____

9. Napoleão casou-se com Catarina da Rússia?

_____

10. George Washington divorciou-se de Martha Washington?

_____

3. Verbos reflexos seguidos de preposição, pp. 365-69

3a. Completa as frases abaixo. Usa sempre uma preposição depois do verbo.

1. Os alunos queixam-se sempre

_____

2. Eu nunca me vou habituar

_____

3. Tenho um amigo que se parece muito

_____

4. A minha irmã vai-se casar

_____

5. Quando é que te vais decidir

_____?

6. Os nossos pais preocupam-se demasiadamente

_____

7. O outro dia esqueci-me

_____

8. Eles riram-se muito

_____

9. Essa firma dedica-se

_____

10. A professora surpreendeu-se

_____

3b. Responde com uma frase completa.
1. Com que língua é que o português se parece mais?

_____

2. Com quem é que Henrique VIII de Inglaterra se casou?

_____

3. Com que é que os ecologistas se preocupam?

_____

4. Com que foi que os Americanos se surpreenderam no dia 7 de Dezembro de 1941?

_____

5. Tu apercebes-te sempre dos erros que fazes em português?

_____

6. Vocês alguma vez se esquecem de levar dinheiro quando saem de casa?

_____

7. Lembras-te do nome do teu melhor amigo/da tua melhor amiga na escola primária?

_____

8. Da última vez que foste ao médico, de que é que te queixaste?

_____

9. Porque é que te decidiste a estudar nesta universidade?

_____

10. A que profissão é que te vais dedicar depois de terminares o curso?

_____

11. Tu pareces-te mais com o teu pai ou com a tua mãe?

_____

12. Vocês preocupam-se muito com os exames finais?

_____

4. Os recíprocos, pp. 369-70

4a. Responde às perguntas abaixo com uma frase completa.

1. Os Americanos e os Canadianos entendem-se bem?

_____

2. Os Israelitas e os Árabes adoram-se mutuamente?

_____

3. Onde é que a Susan e o James se conheceram?

_____

4. Quando foi que a Inglaterra e as colónias americanas se separaram?

_____

5. Romeu e Julieta odiavam-se?

_____

6. Em que cidade é que os teus pais se casaram?

_____

7. Onde é que tu e os teus amigos se encontram nos sábados à noite?

_____

8. Sabes como é que os Japoneses geralmente se cumprimentam?

_____

9. Tu e os teus amigos estimam-se muito?

_____

10. Quando foi que a Alemanha Ocidental e a Alemanha Oriental se uniram?

_____

4b. O que é que achas das seguintes situações?
1. O Tio Paulo está furioso com a Tia Gabriela e ela está furiosa com ele. Achas que eles se falam?

_____

2. O Jaime acabou o namoro com a Vanessa e a Vanessa arranjou outro namorado. Achas que eles ainda se amam?

_____

3. A Carla sabe pouco sobre a Guida e a Guida sabe pouco sobre a Carla. Achas que elas se conhecem bem?

_____

4. A Susan gosta de ir à esplanada e a Ana Maria também. Onde é que achas que elas se encontram?

_____

5. A Helena nunca está de acordo com a mãe e a mãe nunca está de acordo com a Helena. Achas que elas se entendem?

_____

5. O plural das palavras compostas, pp. 371-73

5a. Escreve o plural das seguintes expressões:

1. segundo-sargento _____

2. estrela-do-mar _____

3. vice-cônsul[a] _____

4. pronto-a-vestir _____

5. fim-de-semana _____

6. arranha-céus _____

7. guarda-florestal _____

8. centro-americano _____

9. recém-nascido _____

10. quebra-mar _____

[a] The plural of **cônsul** is **cônsules**.

5b. Responde às perguntas abaixo.
   Como é que se chamam...
1. aqueles objectos que servem para quebrar nozes?

_____

2. aqueles objectos que levamos na mão quando chove?

_____

3. os sinais do carro que indicam uma viragem à esquerda ou à direita?

_____

4. as pessoas que saltam em pára-quedas?

_____

5. os filhos e netos dos emigrantes portugueses nos Estados Unidos?

_____

6. os empregados das agências funerárias?

_____

7. os períodos imediatamente depois do casamento?

_____

8. as pessoas que mudam de ideologia?

_____

9. os guardas que só trabalham durante a noite?

_____

10. os dias que vêm logo a seguir aos domingos?

_____

6. Alguns comparativos idiomáticos, pp. 373-74

6. Completa as frases abaixo com um comparativo apropriado.

1. Não vejo nada. A noite está escura como _____!

2. Que belo jantar! Comi como _____!

3. Quando o Mário soube do acidente ficou branco como _____.

4. Não ouvi nada durante a noite. Dormi como _____.

5. Quando o Henrique entornou o vinho sobre o vestido da senhora do lado ficou vermelho como _____.

6. O pobre homem não come nada. Está magro como _____.

7. Não tenho tempo para nada. Trabalho como _____!

8. Podes confiar absolutamente na nova empregada. Ela é fiel como

_____.

9. Ele não deve de maneira nenhuma guiar agora. Está bêbedo como

_____.

10. Não pude comprar nada na **boutique**. Tudo estava caro como _____!

11. Aquele tipo nunca se cala! Fala como _____.

12. O Sr. Saraiva agora fuma menos mas antes fumava como _____.

13. Quase não posso levantar esta mala. Está pesada como _____.

14. O carpinteiro vai levar uma eternidade para acabar o trabalho. É mole como

_____.

15. Doente ele? Nada disso! Está são como _____!

7. Alguns verbos muito especiais, pp. 373-79

7a. Traduz:
    Dieter ...
1. becomes very nervous when he talks to a pretty girl.

_____

2. became a good student only after he arrived in Portugal.

_____

3. is probably going to become a Portuguese teacher.

_____

4. became quite fluent in Portuguese.

_____

5. did not become rich when he worked after school.

_____

6. became quite scared when he had to order dinner in Lisbon for the first time.

_____

7. became very popular among his classmates at the Faculdade.

_____

8. became famous in high school when he ran over *atropelou* a teacher with his bicycle.

_____

9. became very interested in Portuguese art.

_____

10. became confused when he heard Portuguese slang for the first time.

_____

7b. Preenche os espaços com uma forma de **tomar, levar** ou **tirar.**

1. Queres _____ um café connosco?

2. Onde é que vais _____ o autocarro?

3. O que é que vais _____ para o piquenique?

4. Podes _____ o meu irmão no teu carro?

5. Quantas fotografias _____?

6. Porque é que não _____ uma aspirina?

7. O médico _____-te a temperatura?

8. Não queres _____ o casaco? Está calor!

9. Vais _____ a tua namorada a casa?

10. Que aulas é que _____ o semestre passado?

Instantâneos portugueses

A lenda das amendoeiras

Conta-se que, no tempo em que o Algarve estava ainda sob o domínio muçulmano, havia lá um rei que se tinha casado com uma princesa nórdica. Logo no primeiro ano do casamento a pobre rainha começou a estranhar o clima sempre cálido do Algarve e a desejar ver de novo a neve da sua terra. Confidenciou isto ao rei que lhe prometeu que muito em breve ela ia ver tudo branco à volta do palácio. A rainha não queria acreditar mas uma manhã abriu a janela e, até onde a vista podia alcançar, tudo de facto estava branco. Eram as amendoeiras em flor, que de certo modo lhe fizeram mitigar a saudade pelas neves do seu país!

acreditar believe
alcançar reach
amendoeiras almond trees
cálido warm
confidenciou confided

conta-se it is said
de novo again
desejar wish
em breve soon

estranhar find odd
muçulmano Muslim
neve snow
prometeu promised
saudade homesickness

1. Em que época sucedeu esta história?

_____

2. De que região era a rainha?

_____

3. De que é que ela tinha saudades?

_____

4. O que é que o rei lhe prometeu?

_____

5. O que é que a rainha viu quando uma manhã abriu a janela?

_____

6. Tinha realmente nevado no Algarve?

_____

7. Porque é que os campos estavam todos cobertos de branco?

_____

8. Na tua opinião, o que é que a rainha sentiu quando viu as amendoeiras em flor?

_____

Instantâneos portugueses

Terceira: a batalha da Salga

Em 1580 um exército de Filipe II de Espanha ocupou Portugal Continental quase sem resistência.[a] A Ilha Terceira, contudo, manteve-se fiel ao pretendente português ao trono, D. António.[b] Ante esta atitude, e como o governador da ilha recusava terminantemente reconhecer Filipe II como rei, os espanhóis decidiram atacar. A 15 de Julho de 1581 uma esquadra espanhola começou pois a desembarcar tropas na baía da Salga, perto da vila da Praia.[b] Vendo que os terceirenses não eram em número suficiente para resistir a tão poderosa força, um frade da ilha lembrou-se de uma possível estratégia, que sugeriu ao governador. Este, aceitando a sugestão, mandou reunir uma enorme manada de bois, que lançou em tropel sobre os invasores. Os espanhóis debandaram em desordem, atirando-se a um mar encapelado para escapar à fúria dos animais e deixando muitos mortos atrás de si. A Terceira continuou pois portuguesa por mais algum tempo, até que finalmente, em 1583, se viu forçada a aceitar o domínio estrangeiro.

NOTES: [a] There was, however, a brief battle for Lisbon, which the Portuguese lost.
[b] Nowadays called Cidade da Praia da Vitória.

atirando-se jumping into
baía bay
bois oxen
debandaram took flight in disorder
em tropel in a stampede

encapelado rough
esquadra fleet
exército army
fiel loyal
frade friar
invasores invaders
manada herd

poderosa powerful
pretendente pretender
reconhecer recognize
recusava refused
terminantemente adamantly
trono throne

1. Em 1580 quem eram os dois pretendentes ao trono português?

_____

2. Em Portugal Continental as tropas de D. António resistiram por muito tempo aos invasores?

_____

3. Que atitude tomou então a Ilha Terceira?

_____

4. O que decidiram então os espanhóis fazer?

_____

5. Os terceirenses tinham forças suficientes para resistir à invasão?

_____

6. O que resolveu então o governador fazer?

_____

7. Quem sugeriu esta estratégia ao governador?

_____

8. Qual foi o resultado desta manobra?

_____

9. Depois da batalha da Salga a Terceira continuou fiel a D. António?

_____

10. Em que ano é que a ilha teve finalmente de se submeter ao domínio espanhol?

_____

Instantâneos portugueses

Madeira, m'dear?

O vinho da Madeira é especialmente apreciado pelos Ingleses. Na realidade foram eles que descobriram, aliás por acaso, as suas qualidades. O que aconteceu foi que a Madeira vendia vinho aos barcos ingleses que navegavam para o sul. Depois de duas passagens pela linha do Equador os marinheiros começaram a achar que o vinho que ainda restava nos barris possuía muito mais perfume e sabor do que à partida. Tinham sido as temperaturas dos trópicos que tinham melhorado a sua qualidade!

A uva foi introduzida na Madeira pouco depois do povoamento. A primeira casta plantada foi a Malvasia, vinda da ilha de Chipre. A exportação de vinho teve início em 1515 e destinou--se à corte de Francisco I de França. Depois disso os navios que paravam na Madeira abasteciam-se sempre aí de vinho. A excelente reputação do vinho da Madeira estendeu-se assim pela Europa e pelo Novo Mundo.

Hoje em dia a sua produção constitui uma das mais importantes actividades económicas da Madeira. Cultivam-se para cima de 30 castas, sendo as mais conhecidas a Malvasia, o Sercial e o Boal. O melhoramento da qualidade, antes conseguido a bordo dos navios, é agora geralmente obtido em estufas.[a]

NOTE: [a] Dry Madeira is drunk mainly as an apéritif. Sweet Madeiras are popular as an after dinner drink.

abasteciam-se were supplied
acaso chance
barris barrels
casta variety
Chipre Cyprus
corte court
descobriram discovered
estendeu-se spread
estufas green houses
melhorado improved
navios ships
para cima de over
paravam called at
partida departure
possuía possessed
povoamento settlement
restava remained
sabor taste

1. Para onde é sobretudo exportado o vinho da Madeira?

_____

2. Que resultados produzia a passagem do vinho pelos trópicos?

_____

3. Quando é que a videira foi trazida para a ilha?

_____

4. De onde vieram as primeiras vides?

_____

5. Para onde se destinou a primeira exportação?

_____

6. Como se desenvolveu a reputação deste vinho?

_____

7. A produção de vinho é importante para a economia da Madeira?

_____

8. Quantas castas de uva se cultivam?

_____

9. Quais são os vinhos da Madeira mais conhecidos?

_____

10. Como se procede agora ao melhoramento da qualidade do vinho?

_____

Um problema de palavras cruzadas

Horizontais:

1. ___ ___ é a maior ilha dos Açores
2. **Ele** em francês é ___; a Emissora Nacional era conhecida como ___; Ponta Delgada é ___ São Miguel
3. O oposto de **abaixo** é ___; ___ é uma forma do verbo **afiar**
4. ___ é uma terminação feminina; as duas primeiras sílabas de **Irene** são ___
5. O ___ foi em grande parte substituído pelo fax; ___ é um pronome de complemento indirecto
6. Os verbos da segunda conjugação são os que terminam em ___; as iniciais da antiga Assistência Nacional aos Tuberculosos eram ___; um ___-kai é um poema curto japonês
7. A província portuguesa mais meridional é o ___
8. Todos os bons hotéis têm ___ condicionado; as letras interiores de **gaita** são ___
9. Quando a Susan era pequenina a mãe contava-lhe a história de Branca de Neve e os Sete ___; ___ significa **lista**
10. Nos Açores come-se muita ___ sovada; todos os pássaros têm ___

Verticais:

1. Antigamente a Tailândia chamava-se ___; ___ é uma forma do imperfeito do verbo **ir**
2. A ___ é um prato típico da Ilha Terceira; o Funchal é ___ Madeira
3. ___ é uma parte da Indochina
4. O Senhor Santo Cristo dos ___ é o padroeiro de São Miguel
5. Durante as cortesias todos os toureiros entram na ___; ___ são as iniciais de **Sociedade Anónima**
6. O ___ é a letra que vem antes do agá; ___ quer dizer **para além do habitual**
7. ___ quer dizer **unida**; o ___ é uma dança do Norte de Portugal
8. Na agência de viagens a Susan pede ___ sobre o Algarve
9. A ___ Seca era o sistema que proibia a venda de bebidas alcoólicas nos Estados Unidos; na Madeira ___ muitos hotéis; ___ é uma nota musical
10. O vinho da ___ é muito apreciado na Inglaterra

Exercícios suplementares

A. O que é que achas? Gostavas de passar férias no Algarve? Segundo este anúncio quais são os principais atractivos do Algarve? Quais deles te interessam mais? Porquê?

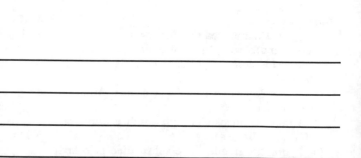

Viver férias completas
...em qualquer dia do ano

O Algarve são praias, mar, sol... e não só. Porque, durante os 365 dias do ano, tem muito mais para lhe oferecer. A alegria do seu animado folclore. As atracções da vida nocturna. Monumentos que são páginas de história. As horas vividas cavalgando as ondas numa prancha de windsurf... ou por entre pinhais verdejantes.
Venha ao Algarve de Janeiro a Dezembro. Viver fins-de-semana, férias que são as suas melhores recordações.
Porque tem tudo o que faz o prazer de viver...

região de turismo do algarve   MAR, SOL E MUITO MAIS

_____

_____

_____

_____

B. O Dieter foi numa excursão ao Algarve. Aqui está ele durante uma das paragens. Podes descrever a cena?

_____

_____

_____

_____

_____

_____

C. De que é que se queixa o autor desta nota enviada a um jornal português? Podes comparar a nota com a Voz Portuguesa da p. 364 do teu livro? O que é que achas desta situação? O que é que o autor recomenda que os turistas portugueses façam antes de ir ao Algarve?

À ATENÇÃO DOS TURISTAS PORTUGUESES NO ALGARVE

CONTOU-ME uma amiga minha recentemente regressada do Algarve, da zona de Vilamoura, um caso para mim digno de menção.

Em dois estabelecimentos que frequentou, patrão e empregados só falavam inglês pelo que, se quis ser atendida e os seus acompanhantes, tiveram de fazer os seus pedidos na língua de Lord Byron. Para pagar, o normal "quanto é" teve de ser substituído pelo britânico "how much".

Por isso leitor amigo se vai para o Algarve e para a mesma zona não se esqueça de refrescar previamente o seu inglês ou no caso de não conhecer essa língua tire um curso intensivo. Doutro modo arrisca-se a não ser atendido e até compreendido no seu próprio país.

_____

_____

_____

_____

_____

Nome_____ Data_____ Aula_____

D. Responde às perguntas abaixo:

1. Em que província estão localizados estes dois restaurantes?

_____

2. O que é que as suas ementas têm em comum?

_____

3. Achas que a paelha é um prato tipicamente português?

_____

4. Tu preferes peixe frito ou grelhado? Porquê?

_____

5. Qual dos pratos mencionados achas tu que é o melhor?

NOTES: [a] **Cataplana** is a seafood stew typical of the Algarve. It is cooked in a tightly covered vessel, also called a **cataplana**. [b] **Açorda** is a bread based mush, originally eaten by the peasants in Alentejo. Nowadays, after shellfish (or occasionally **bacalhau**) began to be added to it, it became popular all over the country.

E. Responde às perguntas abaixo:

4 BOAS RAZÕES PARA PASSAR
AS SUAS FÉRIAS NO

HOTÉL de LAGOS
★ ★ ★ ★

O preço: 7 noites — 45 000$ por pessoa em quarto duplo
(preço do ano passado).

As ofertas: cesto de fruta no quarto;
bebida de boas vindas;
pequeno-almoço buffet;
passeio de iate ao longo da costa com almoço na praia;
1 hora grátis de ténis por dia.

O sorteio: habilita-se a ganhar 1 Réveillon para 2 pessoas
no fim-do-ano, incluindo 3 noites de estadia

As crianças: condições especiais para crianças até 15 anos
que partilhem o quarto dos pais: a primeira
é grátis e a segunda paga apenas 50%.

Para reservas e informações: Tel.: 0500-2052 (chamada gratuita)
ou o seu Agente de Viagens

HOTEL de LAGOS
★ ★ ★ ★
8600 LAGOS
ALGARVE

BAÍA de
LAGOS

1. Onde é Lagos?

2. Achas que o Hotel de Lagos é de boa categoria? Porque é que dizes isso?

3. O que é que achas das ofertas que o hotel anuncia? Qual te atrai mais?

4. A que é que os hóspedes têm direito se ganharem o sorteio?

5. Quanto é que paga em total um casal com dois filhos pequenos?

F. Este é o programa de uma das excursões que a Susan encontrou num dos folhetos que lhe deram na agência de viagens. Quais achas tu que são as vantagens e desvantagens que ela encontra nesta excursão?

PARTIDAS: DOMINGOS

ITINERÁRIO

1º DIA   LISBOA/TERCEIRA

Comparência no aeroporto 90 minutos antes da hora marcada para a partida. Formalidades de embarque e saída em avião da TAP-Air Portugal com destino às Lages. Chegada . Alojamento.

2º DIA   TERCEIRA

Estadia no hotel na modalidade escolhida. Dias livre para actividades de carácter independente ou excursões facultativas: Volta à Ilha-Serreta — Praia da Vitória.

3º DIA   TERCEIRA/FAIAL

Pequeno-almoço no hotel. Em hora a determinar localmente, transporte por conta própria para o aeroporto e partida em avião da SATA com destino ao Faial. Chegada e transporte por conta própria ao hotel. Alojamento.

4º DIA   FAIAL

Estadia no hotel. Dia livre com possibilidade de efectuar várias excursões facultativas: Ilha do Pico — Vulcão dos Capelinhos.

5º DIA   FAIAL/S. MIGUEL

Pequeno-almoço no hotel. Em hora a determinar localmente, transporte por conta própria para o aeroporto e partida em avião da SATA com destino a Ponta Delgada. Chegada e transporte por conta própria do aeroporto ao hotel. Alojamento.

6º e 7º DIA   S. MIGUEL

Estadia no hotel. Dia livre para actividades de carácter independente ou excursões facultativas: Furnas — Lagoa das Sete Cidades — Lagoa do Fogo — Plantações de ananases, etc.

8º DIA   S. MIGUEL

Pequeno-almoço no hotel. Transporte por conta própria para o aeroporto. Formalidades de embarque. Partida em avião da TAP-Air Portugal com destino a Lisboa. Chegada. Fim dos nossos serviços.

_____

_____

_____

_____

_____

G. Segundo este texto, extraído de um folheto turístico...

AÇORES

Em pleno Atlântico, entre a América do Norte e a Europa, a 760 milhas marítimas de Lisboa, três grupos de Ilhas de origem vulcânica, apontadas por alguns ivestigadores como vestígios da Lendária Atlântida, formam o Arquipélago dos Açores que no seu conjunto ocupam uma área total de 2.335 Kms, oferecendo um mundo de aliciantes contrastes.

A descoberta dos Açores, ter-se-ia verificado no ano de 1427, pelo navegador português Diogo Silves e alguns genoveses ao serviço de Portugal. O Povoamento começou pelas Ilhas de Santa Maria e de S. Miguel, por volta de 1435, terminando nas Flores e Corvo, descobertas posteriormente.

Os Açores têm tido papel importante na História de Portugal. Participaram na conquista e defesa das praças portuguesas do Norte de África, foram escala das Naus vindas da Índia, deram apoio às expedições para a exploração da América e durante o domínio de Espanha sobre Portugal, de 1580 a 1640, foram um forte baluarte de resistência. Também nas Lutas Liberais de 1820 a 1834, os açorianos tiveram um papel de maior importância. Foi da Ilha Terceira que partiu a expedição Liberal que derrotou as Tropas Absolutistas no Porto. Nas duas Grandes Guerras Mundiais, este Arquipélago foi vital pelo auxílio que prestou aos aliados, tendo-se tornado um centro de comunicações e de apoio à Aviação cuja acção se tem mantido até aos nossos dias.

1. onde estão situados os Açores?

_____

2. qual é a origem das ilhas?

_____

3. quem descobriu os Açores?

_____

4. que ilhas foram povoadas primeiro?

_____

5. quais foram as últimas ilhas a serem descobertas?

_____

6. que papel tiveram os Açores na penetração portuguesa no Norte de África?

_____

_____

7. que importância tiveram as ilhas para a navegação?

_____

8. como é que os Açores reagiram à ocupação espanhola?

_____

9. que papel tiveram os Açores nas guerras civis do século XIX?

_____

10. como é que os Açores prestaram serviços à Inglaterra e aos Estados Unidos durante as duas Guerras Mundiais?

_____

H. Supõe que estás hospedado-a com um-a amigo-a no Hotel Açores Atlântico e vocês querem que amanhã lhes sirvam o pequeno almoço no quarto. Um de vocês quer o pequeno almoço continental e o-a outro-a o pequeno almoço à carta. Como é que vais preencher o pedido?

HOTEL AÇORES ATLÂNTICO
• • • •

DATA ____/____/____   N.º QUARTO _____   N.º DE PESSOAS _____

Favor servir entre as

7.30-8.00 ☐   8.30-9.00 ☐   9.30-10.00 ☐
8.00-8.30 ☐   9.00-9.30 ☐   10.00-10.30 ☐

FAVOR ASSINALAR O NÚMERO DE SERVIÇOS DESEJADOS NOS QUADRADOS

PEQUENO ALMOÇO CONTINENTAL
(INCLUIDO NO PREÇO DO QUARTO)

CAFÉ ☐   C/LEITE ☐   C/LEITE ☐
                              CHOCOLATE ☐ LEITE ☐   CHÁ
NESCAFÉ ☐ C/LEITE ☐   C/LIMÃO ☐

CROISSANT OU BRIOCHE — PÃEZINHOS OU TORRADAS
MANTEIGA, DOCE OU MEL — SUMO DE LARANJA

A CARTA

SUMOS NATURAIS DE FRUTOS

LARANJA ☐   TOMATE ☐ 400$00   ANANÁS ☐ 700$00

FRUTAS

CESTO DE FRUTAS ☐ 600$00   SALADE DE FRUTAS ☐ 300$00

YOGURTE ☐ 150$00

CAFÉ ☐   NESCAFÉ ☐   CHOCOLATE ☐

                              C/LEITE ☐   250$00
LEITE ☐   INFUSÃO SIMPLES ☐ CHÁ
                              C/LIMÃO ☐

CEREAIS

CORN FLAKES ☐ - COM LEITE   FLOCOS DE AVEIA ☐ - COM LEITE 300$00

OVOS PREPARADOS À SUA ESCOLHA (2 OVOS)

QUENTES .... MINUTOS ☐ ESCALFADOS ☐
                                          280$00
ESTRELADOS ☐   MEXIDOS ☐   OMELETA ☐

FIAMBRE-BACON-SALSICHAS-QUEIJO

ESTRELADOS C/   ☐   ☐   ☐   ☐
MEXIDOS C/   ☐   ☐   ☐   ☐   400$00
OMELETA C/   ☐   ☐   ☐   ☐

FIAMBRE OU «BACON»

FIAMBRE NATURAL ☐   BACON FRITO ☐   SALSICHAS FRITAS ☐ 280$00
FIAMBRE FRITO ☐

QUEIJOS

QUEIJO NACIONAL   CREME ☐   FLAMENGO ☐   ILHA ☐ 400$00

ASSINATURA _____

ESTE PEDIDO SERÁ RECOLHIDO ÀS 5 HORAS
BOA NOITE

IVA - INCLUIDO

I. Responde às perguntas abaixo:

1. Onde é que achas que o Dieter está agora?

_____

2. Como é que ele está vestido?

_____

3. O que é que ele está a fazer neste momento?

_____

4. O que é que se pode ver na mesa ao lado?

_____

5. O que é que se pode ver ao fundo?

_____

6. Como é que achas que ele chegou aqui desde Lisboa?

_____

7. Como é que achas que é o hotel onde ele está hospedado?

_____

8. Achas que ele preferiu só alojamento e pequeno almoço, meia pensão ou pensão completa? Porque é que dizes isso?

_____

9. Quanto é que achas que ele paga por dia no hotel?

_____

10. O que é que achas que ele vai comer hoje ao almoço?

_____

11. O que é que achas que ele vai fazer durante a tarde?

_____

12. Onde é que achas que ele vai à noite?

_____

Lição 16—Laboratório
O que é que achas?
Vou ao Algarve ou aos Açores?

I. Pronúncia: O *e* átono
In the last lesson, you learned that an unstressed initial *e* forming a syllable is usually pronounced as the Portuguese *i*. In other positions, an unstressed *e* is normally obscured to the point of being barely audible.

proceder	contente	desfazer
estabelecer	antes	anedota
consequência	cobertor	parecido
	romance	

II. O pretérito-mais-que-perfeito composto
Restate the sentences given by the tape, but use a past form in the first verb, as in the model.

MODELO:　(tape) Eu já estudei. Quando o programa começou.
　　　　　(student) Eu já tinha estudado quando o programa começou.
　　　　　(confirmation) Eu já tinha estudado quando o programa começou.
　　　　　(repetition) Eu já tinha estudado quando o programa começou.

Vozes portuguesas—Praias lindas e um pandemónio turístico
This **Voz** will be read twice. Write in the missing words. Sometimes one word, sometimes two words will be missing.

O clima do Algarve é muito bom. Há _____ e uma vida

nocturna bastante _____. Em cada esquina há um hotel, em cada

esquina há um apart-hotel, em cada _____ há apartamentos para

alugar, há residências, há casas. Há uma muitos suecos, _____

ingleses, irlandeses, sobretudo nórdicos, que inundam o Algarve e _____

aquilo num formigueiro de turistas. Às vezes _____ num café por

um irlandês que não _____ português, chega ao ponto de coisas

absurdas destas.

III. Verbos reflexos

Look at the drawings and answer questions about them. Remember that the verb **fazer** refers to all actions, as demonstrated in the model.

MODELO: (tape) O é que a Gabriela faz?
(student) Se lava.
(confirmation) Se lava.
(repetition) Se lava.

a Gabriela

o José   **a Anita**   **o Augusto**

o Rodrigo   **a Paulina**   **a Luísa**

Vozes portuguesas—Como é que se diz bacalhau à Brás em alemão?
Circle the words that are printed wrong. The text will be read twice.

Olhe, isto é triste que se diga mas aqui há alguns anos atrás, por exemplo, uma turista portuguesa que preferisse ir passar férias ao Algarve, as ementas que eles tinham, as ementas estavam todas escritas em línguas exóticas. Depois muitas pessoas se queixaram e, pronto, eles tiveram que modificar essa situação e agora naturalmente há uma ementa para os estrangeiros e uma ementa para os Portugueses. Isso não tinha sentido. Portugal, que eu saiba, ainda é dos Portugueses...

IV. O infinitivo reflexo

Transform the sentences given by the tape to include the expressions suggested in your manual. The model uses **Secção número um**.

MODELO: (tape) Visto-me de manhã.
(student) Vou-me vestir de manhã.
(confirmation) Vou-me vestir de manhã.
(repetition) Vou-me vestir de manhã.

Write answers here.

1. _____

2. _____

3. _____

V. Verbos reflexivos seguidos de preposição (4:12)

Here is a bilingual conversation. Your friend asks you certain things, and you respond starting with **sim**, always using a reflexive verb that uses a preposition.

MODELO: (tape) Do you remember João?
(student) Sim, me lembro de João.
(confirmation) Sim, me lembro de João.
(repetition) Sim, me lembro de João.

Write answers here.

1. _____

2. _____

3. _____

4. _____

VI. Os recíprocos

Put the two short sentences together to make a sentence with a reciprocal reflexive. Leave subjects out of your solutions, as in the model.

MODELO: (tape) Eu conheço a Teresa. Ela conhece-mw.
(student) Nós conhecemo-os.
(confirmation) Nós conhecemo-os.
(repetition) Nós conhecemo-os.

Vozes portuguesas—A única grande indústria dos Açores
This **Voz** will be read twice. During the second reading, write in the missing words.

Tradicionalmente _____ dos Açores desde a sua povoação

é a agricultura e a agro-pecuária, especificamente a _____ para

abate e a criação de gado para lacticínios. E essa _____ , é realmente

a única grande indústria que _____ a nível dos Açores. É certo que

com a passagem do tempo outras _____ em certas ilhas. Logo na

altura do povoamento da ilha do Faial, onde havia _____ , a primeira

indústria que houve foi a do pastel, que _____ para fazer tintas

que iam para os Países Baixos, para ser usadas para tingir roupas.

VII Texto de compreensão: As ilhas atlânticas e as suas tradições
Listen to the comprehension text and write answers to questions asked about it.

1. _____

2. _____

3. _____

4. _____

VIII. Ditado

Do this dictation in the usual way.

_____

_____

_____

_____

_____

Lição 17—Caderno de Trabalho
Amanhã tenho exame de História

1. Outros casos do presente do conjuntivo, pp. 387-92

1a. Volta a escrever as frases abaixo mudando o verbo em tipo grosso para o passado e fazendo as modificações necessárias.

1. O Sr. Saraiva **vai** ao médico para que ele lhe faça um *check-up*.

_____

2. A D. Fernanda não **quer** tomar nenhuma decisão sem que consulte o marido primeiro.

_____

3. A Susan **compra** um passe a fim de que os transportes lhe saiam mais baratos.

_____

4. A Ana Maria **pede** ao Jorge que lhe traga um café.

_____

5. O Dieter **sugere** à Susan que ela vá com ele ao centro comercial.

_____

6. O James **quer** ir jantar ao Gambrinus ainda que seja bastante caro.

_____

7. A Fie **insiste** em comprar um casaco de inverno nem que custe trinta contos.

_____

8. O João Carlos **gosta** de trabalhar em Santarém ainda que seja um pouco longe de Lisboa.

_____

9. O Miguel não **pensa** em arranjar emprego até que termine o curso.

_____

10. A Fátima **pede** à Olívia que lhe dê a receita da caldeirada.

_____

1b. Termina as frases abaixo usando sempre um verbo diferente.

1. Não consigo resolver este problema por mais que

_____

2. Vem cedo para que

_____

3. Telefono-te hoje a não ser que

_____

4. Pago tudo este mês nem que

_____

5. Não quero fazer nada até que

_____

6. Não aceites essa proposta mesmo que

_____

7. É preferível nós não decidirmos nada sem que

_____

8. Vou falar com ele a fim de que

_____

9. Quero comprar esse carro ainda que

_____

10. Organiza tudo para que

_____

2. O pretérito imperfeito do conjuntivo, pp. 392-394

2. Escreve as expressões abaixo no pretérito imperfeito do conjuntivo.

1. que eu faça_____

2. que eles ponham_____

3. que nós digamos_____

4. que vocês tragam_____

5. que ela estude_____

6. que tu vás_____

7. que elas comam_____

8. que vocês vejam_____

9. que ele beba_____

10. que eu venha_____

11. que nós sejamos_____

12. que tu estudes_____

13. que elas possam_____

14. que vocês estejam_____

15. que eles tenham_____

16. que o senhor queira_____

17. que haja_____

18. que tu digas_____

19. que nós durmamos_____

20. que ele conheça_____

3. Usos do imperfeito do conjuntivo, pp. 394-97

3a. Completa as frases abaixo segundo o modelo

MODELO: O James propôs que nós... *faltar à aula.*
          O James propôs *que nós faltássemos à aula.*

O James propôs que nós...

1. beber uma cerveja _____

2. ir ao Algarve _____

3. tirar muitas fotografias _____

4. comprar o jornal _____

5. passar o dia na praia _____

6. tomar um café _____

7. trazer uns amigos _____

8. fazer uma festa _____

9. vir cedo _____

10. estar prontos às três _____

3b. Preenche os espaços abaixo com os verbos no presente. Depois passa todo o parágrafo para o passado.

Muitas vezes o nosso director determina que os empregados (vir) _____ trabalhar no sábado. Preferimos que ele (esperar) _____ até a próxima semana porque estamos certos de que nós (poder) _____ terminar todo o trabalho na segunda com um pouco mais de esforço. Mas ele insiste em que todos nós (estar) _____ na repartição às oito da manhã. Também sugere que nós (trazer) _____ o almoço porque é possível que não (ter) _____ oportunidade de sair na hora de comer. Nessa situação, a única coisa que eu posso fazer é esperar que ele (sair) _____ da repartição para um encontro com os outros directores porque assim não há dúvida de que eu me (escapar) _____ da repartição mais cedo.

_____

_____

_____

_____

_____

_____

_____

_____

_____

_____

3c. Completa as frases abaixo na forma afirmativa ou negativa usando os verbos entre parênteses.

Quando eu tinha dez anos os meus pais queriam que eu...

1. (aprender) _____

2. (ir) _____

3. (fazer) _____

4. (falar) _____

5. (vestir-se) _____

6. (estudar) _____

7. (comer) _____

8. (dormir) _____

9. (ler) _____

10. (tocar) _____

4. Como se..., pp. 397-98

4. Combina os segmentos da Coluna A com os da Coluna B de modo a formar frases lógicas.

A		B
1. A Cristina fala inglês		a. estivéssemos na prisão
2. Eles gastam dinheiro		b. fosse o dono da casa
3. Ela dança		c. soubessem toda a verdade
4. Vocês trabalham		d. estivesse louca
5. Está nevando	COMO SE	e. fosse bailarina profissional
6. Ele comporta-se		f. fosse americana
7. Elas falam		g. quisessem acabar tudo hoje
8. O meu irmão come		h. estivéssemos no inverno
9. A mulher grita		I. tivessem uma fortuna
10. Nós sentimo-nos		j. a comida fosse acabar hoje

1. _____

2. _____

3. _____

4. _____
5. _____
6. _____
7. _____
8. _____
9. _____
10. _____

5. O pretérito imperfeito do conjuntivo
em situações indeterminadas ou inexistentes, pp. 398-99

5a. Termina as frases abaixo usando os verbos entre parênteses.

1. Precisámos de alugar um andar que (ter)

_____

2. Não conseguíamos encontrar um emprego que (oferecer)

_____

3. Havia por aqui alguém que (saber)

_____ ?

4. Não conhecíamos nenhuma loja que (vender)

_____

5. Só quis matricular-me em aulas que (ser)

_____

6. Foi impossível comprar um carro barato que (estar)

_____

7. Conhecias alguém que (poder)

_____ ?

8. Nesta firma não tínhamos ninguém que (falar)

_____

9. Já não havia médicos que (vir)

_____

10. Tinhas algum amigo que (querer) ?

_____

5b. Quero encontrar alguém que...

1. _____

2. _____

3. _____

4. _____

5. _____

6. _____

7. _____

8. _____

9. _____

10. _____

6. A voz passiva, pp.399-404

6a. Escreve dez frases na voz passiva usando os elementos indicados.

1. as pirâmides / antigos egípcios

_____

2. a América / Cristóvão Colombo

_____

3. os antibióticos / farmácia

_____

4. *O Sonho de uma Noite de Verão* / William Shakespeare

_____

5. o Toyota e o Nissan / Japão

_____

6. o alemão, o francês e o italiano / Suíça

_____

7. as *Bachianas Brasileiras* / Heitor Villa-Lobos

_____

8. o hino nacional / público

_____

9. o Presidente Kennedy / Lee Harvey Oswald

_____

10. a comida / empregada

_____

6b. Relata o incidente abaixo em dez frases, todas na voz passiva.

Pobre Dieter! Um táxi atropelou-o na Avenida da República. Então uma ambulância levou-o ao Hospital de Santa Maria. Uma enfermeira atendeu-o aí. Então chamaram um médico. Um interno examinou-o. Radiografaram-no e depois deitaram-no numa cama. Entretanto a enfermeira deu-lhe um analgésico. Felizmente não encontraram nenhuma fractura. Puseram-lhe gelo numa perna e depois de uma hora autorizaram-no a ir para casa. O seu seguro de viagem pagou as despesas do hospital.

1. _____
2. _____
3. _____
4. _____
5. _____
6. _____
7. _____
8. _____
9. _____
10. _____

7. A divisão silábica, pp. 404-06

7. Divide o texto abaixo em sílabas. Presta atenção aos finais da linha.

Logo após a ditadura militar houve tentativas de golpes. Havia um forte movimento anarco-sindicalista nos meios operários que recorria frequentemente a atentados bombistas ou à greve.

Instantâneos portugueses ▓▓▓▓▓▓▓▓▓▓▓▓▓▓▓▓▓▓▓▓▓▓▓▓▓▓▓▓▓▓

O sentido de humor da princesinha japonesa

Na sua obra **Peregrinação**, Fernão Mendes Pinto[a] relata um episódio curioso, referente à chegada dos Portugueses ao Japão. Nessa altura os Portugueses comiam ainda com as mãos, o que impressionou a corte japonesa, que utilizava pauzinhos para esse efeito. Então, durante um banquete oferecido pelo rei a um grupo de portugueses, uma princesinha resolveu zombar dos convidados. Para isso entrou na sala vestida de mercador português e acompanhada de outras damas com igual traje, estas trazendo aos ombros volumes envoltos em tafetá verde. Quando os abriram aos pés do rei, viu-se que se tratava de braços de madeira. E a princesinha explicou que os Portugueses os deviam usar para não ficar com as mãos a cheirar a carne ou a peixe...

NOTE:
   [a] Fernão Mendes Pinto was a Portuguese adventurer who spent most of his life in the Orient. Upon his return to Portugal he wrote **Peregrinação**, a semi-fictional, satyrical account of his travels, which was published in 1614, some thirty years after the author's death.

chegada arrival   **convidados** guests   **pauzinhos** chopsticks
cheirar a smelling of   **envoltos** wrapped   **zombar** make fun

1. No século XVI os Portugueses utilizavam talheres *silverware* para comer?

_____

2. Quando é que a princesinha japonesa decidiu zombar dos Portugueses?

_____

3. Como é que ela se vestiu?

_____

4. Para que, segundo ela, deviam os Portugueses utilizar os braços de madeira?

_____

5. Qual era a vantagem de eles utilizarem os braços de madeira?

_____

Instantâneos portuguese ▓▓▓▓▓▓▓▓▓▓▓▓▓▓▓▓▓▓▓▓▓▓▓▓▓▓▓▓▓▓

O 1° de Dezembro de 1640

Havia quase sessenta anos que a Espanha dominava Portugal. Pouco a pouco os reis espanhóis iam limitando as liberdades que a princípio tinham concedido. Então alguns nobres começaram a conspirar no sentido de restaurar a independência e colocar o Duque de Bragança no trono português.

Quando no verão de 1640 rebentou uma revolta na Catalunha Filipe IV de Espanha[a] ordenou a mobilização de tropas portuguesas para combater os rebeldes. Foi a última gota de água num copo já cheio. Na manhã do dia 1° de Dezembro quarenta nobres reuniram-se em Lisboa no palácio do Conde de Almada[b] e daí partiram em seges, acompanhados de outros aderentes à rebelião, para o Terreiro do Paço. Irrompendo pelo Paço da Ribeira, mataram Miguel de Vasconcelos, secretário da Princesa Margarida, regente do Reino, e lançaram o seu corpo pela janela. Nesse mesmo dia rendeu-se a guarnição espanhola do Castelo de São Jorge. Portugal era de novo livre.[c]

NOTES:

[a] Also known as Philip III of Portugal.

[b] Now known as Palácio da Independência, this palace is located in the Largo de São Domingos, just off the Rossio.

[c] The Duke of Braganza was proclaimed King John IV on December 15. A long war with Spain followed, only to end in 1668.

Catalunha Catalonia	**guarnição** garrison	**nobres** noblemen
cheio full	**irrompendo** rushing into	**rebentou** broke out
colocar place	**lançaram** threw	**rendeu-se** surrendered
duque duke	**livre** free	**seges** chaises
gota drop		**trono** throne

Explica por palavras tuas quais foram as causas que levaram à revolta do 1° de Dezembro de 1640. Depois um-a colega vai explicar o que aconteceu nesse dia.

_____

_____

_____

_____

_____

_____

_____

Nome_____Data_____Aula_____

Instantâneos portuguese
A bandeira nacional

A adopção de bandeiras nacionais é relativamente moderna. Em tempos antigos eram as armas reais que se usavam para conduzir as hostes à batalha. O escudo real português sofreu numerosas alterações desde que foi criado no tempo do segundo rei de Portugal, D. Sancho I. Quando finalmente foi instituída em 1820 a bandeira nacional, azul e branca,[a] o escudo, encimado por uma coroa e terminado em bico, incluía a representação de sete castelos[b] e das cinco chagas de Cristo. Após a proclamação da República o azul e branco foi substituído pelo verde e vermelho, cores já usadas durante a revolta republicana do Porto em 1891, a coroa foi eliminada e o escudo passou a ter uma base redonda e a ser sobreposto à esfera armilar.[c]

NOTES:

[a] The flag of the Região Autónoma dos Açores is also blue and white. Nine hawks (**açores**), are represented on it, one for each island.

[b] When Alphonsus III completed the conquest of the Algarve in the thirteenth century he ordered that nine castles, one for each Moorish fortress he had taken, be added to his royal arms. John I later reduced this number to seven.

[c] The **esfera armilar**, representing the globe, stands for the Portuguese presence overseas.

bandeira flag	**conduzir** lead	**hostes** armies
batalha battle	**coroa** crown	**reais** royal
bico point	**escudo** coat of arms	**redonda** round
chagas wounds		**sobreposto** superimposed

1. Os Portugueses tiveram sempre uma bandeira nacional?

_____

2. Em tempos antigos que bandeira se usava nas batalhas?

_____

3. De que cores era a primeira bandeira portuguesa?

_____

4. De que cores é a actual?

_____

5. Quando é que a bandeira vermelha e verde foi adoptada?

_____

6. Como é a bandeira da Região Autónoma dos Açores?

_____

7. O que é que representaram originalmente os castelos nas armas reais?

_____

Instantâneos portugueses

O hino nacional

Composto na sequência da onda de indignação provocada pelo *ultimatum* inglês de 1890,[a] o hino denominado **A Portuguesa** representou na época apenas um brado de incitação ao ressurgimento dos antigos valores portugueses. O seu tom guerreiro, recordando um pouco **A Marselhesa**, levou todavia a que em 1911, pouco depois do advento da República, fosse oficialmente adoptado como hino nacional.

A música de **A Portuguesa** foi escrita por Alfredo Keil (1850-1907), autor de óperas baseadas em temas nacionais e também poeta, pintor e arqueólogo. A letra deve-se a Henrique Lopes de Mendonça (1856-1931), oficial de Marinha, professor de História e autor de numerosos romances e obras dramáticas.

Do hino nacional português canta-se normalmente apenas a primeira estrofe e o refrão:

Heróis do mar, nobre povo,
Nação valente e imortal,
Levantai hoje de novo
O esplendor de Portugal!
Entre as brumas da memória,
Ó Pátria, sente-se a voz

Dos teus egrégios avós
Que há-de guiar-te à vitória.
Às armas! Às armas! Sobre a terra e sobre o mar!
Às armas! Às armas! Pela Pátria lutar!
Contra os canhões marchar, marchar!

NOTE: [a] This ultimatum was the result of the so-called **Questão do Mapa Cor-de-rosa**. The Portuguese had in 1887 and 1888 explored the territory comprised between Angola and Mozambique, for which they claimed sovereignty. This region, colored pink on contemporary maps, was also claimed by Britain. After negotiations between the two countries failed, on January 10, 1890, Britain demanded the withdrawal of Portuguese forces from the area and threatened military intervention if Portugal would not comply, which she was forced to do. This led to a wave of shocked indignation and renewed patriotism which spread all over the country.

avós forefathers	**guiar-te** guide you	**onda** wave
brado cry	**hino** anthem	**pátria** fatherland
brumas mists	**letra** words of a song	**pintor** painter
canhões cannon	**lutar** fight	**recordando** resembling
guerreiro warlike	**Marinha** Navy	**tom** tone
	oficial officer	**valores** values

Escolhe a resposta correcta segundo o texto acima.
1. O hino nacional português chama-se a. **A Marselhesa** b. **a Portuguesa** c. **a Internacional**
2. **A Portuguesa** foi composta na década de a. 1890 b. 1910 c. 1920
3. O *ultimatum* inglês de 1890 dizia respeito à questão de a. uma dívida portuguesa à Grã--Bretanha b. um diferendo quanto à exportação de vinho do Porto c. direitos de ocupação territorial em África
4. **A Portuguesa** foi adoptada como hino nacional pouco depois da a. implantação da República b. entrada de Portugal na Grande Guerra c. revolução de 1974
5. A música e a letra de **A Portuguesa** devem-se respectivamente a a. Vasco da Gama e Pedro Álvares Cabral b. Alfredo Keil e Lopes de Mendonça c. Luís de Camões e Fernão Mendes Pinto

Um problema de palavras cruzadas

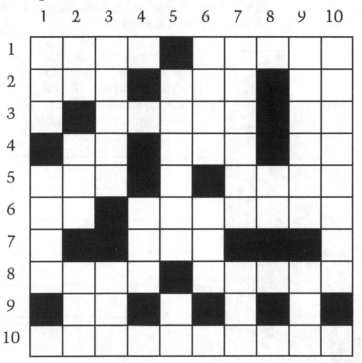

Horizontais:

1. Vasco da ___ foi o descobridor do caminho marítimo para a Índia; ___ é o oposto de **diferente**

2. ___ refere-se a uma coisa sem nada por dentro; ___ é o oposto de **cozinhado**; ___ é uma nota musical

3. A Ana Maria pede ao Joao Carlos que ___ o empregado de mesa; ___ são as consoantes de **roda**

4. ___ é a primeira sílaba de **batalha**; os alunos conversam no ___ da Faculdade; a Susan toma o autocarro para ___ à Baixa

5. A ___ é uma organização internacional com sede em Nova Iorque; o Cabo da ___ é o ponto mais ocidental da Europa Continental

6. Eu trato os meus amigos por ___; António de Oliveira ___ governou Portugal por quase quarenta anos

7. ___ é um tipo de cerveja

8. O Estado ___ foi o sistema político instituído por Salazar; a ___ Nacional era o único partido político autorizado durante o Estado Novo

9. Durante o Estado Novo os trabalhadores rurais eram representados pelas Casas ___ Povo

10. Durante o Estado Novo todas as publicações eram ___

Verticais:

1. ___ foi o centro da expansão portuguesa na Ásia; Portugal é um dos membros da ___

2. ___ quer dizer **antes de Cristo**; ___ é a sigla do Banco Nacional Ultramarino; uma ___ é um tipo de poema

3. ___ foi uma possessão portuguesa na China; em alemão **de** diz-se ___

4. ___ Tomé e Príncipe é um dos PALOPS

5. Pedro Álvares ___ foi o descobridor do Brasil; "Queres ir ao teatro ___ ao cinema?"

6. A ___ da minha mulher é minha cunhada; a Susan ___ vários livros sobre história de Portugal

7. Portugal participou na Grande ___; Lady Godiva ia ___ pelas ruas da cidade

8. "Essa canção é do filme **O Feiticeiro de ___**"

9. De 1961 a 1974 os Portugueses viram-se envolvidos em três guerras em ___; o ___ é a letra que vem antes do i.

10. Os gatos miarão mas os cães ___

Exercícios suplementares

A. Esta fotografia representa a entrada principal do Mosteiro dos Jerónimos, construído no estilo manuelino durante o século XVI para comemorar a descoberta do caminho marítimo para a Índia. Olha para ela e responde às perguntas abaixo:

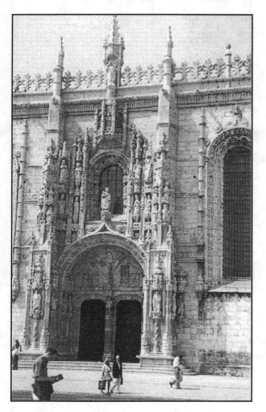

1. No friso do telhado podem ver-se estilizações de algas. Nos frisos das janelas podem ver-se representações de cabos usados nos navios. Como justificas a incidência de motivos marítimos no estilo manuelino?

   _____

   _____

   _____

   _____

   _____

2. Quem foi Vasco da Gama? Porque se tornou famoso? Que implicações económicas políticas e religiosas teve a chegada dos Portugueses à Índia?

_____

_____

_____

_____

_____

_____

B. No pedestal desta estátua de Pedro Álvares Cabral, erigida em Belmonte, sua terra natal, há uma citação extraída de uma carta que o escrivão Pero Vaz de Caminha dirigiu ao Rei D. Manuel, informando-o da descoberta de uma terra a que deram o nome de Vera Cruz. Escolhe agora a resposta correcta entre as opções abaixo.

22 DE ABRIL DE 1500:

"NESTE DIA, A HORAS DE VESPERA, HOUVEMOS VISTA DE TERRA!... A TERRA DE VERA CRUZ"

PERO VAZ DE CAMINHA

1. Pedro Álvares Cabral comandou a esquadra que descobriu a. os Açores b. a Terra de Vera Cruz c. o caminho marítimo para a Índia
2. A Terra de Vera Cruz passou depois a chamar-se a. Angola b. Guiné c. Brasil
3. O Brasil foi descoberto a. pelos Espanhóis em 1540 b. pelos Portugueses em 1500 c. pelos Holandeses em 1640
4. Alguns historiadores pensam que o Brasil a. foi descoberto pelos Ingleses em 1499 b. foi descoberto em 1495 por Cristóvão Colombo c. já era conhecido dos Portugueses antes de 1500
5. Se de facto os Portugueses já tinham descoberto o Brasil antes da assinatura do Tratado de Tordesilhas, a descoberta não foi anunciada possivelmente porque a. os Portugueses não sabiam se o Brasil estava dentro da esfera de jurisdição espanhola b. os Portugueses receavam que os Holandeses se apoderassem desse território c. as comunicações nessa época eram muito precárias

C. Esta fotografia representa o Palácio da Independência, em Lisboa, de onde saíram os conspiradores de 1640. Responde agora às seguintes perguntas:

1. Quem governava Portugal na manhã de 1 de Dezembro de 1640?

_____

2. Por quanto tempo tinham os Espanhóis governado Portugal?

_____

3. O que é que um grupo de fidalgos fez nessa manhã?

_____

4. Quem é que foi escolhido para rei de Portugal em Dezembro de 1640?

_____

5. Os espanhóis aceitaram a restauração da independência de Portugal?

_____

Nome_____Data_____Aula_____

D. Responde às perguntas abaixo, referentes ao escudo português, tal como foi adoptado após a implantação da República.

1. O que representam os sete castelos?

_____

2. O que representa a parte central do escudo?

_____

3. O que simboliza a esfera armilar?

_____

4. Este escudo faz parte da bandeira vermelha e verde ou azul e branca?

_____

5. Porque é que desapareceu a coroa que encimava este escudo?

_____

E. No centro desta fotografia podes ver o General Carmona, Presidente da República Portuguesa por mais de vinte anos e o Presidente do Conselho, António de Oliveira Salazar. Comenta a fotografia, explicando o carácter do Estado Novo e o papel que desempenhou na vida portuguesa.

_____

_____

_____

_____

_____

_____

_____

_____

F. Em 1936 um grupo de marinheiros revoltou-se contra o Estado Novo mas foi rapidamente submetido. Nesta fotografia podes ver como alguns deles estão sendo conduzidos para a prisão. O que é que podes dizer sobre esta cena? Achas que havia razões para uma resistência ao Governo de então? Porquê?

_____

_____

_____

_____

_____

_____

_____

_____

G. Completa as frases abaixo:

1. Estes soldados vão partir para

_____

2. Ao chegar, a sua missão vai ser

_____

3. As tropas portuguesas combateram em três colónias:

_____

4. Os guerrilheiros africanos lutavam para

_____

5. O resultado final das guerras coloniais foi que

_____

EM LAMEGO

DOIS MORTOS E DOZE FERIDOS NUM ACIDENTE

LAMEGO — Trágico desastre ocorreu, na unidade militar de instrução de comandos desta cidade, no decorrer de um exercício de instrução de explosivos, minas e armadilhas.

Quando o aspirante a oficial-miliciano sapador Telmo Augusto Pinto Mesquita procedia à demonstração de como funcionava o sistema de segurança de uma armadilha montada com uma granada de mão ofensiva, com anel de fragmentação, o engenho rebentou.

O aspirante de 24 anos, natural de Riba Longa, concelho de Carrazedo de Ansiães, foi mortalmente atingido pela explosão assim como o soldado-cadete Vítor Manuel Ramires Pereira, de 23 anos, morador na Avenida J. J. Fernandes, no Lavradio Barreiro.

No acidente ficaram ainda feridos doze militares, três dos quais com muita gravidade, pelo que tiveram de ser transportados de avião e em helicópteros, da Força Aérea para Lisboa: os soldados Urbano Manuel Pires, do Lugar de Treixedelo, freguesia de Grijó de Parada, concelho de Bragança; José Maria Bastos Baptista, do lugar de Bardou, freguesia de Beirão, concelho de Marvão; e Francisco António Conceição Paixão, do lugar de Flor da Rosa, concelho do Crato.

Quanto aos outros feridos, uns seguiram para o Porto e outros encontram-se no hospital de Lamego. É a seguinte a sua identidade:

Soldados instruendos — Carlos Matos Fernandes Pereira, do lugar de Requeixo, freguesia de Travassos, concelho de Fafe; Manuel Veloso Antunes, do lugar de Esposende, Esposende; Herculano Barreto Vieira, do lugar de S. Bento, freguesia de Rio Douro, concelho de Cabeceira de Basto.

Soldados — Vitorino Rodrigues de Almeida, do lugar de Cortegacinhas, Cortegaça, Ovar; Manuel Dias Oliveira, do lugar de Azuem, Guimarães; Jorge Fernando Guimarães Ferreira, do lugar do Bairro Bairro, Vila Nova de Famalicão; Francisco Rodrigues dos Santos, do lugar de Sacavém, Loures; Luís Carneiro Neto, do lugar da Cruz Bouços, Paços de Ferreira.

Soldado-cadete Joaquim Rui Costa da Cruz, do lugar de Pagarro, Alcoentre, Azambuja.

Os corpos das vítimas estão depositados na capela do quartel. As famílias já se encontram em Lamego.

H. Responde às perguntas abaixo, referentes a esta notícia do **Diário de Notícias** de 18 de Março de 1974 que relata como a explosão de uma mina, durante um período de instrução num quartel de comandos, matou dois militares e feriu doze.

1. A expressão "Exame Prévio," carimbada no topo desta prova de jornal, significava realmente o quê?[1]

_____

_____

2. O que é que implicava a cruz a lápis azul traçada sobre a notícia?

_____

_____

3. Considerando que este acidente se registou durante o período da guerra colonial, porque é que achas que a notícia foi censurada?

_____

_____

4. Achas que a censura à imprensa pode em alguns casos ser justificada? Explica porquê.

_____

_____

_____

[1] This proof of a newspaper article *did* have the words "Exame Prévio" at the top, but we cut it off so that the article would be more readable.

I. Comenta esta fotografia, tirada na manhã de 25 de Abril de 1974. Explica quais foram os motivos da revolução, por que razão os soldados e populares manifestam tanta alegria e o que significam os cravos vermelhos adornando as armas.

_____

_____

_____

_____

_____

_____

_____

_____

Nome_____ Data_____ Aula_____

Lição 17—Laboratório
Amanhã tenho exame de História

I. Pronúncia: Mais sobre o *e* átono
An unstressed *e* also becomes obscure frequently at the beginning of a word when it comes between a consonant and an *l* and practically between any other consonants:

beliscão	menino	chelique
película	delinear	telégrafo
felicidade	Quelimane	velocidade
	religião	

II. Outros usos do presente do conjuntivo com certas expressões
Repeat the model you will hear, changing the last part of the sentence to include a subjunctive verb.

MODELO:　(tape) Vou à praia a não ser que/chover.
(student) Vou à praia a não ser que chova.
(confirmation) Vou à praia a não ser que chova.
(repetition) Vou à praia a não ser que chova.

Vozes portuguesas—Quando os Portugueses se estabeleceram na China
This **Voz** will be read twice. Write in the missing words. Sometimes one word, sometimes two words will be missing.

Quando e como os Portugueses _____ Macau... A data mais

correcta é 1557, algures entre 1555 e 1557. _____ estabelecer-se

aí por essa altura. O problema está _____ como, não é? Há muitas

teorias. A ajuda na luta contra _____ é uma delas, talvez a mais

conhecida, que também _____ bastante criticada. O problema está

em saber de facto conjugar o lado português, onde _____ muito

poucas referências, e o lado das _____ chinesas.

III. O pretérito imperfeito do conjuntivo: Formas
Say these present subjunctive forms in the past.

MODELO: (tape) que tu chegues
(student) que tu chegasses
(confirmation) que tu chegasses
(repetition) que tu chegasses

Vozes portuguesas—Salazar, o Estado Novo e o período marcelista
Circle the words that are printed wrong. The text will be read twice.

Salazar era dos poucos políticos autoritaristas que realmente tinha uma formação univer-sitária, era mesmo um professor catedrático, com uma formação essencialmente católica. Isso levou àquilo a que se poderia designar uma democracia cristã com preocupações de natureza populista mas que imediatamente a seguir tem uma inversão no sentido liberal, contra--revolucionário, tradicionalista. E por outro lado vai conduzir a uma série de estruturas que de certa maneira são influenciadas pelos estados socialistas.

IV. O pretérito imperfeito do conjuntivo: Usos
Say the present sentences in the past. The subjunctive following desire, doubt, and emotion will all be seen.

MODELO: (tape) Quero que tu o digas.
(student) Queria que tu o dissesses.
(confirmation) Queria que tu o dissesses.
(repetition) Queria tu que o dissesses.

Write answers here.

1. _____

2. _____

3. _____

4. _____

Vozes portuguesas—Não podia haver caminhos de areia
This **Voz** will be read twice. During the second reading, write in the missing words.

A censura é sobretudo um _____ e angustiante para o escritor. A censura _____ . A certa altura havia actos censórios sobre simples palavras. _____ , por exemplo, que mencionasse num conto um caminho de areia via logo esse _____ ou parágrafo

cortado porque evidentemente não podia _____ de areia, todos

os caminhos tinham de ser asfaltados. Havia portanto _____ extre-

mamente puritana no sentido sexual e puritana no _____ .

V. O presente do conjuntivo em situações indeterminadas
Restate the model to incllude a subjunctive phrase.

> MODELO: (tape) Prefiro uma casa que/ser perto da Universidade
> (student) Prefiro uma casa que seja perto da Universidade.
> (confirmation) Prefiro uma casa que seja perto da Universidade.
> (repetition) Prefiro uma casa que seja perto da Universidade.

VI. A voz passiva
The tape will say several active sentences. Put them into the passive.

> MODELO: (tape) Abri a porta.
> (student) A porta foi aberta por mim.
> (confirmation) A porta foi aberta por mim.
> (repetition) A porta foi aberta por mim.

Write answers here.

1. _____

2. _____

3. _____

VII. Texto de compreensão: Portugal de 1910 a 1974
Listen to the comprehension text and write answers to questions asked about it.

1. _____

2. _____

3. _____

4. _____

VIII. Ditado.
Do this dictation in the usual way.

_____

_____

_____

_____

_____

Lição 18—Caderno de Trabalho
Depois do 25 de Abril

1. O pretérito perfeito do conjuntivo, pp, 414-17

1a. Muda as frases abaixo segundo o modelo:

MODELO: O sargento ordena aos soldados que limpem bem as armas.
          O sargento **espera que os soldados tenham limpado bem as armas.**

O sargento **espera que os soldados...**

1. ...façam bem as camas._____

2. ...tragam os uniformes limpos._____

3. ...engraxem as botas._____

4. ...lavem os jipes._____

5. ...trabalhem na cozinha._____

6. ...varram *sweep* a caserna._____

7. ...usem sempre o cabelo curto._____

8. ...formem na parada._____

9. ...pintem o portão do quartel._____

10. ...não deitem pontas de cigarro para o chão.

_____

1b. Segundo o modelo, escreve dez frases usando o pretérito perfeito do conjuntivo dos verbos entre parênteses.

MODELO: Espero que a Isabelinha (lavar)
          Espero que a Isabelinha tenha lavado os dentes antes de ir para a cama.
Espero que a Isabelinha ...

1. (ajudar) _____

2. (estudar) _____

3. (dizer) _____

4. (dar) _____

5. (fazer) _____

6. (ficar) _____

7. (trazer) _____

8. (pôr) _____

9. (escrever) _____

10. (usar) _____

2. Iniciais e abreviaturas, pp. 417-22

2a. Escolhe a resposta correcta:

1. PSP significa a. Partido Socialista Popular b. Polícia de Segurança Pública c. Paróquia de São Paulo
2. Os EUA são a. Os Estados Unidos da América b. as Empresas Unidas de Alimentação c. Estatutos Universais sobre o Ambiente
3. TAP significa a. Templo Adventista Portuense b. Tipografia Anglo-Portuguesa c. Transportes Aéreos Portugueses
4. IVA quer dizer a. Instituto de Viticultura dos Açores b. imposto ao valor agregado c. Indústrias Vidreiras de Aveiro
5. PIB quer dizer a. Partido Independente Brasileiro b. Projectos Industriais do Barreiro c. produto interno bruto.

2b. Escreve por extenso:
1. O bolo leva 600 grs. de açúcar.

_____

2. O carro atinge 200 kms.p.h.

_____

3. Esta sala tem 30m^2.

_____

4. A enfermeira tirou 5cm^3 de sangue.

_____

5. Responda, s.f.f.

_____

6. Referência: c/c n° 362187

_____

7. Esse autor morreu no ano 384 A.C.

_____

8. Trouxeste o TPC?

_____

9. Exmo. Sr. Dr. Afonso Magalhães

_____

10. O WC é ali ao fundo.

_____

3. O futuro, pp. 422-27

3a. Responde às perguntas abaixo usando sempre uma forma de futuro.

1. Onde é que irás nas próximas férias?

_____

2. Com quem irás?

_____

3. Como é que vocês irão?

_____

4. Quando partirão?

_____

5. Quanto tempo ficarão lá?

_____

6. O que farão durante as férias?

_____

7. Onde se hospedarão?

_____

8. Quanto dinheiro gastarão?

_____

9. Quando voltarão?

_____

10. O que farão depois?

_____

3b. Menciona dez coisas que tu farás no próximo fim-de-semana.
　　MODELO:　No próximo fim-de-semana irei à lavandaria lavar a minha roupa.

1. _____

2. _____

3. _____

4. _____

5. _____

6. _____

7. _____

8. _____

9. _____

10. _____

3c. Passa as frases abaixo para o futuro.
1. Faço isso hoje à noite.

_____

2. Dizemos tudo à mãe.

_____

3. Eles trazem o carro no domingo.

_____

4. Vocês fazem férias este verão?

_____

5. O que é que o senhor vai dizer?

_____

3d. Faz uma pergunta conjectural a respeito de cada uma das frases abaixo.
    MODELO: Estão a tocar à campainha
                    Será o carteiro?

1. A professora chegou com uma cara muito séria.

_____

2. O Sr. Saraiva está a tossir muito.

_____

3. A Fátima está triste.

_____

4. Este rapaz fala muito bem inglês.

_____

5. O James gosta muito de sair com a Susan.

_____

6. Esta música parece conhecida.

_____

7. Os talheres não estão na gaveta.

_____

8. O Dieter gasta muito dinheiro.

_____

9. Aquela senhora comprou vinte pacotes de fraldas *diapers*.

_____

10. Este restaurante parece muito elegante.

_____

4. Diminutivos e aumentativos, pp. 427-32

4a. Qual é o diminutivo das seguintes palavras?

1. carro _____   5. apartamento

2. casa _____   _____

3. prova _____   6. caderno _____

4. mala _____   7. mesa _____

8. parque _____

9. rapariga _____

10. música _____

11. cerveja _____

12. criança _____

13. avião _____

14. curso _____

15. bar _____

16. problema _____

17. garoto _____

18. praia _____

19. favor _____

20. momento _____

4b. Qual é o aumentativo das seguintes palavras?

1. casa _____

2. casaco _____

3. dinheiro _____

4. trabalho _____

5. mulher _____

6. mala _____

7. carro _____

8. solteiro _____

9. rapaz _____

10. garrafa _____

11. rapariga _____

12. calor _____

13. palavra _____

14. viola _____

15. sapato _____

16. jipe _____

17. solteira _____

18. nariz _____

19. sala _____

20. bocado _____

Instantâneos portugueses

A invasão de produtos estrangeiros

A falta de competividade com países mais industrializados levou em Portugal a um predomínio da mercadoria estrangeira, que se verifica em todos os sectores de consumo. Um dos exemplos mais visíveis é o caso da alimentação. Os supermercados estão cheios de produtos importados[a] e os produtores portugueses queixam-se de não poderem resistir a tal invasão. Portugal importa também 80% da energia que utiliza.

A este respeito um jornal deu certo dia uma notícia curiosa. Era o caso que, envergando um elegante fato de casimira inglesa, o Ministro da Agricultura tinha inaugurado uma feira no Montijo. No discurso que então pronunciou lamentou a preferência dos Portugueses por produtos estrangeiros. Durante o beberete que se seguiu, tomou um *scotch*, após o que regressou a Lisboa no seu Mercedes.

NOTE: [a] Many foodstuffs bought in Portugal, namely fruit and fish, come from Spain. In 1993, 23.2% of the consumer goods acquired by the Portuguese were imports. This figure contrasts sharply with 7.9% in 1986 and 4.6% in 1980.

beberete reception
casimira cashmere

consumo consumption
envergando wearing

mercadoria merchandise
produtores producers

1. A que se deve a invasão de produtos estrangeiros no mercado português?

_____

2. Qual é um dos sectores em que essa invasão mais se nota?

_____

3. Como é que os produtores portugueses se sentem ante esta situação?

_____

4. O ministro tinha autoridade moral para fazer esta crítica? Porquê?

_____

_____

_____

_____

Um problema de palavras cruzadas

```
        1   2   3   4   5   6   7   8   9   10
    1  [ ][ ][ ][ ][ ][ ][ ][■][ ][■]
    2  [ ][■][ ][■][ ][ ][ ][ ][ ][ ]
    3  [ ][ ][■][ ][ ][ ][ ][ ][ ][ ]
    4  [ ][ ][ ][ ][ ][ ][ ][ ][ ][ ]
    5  [ ][ ][ ][ ][ ][■][ ][ ][ ][ ]
    6  [ ][ ][ ][■][ ][■][ ][ ][■][ ]
    7  [■][ ][ ][ ][ ][ ][■][ ][ ][ ]
    8  [■][ ][ ][ ][ ][■][ ][ ][ ][ ]
    9  [ ][ ][ ][ ][■][■][ ][■][ ][ ]
   10  [ ][ ][ ][ ][ ][ ][■][ ][ ][ ]
```

Horizontais:

1. Quando Salazar ficou incapacitado para governar foi substituído por Marcelo ___.
2. "Tininha, tens ___ sempre os dentes depois das refeições?"
3. A ___ é a polícia encarregada de casos criminais; ___ significa executar a tiro
4. Portugal é um dos membros da ___ Europeia.
5. ___ Saraiva de Carvalho foi um dos políticos mais destacados após o 25 de Abril; ___ quer dizer **a mesma coisa**
6. A Ana Maria anda ___ Faculdade de Letras; ___ é o masculino de **vaca**
7. ___ é uma variante de **ouço**; ___ sextas-feiras temes sempre um teste.
8. D. Afonso Henriques foi o ___ da nacionalidade portuguesa
9. As aparições da Virgem de Fátima tiveram lugar em 1917 na ___ da Iria; ___ é a contracção de **te+a**; a ___ foi uma organização juvenil durante o Estado Novo
10. "Achas que o bar da Faculdade ainda está ___?"; A região do ___ produz excelentes vinhos.

Verticais:

1. Nos primeiros tempos da Revolução o ___ funcionava como uma espécie de polícia militar; "Isso acontece tanto lá como ___."
2. A ___ é uma dança aragonesa; ___ é uma abreviatura inglesa, também usada em português, que se aplica à mercadoria posta no porto de destino sem qualquer taxa adicional.
3. "___ pá! O que é isso?"; "Não ___ dava licença de telefonar?"; "___ bem o que eu te digo."
4. ___ quer dizer **ferir ou matar rapidamente**
5. O James é ___ do Curso para Estrangeiros; um ___ é um disco compacto
6. Hitler era o chefe do Partido ___; um ___ é uma notícia infundada
7. ___ foi um poeta latino; "O Professor Simões não ___ nunca notas muito altas."
8. Esfregando a Lâmpada de ___ podia-se conseguir a realização de um desejo.
9. A Univ. portuguesa foi criada durante a ___ Média; No 25 de Abril muitos soldados colocaram um cravo vermelho no cano da sua ___.
10. ___ é o mesmo que **rezemos**; o ___ é um rio italiano

Nome_____ Data_____ Aula_____

Exercícios suplementares

A. Esta fotografia, também incluída na p. 436 do teu livro de texto, representa a enorme manifestação popular que teve lugar no dia 1 de Maio de 1974. Olha para ela e responde depois às seguintes perguntas:

1. Podes ver o que diz o letreiro maior? Que significado tem essa mensagem?

_____

_____

_____

2. Na tua opinião, o que é que estas pessoas podiam esperar do 25 de Abril?

_____

_____

_____

_____

3. Em que aspectos é que as suas aspirações se concretizaram e em que aspectos não se concretizaram?

_____

_____

_____

_____

_____

Lição 18   373

B. Duas Vozes Portuguesas

António and João express their views on the situation after the 1974 revolution.

António:

Uma estabilidade pouco a pouco conseguida

A seguir ao 25 de Abril tudo o que dizia respeito ao antes do 25 de Abril foi ostracizado, todas as estruturas foram desmontadas e apareceu a democracia, na altura, na época ainda incipiente. Com o correr dos anos assistimos no país a uma polarização entre o socialismo e actualmente a social democracia, isto depois de algumas experiências políticas falhadas. Agora o país funciona com estabilidade, as suas estruturas funcionam bem, temos um sistema judicial que é independente do Governo.

a seguir after
assistimos witnessed
conseguida conquered
desmontadas dismantled
dizia respeito concerned
falhadas failed

1. Que estruturas características da antiga ditadura achas tu que foram desmontadas após o 25 de Abril?

_____

2. Quais foram as duas correntes políticas que mais se foram afirmando?

_____

3. Qual é a situação actual do país?

_____

João:

Dez anos cruciais

O que acontece é que eu, pessoalmente, não senti o "antes" do 25 de Abril. É evidente, sentiram os meus pais, etc. Nós não sentimos a diferença. Nós tivemos dez anos pós-revolução em que não sabíamos o que era a Europa. Não sabíamos o que era o mercado de consumo. Nós estávamos simplesmente a apanhar os vinte anos que tínhamos perdido em relação à Europa. Dez anos preocupados em apanhar a Europa. Neste momento, com o Mercado Comum,[a] já estamos mais europeus, embora, obviamente ainda tenhamos as indústrias muito precárias. Contudo o 25 de Abril, ou o pós-25 de Abril, penso que foi importante, foi evolutivo porque obviamente podemo-nos considerar agora um país europeu.

NOTE:: [a] Together with Spain, Portugal joined the European Community, now known as the European Union, and formerly known as the Common Market, on January 1, 1986.

apanhar catch up with

europeus European
perdido lost

pessoalmente personally

1. Porque é que o João não tem possibilidade de comparar o que aconteceu antes e depois do 25 de Abril?

_____

2. Como foram, na opinião dele, os primeiros dez anos após a revolução?

_____

3. Que vantagens trouxe a entrada para o Mercado Comum?

_____

4. A economia portuguesa já está a um nível europeu?

_____

5. Em última análise, o que é que o João pensa dos resultados do 25 de Abril?

_____

_____

C. Olha para este *cartoon*, aparecido em jornais americanos a 30 de Março de 1975. Podes descrevê-lo e, na base do que o Sr. Saraiva diz no diálogo desta lição, fazer algum comentário sobre ele?

_____

_____

_____

_____

_____

_____

_____

_____

_____

_____

_____

Nome_____Data_____Aula_____

D. À base deste mapa comenta os índices de desemprego em Portugal no mês de Abril de 1993 em relação ao resto da Europa Comunitária de então, sobretudo em relação à Espanha. Poderias indicar por que razões, na tua opinião, a região Norte e o Algarve acusam índices de desemprego inferiores aos do Centro e Centro-Sul?

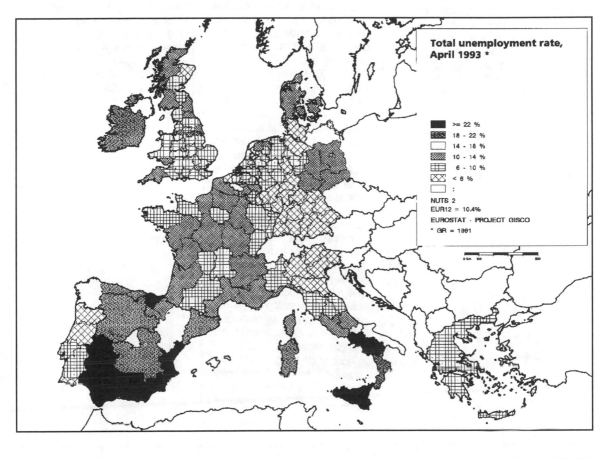

_____

_____

_____

_____

_____

_____

E. Estes dois fragmentos foram extraídos de um artigo de Victor Mendes, intitulado "Portugal face à União Europeia", aparecido no jornal *Gazeta das Caldas* a 14 de Abril de 1995. Segundo ele, qual era a situação da economia e do ensino em Dezembro de 1994?

A esmagadora maioria dos indicadores económicos e sociais revela que Portugal ocupa a cauda da Europa em termos de desenvolvimento económico e social. A única excepção é talvez o desemprego que, segundo dados referentes a Dezembro de 1994, revelados pelo Eurostat, era de 6,8% contra uma média europeia de 11,4%.

Contudo, na última década Portugal registou uma evolução positiva em termos de crescimento, como resultado dos grandes investimentos efectuados.

Portugal ocupa igualmente o último lugar na escolaridade da população com mais de 25 anos de idade. Segundo dados de 1985 o valor médio de anos de escolaridade eram os seguintes: EUA 11,8; Japão 8,3; Alemanha 8,6; Coreia 7,9; Twain 7,0; Hong-Kong 7,5 e Portugal 3,7. Complementarmente um outro inquérito realizado a nível europeu, revela que 61% dos portugueses consideram não ter qualificações adequadas, (ocupando as mulheres 55%), contra apenas 11% dos alemães, sendo a média europeia de 28%. De igual modo, Portugal consagra apenas 0,7 % do seu PIB para a investigação, enquanto a Alemanha, por exemplo, consagra 2,6%, o que constitui um ponto fraco para o país, dado que a investigação e o desenvolvimento tecnológico podem contribuir positivamente para relançar o crescimento e a competitividade.

Apesar de tudo, alguns progressos têm sido feitos nesta matéria. Segundo dados oficiais, para além da escolarida-de obrigatória até ao 9.º ano, a frequência do ensino superior atinge já 32% da população entre os 18 e os 24 anos, quando a média europeia é de 30%, sendo 70% nos EUA e 50% no Japão. A taxa de acesso a este grau de ensino cresceu de 110 mil em 1985 para 270 mil em 1993.

Nome_____Data_____Aula_____

F. Lê o texto abaixo, referente a 1994, e, em linhas gerais, contrasta a situação em Portugal com a do teu país, fazendo quaisquer comentários que te pareçam apropriados.

Mais de um em cada 10 portugueses tinha em 1994 um computador e em praticamente todos os lares existe um fogão, segundo os Indicadores de Conforto divulgados pelo INE[a]. Mais de uma em cada 10 famílias têm micro-ondas, quase uma em cada seis tem leitores de discos compactos cerca de 75% dispõem de telefone.

Além disso, 95,9 dos lares portugueses têm televisão, 95,2% têm frigorífico, 76,3% têm máquina de lavar roupa, 58,9% têm aspiradores e 40,1% têm material de vídeo.

Quase metade das famílias portuguesas (46.1%) ainda não possuem automóvel mas em contrapartida 11,5% dispõem de duas ou mais viaturas.

NOTE: [a] INE stands for Instituto Nacional de Estatística.

_____

_____

_____

_____

_____

_____

_____

_____

_____

_____

_____

G. Responde às perguntas abaixo.

Portugueses casam menos pela Igreja Católica

— revela INE

Os portugueses casam cada vez menos pela Igreja Católica, e na região lisboeta, o número de casamentos civis é quase igual aos celebrados segundo o catolicismo, referem dados divulgados pelo Instituto Nacional de Estatística (INE).

Em 1971 — antes da reforma de 1977, a partir da qual é o direito civil que determina os efeitos de todos os casamentos — 85,5 por cento dos que "deram o nó" fizeram-no segundo o culto católico, em 1991 esta taxa situou-se nos 72,1 por cento e em 1992 apresentou o valor de 70,7 por cento.

"Apesar de, para o total do país, a proporção de casamentos católicos ser muito superior à proporção de casamentos civis, algumas regiões apresentam valores semelhantes para ambas as formas de celebração", diz o INE.

Tal situação ocorre na região de Lisboa e vale do Tejo, no Alentejo e da Madeira. As regiões dos Açores e do Algarve apresentam uma proporção superior de casamentos civis.

Os portugueses casam também cada vez mais tarde, refere ainda o INE.

Em 1980 os homens casavam em média, e pela primeira vez, aos 25,4 anos e as mulheres aos 23,3.

Em 1990 esses valores aumentaram, respectivamente, para 26,2 e 24,2. Em 1992 os homens casaram em média aos 26,4 e as mulheres aos 24,5.

O quente mês de Agosto é claramente preferido pelos portugueses para "juntar os trapos".

Em Agosto de 1992 realizaram-se, em média, por dia, 437 uniões, enquanto os meses de Setembro e Julho foram preferidos em média, por dia, para 228 e 245 casamentos, respectivamente.

O chamado "golpe de baú" cada vez parece resultar menos, já que 90,7 por cento dos casamentos de 1992 foram celebrados no regime geral de bens, ou seja, comunhão de adquiridos.

A virgindade no casamento parece ser também um valor em desuso e 4,4 por cento dos casamentos em 1992 foram mesmo celebrados quando os nubentes tinham já filhos comuns anteriores.

Do total de casamentos, em 1992, 88,9 por cento dizem respeito à primeira união, mas entre os que decidem voltar a "dar o nó", os homens são mais do que as mulheres.

Os dados do INE referem-se a um total de 69.887 casamentos celebrados em 1992, ou seja, 7,1 casamentos por mil habitantes.

O número de dissoluções de casamentos em 1992 aproxima-se do número de casamentos celebrados, situando-se em 58.181 casos.

Em 1992, registaram-se aproximadamente 18 divórcios por cada 100 casamentos celebrados, contra 15 por 100 em 1991.

1. O que é que este artigo indica quanto às preferências dos Portugueses pelo casamento religioso ou civil? Porque é que achas que as pessoas se casam cada vez menos pela Igreja em Portugal? Qual é a situação no teu país?

_____

_____

_____

2. O que é que o artigo diz sobre a idade com que as pessoas geralmente se casam? Que razões achas tu que existem para que as pessoas se casem agora mais tarde do que antigamente?

_____

_____

_____

3. Em que época do ano é que os Portugueses preferem casar-se? Tens alguma explicação para essa preferência?

_____

_____

_____

4. O que é que artigo insinua sobre a virgindade no casamento? Como é que justifica a inferência de que o conceito de virgindade pré-matrimonial esteja a ser abandonado?

_____

_____

_____

5. Qual era em 1992 a situação quanto ao divórcio? Porque é que depois do 25 de Abril o número de divórcios aumentou em flecha?

_____

_____

_____

NOTE: The **golpe de baú** refers to the system of **casamento por separação de bens**. This is something like a pre-nuptial agreement that allows each each partner to keep separate accounts, belongings, etc.

H. Esta banda desenhada apareceu num jornal português há mais de vinte anos mas a sua actualidade mantém-se. Que comentários é que podes fazer sobre ela? (Compara-a com o *Instantâneo Português* incluído nesta lição.)

_____

_____

_____

Lição 18—Laboratório
Depois do 25 de Abril

I. Pronúncia: A adaptação fonética de algumas palavras inglesas

Although English words used in Portuguese are pronounced with a reasonable degree of accuracy, a few have suffered the impact of the Portuguese sound system. To be understood, we would suggest that you pronounce the following terms the way you hear them here.

Tide   Far West   hamburger
Pizza Hut   Cadillac   sheriff
Hollywood   Kodak   detective
                         Vicks VapoRub

Vozes portuguesas—O 25 de Abril visto de longe

This **Voz** will be read twice. Write in the missing words. Sometimes one word, sometimes two words will be missing.

O 25 de Abril... Eu não vivi essa época, era _____ O que

conheço do 25 de Abril, conheço _____ livros, história, através de

comentários, comentários mais azedos, comentários mais _____,

comentários em geral. Eu acho que foi um período _____ trágico

por um lado, essencial _____. Trágico no sentido que, na mesma

forma em que se impuseram liberdades, _____ outras. Da mesma

forma que se impôs maior liberdade de discurso, de _____ também

se _____ muitas das liberdades.

II. O pretérito perfeito do conjuntivo

This is a form exercise on the present perfect subjunctive. Change the present subjunctive phrase into a present perfect subjunctive phrase.

MODELO: (tape) Que ele seja
           (student) Que ele tenha sido
           (confirmation) Que ele tenha sido
           (repetition) Que ele tenha sido

Vozes portuguesas—O difícil período da descolonização
Circle the words that are printed wrong. The text will be read twice.

Estive em Moçambique durante a guerra. Mas curiosamente creio que o sistema na altura traiu menos as pessoas que lá estavam do que depois o governo da época, digamos, de setenta, se é que havia um regime, não é? Em 75 estava em Angola. Tinha quinze anos... Nós vivíamos num bairro onde foi estabelecido o quartel-general das FAPLA e a casa da minha avó e a casa dos meus pais ficavam numa rua perpendícula e houve uma ocasião em que a UNITA tinha construído também um quartel ali perto.

III. O futuro
Your friend says what he is doing today. You tell him you will do the same thing in the summer.

MODELO: (tape) Vou a Nova Iorque hoje.
(student) Irei a Nova Iorque amanhã.
(confirmation) Irei a Nova Iorque amanhã.
(repetition) Irei a Nova Iorque amanhã.

Vozes portuguesas—A mulher na moderna sociedade portuguesa
This **Voz** will be read twice. During the second reading, write in the missing words.

A condição da mulher tem melhorado. _____ há uma geração diferente que... pronto, que já _____ as coisas de outra maneira. A situação ainda não está perfeita porque _____ mulheres que não ascendem a grandes cargos. Não há muitas mulheres _____ , não há muitas mulheres portanto como _____ . No entanto é uma coisa que... Gradualmente as mentalidades têm _____ e para melhor, acho eu.

IV. O futuro expressando conjectura

MODELO: (tape) Ele tem mais ou menos trinta anos.
(student) Ele terá trinta anos.
(confirmation) Ele terá trinta anos.
(repetition) Ele terá trinta anos

V. Os diminitivos e os aumentativos

Put the words given by the tape into their diminutive form. Follow the model to answer the questions asked by the tape.

MODELO: (tape) Tu tens uma casa.
            (student) Não é uma casa, é uma casinha.
            (confirmation) Não é uma casa, é uma casinha.
            (repetition) Não é uma casa, é uma casinha.

VI. Texto de compreensão: Não temos grandes recursos naturais

Listen to the comprehension text and write answers to questions asked about it.

1. _____

2. _____

3. _____

4. _____

VII. Ditado.

Do this dictation in the usual way.

_____

_____

_____

_____

_____

Lição 19—Caderno de Trabalho
Está na hora da telenovela!

1. O futuro composto, pp. 440-41

1a. Segundo o modelo, passa o futuro simples para o futuro composto.

MODELO: Eu voltarei antes do começo do próximo semestre.
          Eu terei voltado antes do começo do próximo semestre.

1. Ela verá todo o filme antes da meia-noite.

_____

2. O porteiro abrirá a porta antes das sete.

_____

3. O aluno escreverá todas as respostas antes do fim do exame.

_____

4. A neve cobrirá a serra durante a noite.

_____

5. Ela falará com o director antes das cinco.

_____

6. O Filipe trará o disco compacto antes do começo da festa?

_____

7. Nós chegaremos antes deles.

_____

8. Tu acabarás o trabalho antes do jantar?

_____

9. Eles virão esta noite.

_____

10. O avião partirá antes de nós chegarmos ao aeroporto.

_____

1b. Responde às perguntas abaixo usando o futuro composto para indicar o que provavelmente aconteceu.

MODELO: O João António voltou ontem?
Sim, terá voltado.

1. Ela veio sozinha à festa?

_____

2. Eles fizeram todos os exercícios?

_____

3. A Lena leu todo o romance?

_____

4. Ele disse a verdade?

_____

5. O filme foi bom?

_____

6. Elas puseram o carro na garagem?

_____

7. O professor trouxe os exames?

_____

8. O teu pai foi ao Porto?

_____

9. Os teus amigos pagaram a conta?

_____

10. Houve algum acidente?

_____

1c. O que é que achas que *terão sido* as dez primeiras coisas que a Susan fez ao chegar dos Estados Unidos ao aeroporto de Lisboa?

1. _____

2. _____

3. _____

4. _____

5. _____

6. _____

7. _____

8. _____

9. _____

10. _____

2. O condicional, pp. 441-44

2a. Muda as frases abaixo do imperfeito para o condicional.

1. Eu podia fazer isso com muito gosto.

_____

2. Tu não me fazias um favor?

_____

3. O que é que tu dizias nestas circunstâncias?

_____

4. Ela trazia muita bagagem?

_____

5. Davas-me uma boleia?

_____

6. Nós comprávamos tudo.

_____

7. Contavas isso ao teu pai?

_____

8. A Luísa ajudava?

_____

9. Nós não nos atrevíamos a ir lá.

_____

10. Tu vinhas com eles?

_____

2b. Completa a frase abaixo de dez maneiras diferentes, usando sempre um condicional.
   MODELO: O James prometeu à Susan que ...
               ... telefonaria antes das seis.

O James prometeu à Susan que ...

1. _____

2. _____

3. _____

4. _____

5. _____

6. _____

7. _____

8. _____

9. _____

10. _____

2c. Torna as frases abaixo mais corteses usando o condicional em vez do imperativo.
   MODELO: Vem comigo!
                Não virias comigo?

1. Traz-me um café!

_____

2. Conta-nos essa história!

_____

3. Compra-lhe dez selos!

_____

4. Telefona-me no sábado!

_____

5. Empresta-me cinco contos!

_____

6. Lava-me a roupa!

_____

7. Dá-me um copo de água!

_____

8. Faz-me um favor!

_____

9. Põe a mesa!

_____

10. Leva-me à estação!

_____

3. O condicional expressando uma conjectura, pp. 444-45

3a. Responde às perguntas abaixo segundo o modelo.

    MODELO: Que horas eram quando eles chegaram?
                Seriam duas horas da manhã.

1. O que é que o bandido trazia na mão?

_____

2. O que é que eles pediram no restaurante chinês?

_____

3. Onde é que eles estavam às três da tarde?

_____

4. Que filme é que eles queriam ver?

_____

5. Como é que o teu irmão veio de Paris?

_____

6. O que é que o jornalista escrevia durante a entrevista?

_____

7. Com quem é que a tua namorada falava ao telefone há bocado?

_____

8. O que é que os teus pais tinham na mala de viagem?

_____

9. Quando é que o Carlos comprou o carro?

_____

10. Com que é que ele pagou a conta do restaurante?

_____

3b. Que coisa! Alguém roubou a carteira ao agente Silva, da Polícia Judiciária. Que conjecturas é que achas que ele formulou sobre o autor, local, momento e método do roubo?

MODELO: Quem seria o ladrão?

1. _____
2. _____
3. _____
4. _____
5. _____
6. _____
7. _____
8. _____
9. _____
10. _____

4. "Se eu estudasse mais, teria uma boa nota," pp. 445-46

4a. Modifica as frases abaixo segundo o modelo.

    MODELO: Se eu estudar mais, terei uma boa nota.
                Se eu estudasse mais, teria uma boa nota.

1. Se eles vierem cedo, poderemos ir ao cinema.

_____

2. Se a Guida quiser, virá connosco.

_____

3. Se a professora deixar, usaremos o dicionário.

_____

4. Se no domingo chover, não iremos ao futebol.

_____

5. Se tudo correr bem, eles irão de férias em Agosto.

_____

6. Se houver dinheiro, compraremos outra televisão.

_____

7. Se for possível, casaremos no próximo ano.

_____

8. Se não for muito caro, ficarei nesse hotel.

_____

9. Se eles o convidarem, ele irá a essa festa.

_____

10. Se vocês estiverem de acordo, poderemos estudar juntos no domingo.

_____

4b. Completa as frases abaixo usando um condicional do verbo entre parênteses.
1. Se eles tivessem mais dinheiro, (morar)

_____

2. Se eu pudesse, (fazer)

_____

3. Se vocês tivessem tempo, (ler)

_____ ?

4. Se o médico recomendasse, tu (tomar)

_____ ?

5. Se chovesse no sábado, tu (ficar)

_____ ?

6. Se os meus pais me emprestassem dinheiro, (comprar)

_____

7. Se o meu carro funcionasse bem, eu (ir)

_____

8. Se houvesse aula amanhã, nós (faltar)

_____

9. Se viesse pouca gente, (haver)

_____ ?

10. Se ele não fosse tão sensível, eu (dizer)

_____

5. O condicional composto e o pretérito-mais-que-perfeito do conjuntivo, pp. 446-48

5a. Preenche os espaços com uma forma do condicional composto dos verbos entre parênteses.

1. Se não fosse o mau tempo, eles _____ (ir) a Sintra ontem.

2. Se eu não lhe telefonasse, ela não _____ (vir) hoje.

3. Se nós não estudássemos tanto, _____ ("chumbar") nessa cadeira.

4. Tu _____ (comprar) o carro se soubesses que estava em tão mau estado?

5. Se fosse mais barata, eles _____ (alugar) essa casa?

6. Vocês _____ (acordar) a tempo se o despertador não tocasse?

7. Se a Sandra fosse mais compreensiva, eu não _____ (acabar) o namoro com ela.

8. Se eles fossem mais cuidadosos, não _____ (haver) esse acidente.

9. O senhor _____ (pagar) duzentos contos por essa excursão se soubesse que era tão mal organizada?

10. Eu _____ (fazer) um tremendo disparate se tu não me aconselhasses.

5b. Completa as frases abaixo usando um pretérito mais-que-perfeito do conjuntivo.
1. A Susan não teria pedido esse prato se

_____

2. A D. Fernanda e o Sr. Saraiva não teriam tido tantos problemas se

_____

3. O Dieter não teria perdido os cheques de viagem se

_____

4. A Olívia teria feito caldeirada se

_____

5. A Ana Maria e o Jorge já teriam casado se

_____

6. Nós já teríamos acabado de estudar se

_____

7. Os bombeiros teriam apagado rapidamente o fogo se

_____

8. Vocês teriam ido à Madeira se

_____?

9. Eu não teria dito nada se

_____

10. Não teria acontecido nada se nós

_____

6. Mais formas de ênfase, pp. 448-53

6a. Responde às perguntas abaixo fazendo preceder cada resposta de uma forma de ênfase.
1. Senhor doutor, a que é que se devem as minhas dores de cabeça?

_____

2. Qual é o melhor hotel de Lisboa?

_____

3. Como é que se explica que todos os Portugueses gostem de touradas?

_____

4. O senhor acha que devo ir a esse restaurante?

_____

5. A que horas é que vocês querem partir para o Alentejo?

_____

6. Quanto é que os senhores querem por esse carro?

_____

7. A senhora pode-me emprestar quinhentos contos ainda hoje?

_____

8. Qual será a maneira mais rápida de chegar daqui ao Campo Grande?

_____

9. Queres ir à ópera comigo?

_____

10. Quando é que posso passar pela tua casa?

_____

6b. Escreve dez frases seguidas de uma pergunta confirmativa. Varia as perguntas confirmativas o mais possível.

1. _____

2. _____

3. _____

4. _____

5. _____

6. _____

7. _____

8. _____

9. _____

10. _____

6c. Acrescenta uma expressão intensificativa às palavras ou frases em tipo grosso.

1. Lá fazia um **frio**_____!

2. Eles comeram **um prato de cozido**_____.

3. Nós _____ **sabemos** o que devemos comprar.

4. _____ **que pergunta tão estúpida!**

5. Ele não é _____ **prudente!**

6d. Responde às perguntas abaixo segundo o modelo.
   MODELO: Ele tem muito dinheiro?
             Se tem!

1. Os ratos gostam de queijo? _____

2. Vais à festa? _____

3. Eles estão contentes? _____

4. Vocês querem ir de férias? _____

5. O teu namorado é ciumento? _____

7. Brasileirismos no português europeu, pp. 453-54

7. Escreve frases usando as expressões entre parênteses.

1. (curtir) _____

2. (policial) _____

3. (não tem problema) _____

4. (farra) _____

5. (estar numa boa) _____

6. (balear) _____

7. (bacano) _____

8. (Ói) _____

9. (virar) _____

10. (um pouquinho) _____

8. Anglicismos e cognatos falsos, pp. 454-57

8a. Explica o que significam as expressões abaixo. Nos termos marcados com um asterisco refere-te ao seu uso em português.

1. *cowboy* _____

2. *after-shave* _____

3. *gangster* _____

4. *smoking** _____

5. *hamburger* _____

6. *self-service* _____

7. *check-up* _____

8. *camping** _____

9. *disc-jockey* _____

10. *parking** _____

8b. Traduz as frases abaixo.
1. He gave us his candid opinion.

_____

2. I have an appointment with my dentist at four today.

_____

3. The actual price is three thousand dollars.

_____

4. He is quite intoxicated.

_____

5. She feels miserable.

_____

6. Nobody is quite free of prejudice.

_____

7. Both students and faculty agree on that.

_____

8. I did not realize he could not hear well.

_____

9. Shall we go to the library now?

_____

10. The police aprehended two suspects.

_____

9. Provérbios, frases idiomáticas e construções humorísticas, pp. 457-60

9a. Explica o significado dos seguintes provérbios:

1. Todos os caminhos vão dar a Roma.

_____

2. Nem tudo o que luz é ouro.

_____

3. Mais vale um pássaro na mão do que dois a voar.

_____

4. Burro velho não aprende línguas.

_____

5. A cavalo dado não se olha o dente.

_____

9b. Que provérbios usarias para comentar as seguintes situações?
1. O teu amigo chegou uma hora atrasado ao encontro.

_____

2. O chefe grita muito mas nunca castiga os empregados.

_____

3. O Sr. Santos tem êxito no seu negócio porque controla sempre tudo.

_____

4. Ele é tão bom engenheiro como o pai.

_____

5. Todos os meses ponho algum dinheiro na minha conta de aforro do banco.

_____

9c. Explica o que é que significam as seguintes expressões:
1. Há muitas maneiras de matar pulgas

_____

2. despedir-se à francesa

_____

3. meter o pé na argola

_____

4. deitar água fria na fervura

_____

5. entre a espada e a parede

_____

Instantâneos portugueses

A televisão portuguesa

A televisão portuguesa começou a funcionar em 1957. Nessa altura muitas casas não tinham televisores e as pessoas apinhavam-se nos cafés para ver os seus programas favoritos - a preto e branco, claro. Em breve, contudo, a televisão tornou-se em Portugal uma diversão familiar tão importante como na América do Norte.

Hoje em dia as telenovelas e os desafios de futebol são os programas que mais atraem os Portugueses. Presentemente existem quatro canais. A RTP,[a] uma estação semi-oficial, tem o Canal 1 e a TV-2. Depois há a SIC, um canal privado, e a TVI-4 que pertence à Igreja Católica. Nas ilhas existe a RTP-Açores e a RTP-Madeira. Nas zonas fronteiriças pode-se captar muito bem a TV espanhola. E, naturalmente, com uma antena parabólica, podemos ver o CNN e muitos programas de estações europeias.

NOTE: [a] Disgusted with occasional bad programming, some Portuguese claim that RTP (Radiotelevisão portuguesa) should stand for **Raios te partam!** *May you be struck by lightning!*

antena parabólica satellite dish   **captar** receive   **fronteiriças** border
apinhavam-se piled up   **desafios** matches   **telenovelas** soap operas
canais channels   **diversão** entertainment   **televisores** TV sets

Completa as frases abaixo:

1. A televisão portuguesa teve o seu início em

_____

2. A princípio as famílias iam ver televisão aos

_____

3. Pouco depois muitas pessoas compraram

_____

4. Nesse tempo a televisão era só a

_____

5. Hoje em dia os programas preferidos dos Portugueses são

_____

6. Agora Portugal conta com quatro

_____

7. O segundo canal da RTP

_____

8. A SIC é um canal

_____

9. A TVI-4

_____

10. Perto da fronteira é fácil

_____

11. Na Madeira e nos Açores

_____

12. Para poder ver o CNN é preciso

_____

Instantâneos portugueses

Português de cá e de lá

Normalmente um português não tem grande dificuldade em entender um brasileiro. Ou vice-versa. O sotaque é diferente mas a construção da frase só em poucos casos denota divergências. Os Brasileiros, por exemplo, preferem colocar sempre o pronome antes do verbo: **Eu lhe trago o dinheiro amanhã.** A progressiva com o gerúndio é a forma usada coloquialmente, ao contrário do português continental: **O gatinho está dormindo** em vez de **O gatinho está a dormir.** No Brasil o artigo é frequentemente eliminado antes de nomes próprios e de possessivos: **Elsa está curtindo suas férias.**

Depois há muitas vezes uma terminologia diferente: um autocarro é um **ônibus**,[a] um comboio é um **trem**, um frigorífico é uma **geladeira**, uma papaia é um **mamão** e por aí fora. Poucas destas diferenças, no entanto, causam problemas aos Portugueses - sobretudo àqueles que passam várias horas em frente da televisão!

NOTE: [a] A few spelling differences also exist. For instance, Brazilians use a circumflex over a vowel preceding a nasal consonant, whereas the Portuguese would use an acute accent under the same circumstances: **ônibus/ónibus, Antônio/António, gênero/género**, etc.

artigo article

colocar place

nomes próprios given names

pronome pronoun

sotaque accent

1. Em linhas gerais, quais são as principais diferenças que existem entre o português de Portugal e o do Brasil?

_____

2. Um brasileiro diria **Me escreve!** ou **Escreve-me!**?

_____

3. Um português diria **Está chovendo** ou **Está a chover**?

_____

4. Quem omite geralmente o artigo antes de nomes próprios e possessivos, os Brasileiros ou os Portugueses?

_____

5. É verdade que os Brasileiros dizem **autocarro** e **comboio**?

_____

Um instantâneo brasileiro

Como foi mesmo que disse?

Só muito raramente se regista alguma dificuldade de compreensão entre Brasileiros e Portugueses. Tal foi contudo o caso quando um delegado português a um congresso realizado no Brasil decidiu ir fazer compras. Entrou numa loja e pediu ao empregado: "O senhor podia mostrar-me aquela camisola castanha que está na montra?" "Como foi mesmo que disse?" "Queria uma camisola." "Desculpe, aqui não vendemos roupa de mulher.[a]" Ante o impasse, o português pediu ao empregado que o acompanhasse lá fora e apontou-lhe o que queria. "Ah", perguntou o empregado, "porque é que o senhor não disse logo que queria o suéter marron[b] que está na vitrine?" O mais curioso é que o português era delegado a um congresso cujo tema era a unificação da língua portuguesa.

NOTES:
   [a] In Brazil **camisola** means a nightgown (**camisa de noite** in Portugal).
   [b] **Castanho** is used in Brazil only for hair or eyes.

cujo whose
marron brown (in Brazil)

montra store window
semelhança similarity

tema topic
vitrine store window (in Brazil)

1. De um modo geral é difícil para os Portugueses e Brasileiros entenderem-se uns aos outros?

_____

2. O que é que o delegado português queria comprar?

_____

3. Como se chama esse artigo no Brasil?

_____

4. De que cor era a camisola?

_____

5. Como se diz geralmente "castanho" no Brasil?

_____

6. Porque é que o empregado disse que essa loja não vendia roupa de mulher?

_____

7. Onde é que estava a camisola que o português queria comprar?

_____

8. Como é que se diz "montra" no Brasil?

_____

Um problema de palavras cruzadas

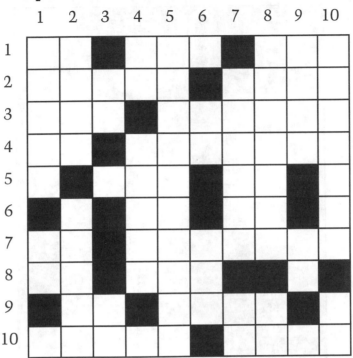

Horizontais:

1. ___ **Cucaracha** é uma conhecida canção mexicana; ___ é a Associação Portuguesa de Escritores, o ___ é o abecedário

2. ___ é uma forma do verbo **arder**; "Por ___ de Deus, não faças isso!"

3. Nas estradas portuguesas vemos muitos camiões ___; o ___; ___ é uma cidade no Estado do Rio de Janeiro

4. Antes o Sr. Saraiva ___ de automóvel para o banco mas agora vai de autocarro; "Com certeza que o James e a Susan ___ boas notas em todas as suas aulas."

5. Em espanhol **veja** é ___; o ___ é a segunda letra do alfabeto

6. ___ é a abreviatura de **Região Militar**; ___ Cid é um famoso herói espanhol

7. Geralmente usamos uma ___ e uma vassoura para varrer a casa; "A minha mulher diz que eu ___ muito quando durmo de costas."

8. ___ é a abreviatura de **conta corrente**; a ___ Maria é a namorada do Jorge

9. O ___ é a carta de jogar com mais valor; "Não gramo essa ___!"

10. O ___ é o livro sagrado dos muçulmanos; os emigrantes portugueses nos Estados Unidos chamam ___ a uma esfregona.

Verticais:

1. O português vem do ___; o ___ não é um partido muito importante

2. A soprano foi muito aplaudida depois de cantar aquela ___; um slogan do Estado Novo era "**Tudo pela ___**"

3. ___ usa-se antes do nome de qualquer licenciado; "Boa tarde, ___ Rodrigues"

4. "___ Jesus, já são dez da manhã!"; A ___ Nova foi possivelmente explorada por navegadores portugueses.

5. O ___ é uma língua que contém bastantes palavras portuguesas

6. "Ela tem um certo ___ de ser estrangeira."; a D. Fernanda ___ sempre de casa às sete e meia da manhã

7. Os ___ deixaram muitas palavras na língua portuguesa; o chefe do governo é o ___

8. Quando um futebolista comete uma falta, o árbitro dá-lhe um cartão ___; ___ é a abreviatura de Alcoólicos Anónimos

9. A Itália tem mais ou menos a forma de uma ___; ___ quer dizer **Note bem**

10. Em Cabo Verde fala-se português e ___; "Não me chateie! ___ para o diabo que o carregue!"

Exercícios suplementares

A. Responde às perguntas abaixo.

1. Que informações dá o TV Guia?

_____

2. Que tipos de programas achas tu que este TV Guia anuncia?

_____

3. Quais deles serão os mais populares entre os telespectadores portugueses?

_____

4. Achas que a RTP apresenta só programas portugueses? Porque é que dizes isso?

_____

_____

B. Escolhe a resposta que te pareça mais adequada.

1. Estas telenovelas são quase todas a. portuguesas b. brasileiras c. mexicanas
2. A atitude geral dos Portugueses em relação às telenovelas é de a. repúdio b. indiferença
   c. entusiasmo
3. Estas telenovelas têm tido uma grande influência a. na política portuguesa b. no modo de
   falar dos Portugueses c. na maneira de vestir das mulheres portuguesas
4. As telenovelas revelam sobretudo de a. uma séria análise da realidade social b. um
   tratamento frívolo de problemas amorosos c. um estudo de aspectos folclóricos
5. Estas séries ocupam a. uma boa parte do horário de programação b. apenas as manhãs de
   domingo c. algumas horas depois das dez da noite.

C. O que é que podes dizer sobre estas duas séries, apresentadas pela televisão portuguesa?

UMA MULHER CHAMADA JACKIE

Jack decide candidatar-se às presidenciais mas não é eleito. Seguidamente, parte para Itália deixando Jackie grávida do seu primeiro filho. Ela passa mal e perde a criança. Jack só aparece cinco dias depois e Jackie pede-lhe o divórcio. No entanto, tem uma conversa com o sogro e este convence-a a não se separar de Jack. Jackie, contudo, impõe certas condições: ela quer casa própria e mais tempo com o marido. Entretanto, nasce Caroline. Jack concorre mais uma vez e, agora, é bem-sucedido. Nasce o segundo filho, John.

23.50 H • DRAMA • 50 M.

TRÊS É COMPANHIA

Roper vai viajar deixando a sua esposa sozinha. Ela convence Janet a passar a noite em sua casa e a deixar Chrissy e Jack sozinhos no apartamento. Com receio que Jack se aproveite da situação, Janet avisa Chrissy para se vestir de uma forma menos atraente. Chrissy faz tudo o que pode para seguir as instruções da amiga.

01.30 H • COMÉDIA • 30 M.

D. CERTO ou ERRADO? Se ERRADO, corrige.

AMANHÃ

10.30 – ABERTURA
10.32 – LUMEN 2000
11.30 – TVI SHOPPING CENTER
12.00 – O BARCO DO AMOR
13.00 – JORNAL DA UMA
13.30 – KASSANDRA
14.00 – ÉRAMOS SEIS
14.25 – TVI SHOPPING CENTER
14.35 – A ESCOLHA É SUA
    Inclui «Esquadrão Classe A» e um programa escolhido
    pelos telespectadores.
16.25 – ENCONTRO
16.30 – A HORA DO RECREIO
    Inclui «Scooby Doo» e uma série de animação escolhida
    pelos telespectadores.
17.25 – JORNAL NACIONAL
17.40 – CAPRICHOS
18.30 – O PREÇO DA PAIXÃO
19.25 – NOVO JORNAL
20.15 – TEMPO INFORMAÇÃO
20.20 – DAR QUE FALAR
21.00 – FORA DE JOGO
21.15 – O GRANDE FILME
    Com o filme «O Poder de Um Jovem», de John G.
    Avildsen.
23.30 – TVI JORNAL
00.15 – PRÓS E CONTRAS
00.45 – TEMPO INFORMAÇÃO
00.50 – ENCONTRO

1. A programação de amanhã começa ao meio-dia.
_____

2. **TV Shopping Center** é um programa desportivo.
_____

3. **O Barco do Amor** é uma telenovela brasileira.
_____

4. O **Jornal da Uma** começa às 13.30.
_____

5. **A Hora do Recreio** inclui desenhos animados.
_____

6. O **Jornal Nacional** dá muitas notícias dos Estados Unidos.
_____

7. O **Tempo Informação** diz se vai ou não chover amanhã.
_____

8. **O Poder de um Jovem** é um filme italiano.
_____

9. Há outro telejornal às 23.30.
_____

10. A programação encerra-se à meia-noite.
_____

E. O que é que poderias dizer sobre os seguintes programas, apresentados pela RTP/Açores?

programação para hoje

20.45 DESENCONTROS

08.00 ABERTURA
e TELEMANHÃ
08.35 A TRAIDORA
09.15 MISSÃO IMPOSSÍVEL
10.00 CULINÁRIA
10.15 SONHOS DE MULHER
11.00 JORNAL DA TARDE
(Canal 1)
11.50 TRAMPOLIM
12.20 CONTOS DO GATO
12.45 74.5 UMA ONDA NO AR
13.30 JORNAL DA TARDE
13.45 MALHA DE INTRIGAS
Um jogo de interesses, tendo a Moda como pano de fundo e a ambição dos personagens como fulcro.
14.30 MATINÉ
"Fame"
16.15 PETER RABITT
16.40 A MINHA AMIGA LICIA
17.05 BLOSSOM
17.30 TAXI
18.00 TELEJORNAL
(Canal 1)
18.45 AVENTURAS
MILITARES
19.30 ISTO SÓ VÍDEO
As diversas formas de reacção de pessoas "apanhadas" em circunstâncias imprevistas constituem motivo de diversão através dos vídeos nacionais e estrangeiros neste programa apresentado por Virgílio Castelo.
20.00 TELEJORNAL

21.40 PROGRAMA
DE INFORMAÇÃO
22.30 OS TRINTÕES
23.20 ACONTECE
Programa de divulgação cultural, com apresentação de Carlos Pinto Coelho.
23.30 O TEMPO
23.35 24 HORAS
As últimas notícias.
23.55 FINANCIAL TIMES
Carlos Vargas apresenta este espaço dedicado à Economia.
00.00 REMATE
Paulo Catarro resume os acontecimentos desportivos.
00.15 FECHO

1. Missão Impossível

_____

2. Culinária

_____

3. Jornal da Tarde

_____

4. Peter Rabitt

_____

5. Táxi

_____

6. Isto só Vídeo

_____

7. Financial Times

_____

8. Remate

_____

F. Responde às seguintes perguntas:

1. Que alcance tem a RTP Internacional?

_____

2. Como é que o sinal chega ao Canadá ou à África do Sul?

_____

3. A que tipo de audiência é que tu achas que estas emissões se destinam?

_____

4. Achas que a RTP Internacional é muito popular na Groenlândia e na Antártida?

_____

5. Porque é que os portugueses que vivem na Austrália não podem captar directamente estes programas?

_____

6. O que é que representa o logotipo da RTP Internacional?

_____

G. Podes explicar em que pontos as frases abaixo, ditas por um estudante brasileiro, divergem do português europeu?

Para ver São Paulo tem que ir ao Edifício Itália. Como o escritório de Papai é muito perto eu vou comer lá. Do restaurante, do terraço, você pode ver grande parte de São Paulo. Tem certos museus que você pode ver, por exemplo o Museu do Ipiranga, onde morou nosso Imperador D. Pedro I.

_____

_____

_____

H. Podes "traduzir" (dar a versão correcta em inglês e o seu equivalente em português) as palavras em tipo grosso contidas no poema abaixo, em que o autor, José Brites, reproduz o falar dos emigrantes da Costa Leste dos Estados Unidos? (Vais ter que usar bastante o teu dicionário e a tua imaginação.)

Primeiro foi a **opereita**
a adverti-lo sobre o **bile** atrasado
depois um **selesmene** da **farnicha**
a empurrar **cabinetes** e **sófas**
prá cozinha e prá **pála**
a seguir a mulher com um **flete taia**
no **janque** sem **inspecha**
o **uoche machim** com **trobla**
os **paipes** da **cela frisados**
e o **plama** que vai ganhar um dinheirão

* * *

a **ita** sem funcionar
o **paile** do **landri** a fazer-lhe confusão
o **tiquete** do carro mal **parcado**
que tem que ir pagar à **corte**
o **peidei** que tarda para
poder ir buscar umas **begas** de comida à **estôa** e ainda
o **sanamabiche** do **bossa** a persegui-lo
só por ele não ser um **braunousi** c'mós outros.

_____

_____

_____

_____

_____

_____

_____

Lição 19—Laboratório
Está na hora da telenovela!

I. Pronúncia: A acomodação fonética em português

Phonetic accomodation is simply the natural tendency for pronouncing words and expressions with a minimum of effort. This tendency occurs very frequently in Portuguese, especially with common expressions. Here are just a few examples, first pronounced in full and then in their usual abbreviated form.

Está bem	'tá bem
Até logo	'té logo
Faz favor	fachavor
Muito obrigado	mtobrigado
Com licença	con'cença
Faculdade de Letras	Faculdad'Letras
Conde de Redondo	Cond'Redondo
Campo Pequeno	Camp'queno
Cais do Sodré	Cachodré
Terreiro do Paço	Terreir'Paço

II. O Futuro composto

In this exercise you will change the future tense phrase into a phrase with the future perfect, and begin your response with **Quando tu chegares, eu já...**

MODELO: (tape) Falarei com o chefe.
(student) **Quando tu chegares, eu já** terei falado com o chefe.
(confirmation) **Quando tu chegares, eu já** terei falado com o chefe.
(repetition) **Quando tu chegares, eu já** terei falado com o chefe.

Write answers here.

1. _____

2. _____

3. _____

Vozes portuguesas—Esta televisão, ai, meu Deus!
This **Voz** will be read twice. Write in the missing words. Sometimes one word, sometimes two words will be missing.

Olhe, eu vou-lhe dizer, a _____ está uma coisa muito esquisita.

Muito esquisita. Eu, telenovelas _____ duas. Agora as outras todas

não vejo _____ porque então não fazia mais nada do que ver

telenovelas. A _____ portuguesa que dizem, que eu não vejo

porque é a uma hora em que eu _____ tenho que fazer qualquer

coisa, não é?, é **A** _____ **do Povo**. Dizem que é bom. Mas de resto

programas portugueses, ai, _____!

III. O condicional
The first part of this exercise is just to give you practice with the forms.

> MODELO:: (tape) Tu pões.
> (student) Tu porias.
> (confirmation) Tu porias.
> (repetition) Tu porias.

Now use the conditional by changing the commands into conditional sentences. A written part follows the oral part.

> MODELO: (tape) Faz isso por mim!
> (student) Farias isso por mim?
> (confirmation) Farias isso por mim?
> (repetition) Farias isso por mim?

Write answers here.

1. _____

2. _____

3. _____

Vozcs portuguesas—Telenovelas a toda a hora
Circle the words that are printed wrong. The text will be read twice.

Hoje em dia há seis canais de televisão em Portugal, dois estatais e dois privados. Cada canal transmitirá duas, três comédias por dia, uma telenovela com a duração média de uma tarde. Já se nota que os jovens portugueses empregam certas palavras... começam a utilizar termos que ouvem nas telenovelas com muita frequência.

IV. O condicional expressando conjectura
Use clues from your manual to answer the questions asked using the conditional for conjecture in the imperfect.

MODELO: (tape) Quantos anos tinha o Joãozinho quando o vimos?
(student) Teria oito anos.
(confirmation) Teria oito anos.
(repetition) Teria oito anos.

V. Se eu estudasse muito, teria uma boa nota
This is a written exercise. Transform the model to a conditional plus past subjunctive sentence.

MODELO: (tape)   Tenho tempo. Irei ao cinema.

_____Se tivesse tempo iria ao cinema._____

Write answers here.

1. _____

2. _____

3. _____

4. _____

5. _____

Vozes portuguesas—Os Portugueses e os estrangeiros
This **Voz** will be read twice. During the second reading, write in the missing words.

As pessoas daqui, _____ , são muito afectuosas.

Quando elas vêem um estrangeiro _____... pronto, à procura de uma

indicação qualquer, elas só _____ levá-los ao local e tudo o mais.

Quanto a isso é dos _____ que nós temos. Os Portugueses por

norma são _____ .

VI. O condicional composto e o pretérito mais-que-perfeito do conjuntivo

MODELO: (tape) Iria à conferência se tivesse tempo.
(student) Teria ido à conferência se tivesse tido tempo.
(confirmation) Teria ido à conferência se tivesse tido tempo.
(repetition) Teria ido à conferência se tivesse tido tempo.

VII. Texto de compreensão: O português além fronteiras
Listen to the comprehension text and write answers to questions asked about it.

1. _____

2. _____

3. _____

4. _____

VIII. Ditado.
Do this dictation in the usual way.

_____

_____

_____

_____

_____

Nome_____Data_____Aula_____

Lição 20—Caderno de Trabalho
Uma carta de Fall River

1. Diga o que disser, pp. 467-68

1a. Usa o verbo entre parênteses para formar expressões como *diga o que disser* e volta a escrever a frase.

MODELO: (Tocar) esse violinista/desapontar-me
        Toque o que tocar, esse violinista desaponta-me.

1. (Cantar) a Amália/ser sempre maravilhosa

_____

2. (Fazer) eu/não conseguir aprender chinês

_____

3. (Saber) eles/ser bastante incompetentes

_____

4. (Estudar), ele/nunca ter boas notas

_____

5. (Dizer) ela/não me convencer

_____

6. (Comer) tu/não engordar

_____

7. (Vestir) vocês/ser atractivas

_____

8. (Ir) o senhor/não encontrar melhores preços [use **onde**, *not **o que*** here]

_____

9. (Morar) nós/pagar sempre uma renda alta [use **onde**, *not **o que*** here, too]

_____

10. (Haver) tudo/acabar bem

_____

1b. Escreve frases originais do tipo **diga o que disser** usando os verbos entre parênteses.

1. (Acontecer) _____

2. (Chover) _____

3. (Beber) _____

4. (Ouvir) _____

5. (Trazer) _____

6. (Comprar) _____

7. (Pedir) _____

8. (Cozinhar) _____

9. (Ter) _____

10. (Vender) _____

2. O discurso indirecto, pp. 468-73

2a. O que é que eles disseram? (Muda as frases abaixo para o discurso indirecto.)

1. Napoleão: "Do alto destas pirâmides quarenta séculos vos [= *you*]contemplam."

_____

2. Galileu: "E contudo move-se!"

_____

3. John F. Kennedy: "Não perguntes o que teu país pode fazer por ti, pergunta o que tu podes fazer pelo teu país."

_____

4. Júlio César: "Cheguei, vi e venci!"

_____

5. O Príncipe D. Pedro do Brasil: "Fico!"

_____

6. Maria Antonieta: "Por que não comem bolo?"

_____

7. Martin Luther King: "Tenho um sonho."

_____

8. A Rainha Vitória: "Não estamos divertidos."

_____

9. Stanley: "O Dr. Livingstone, presumo?"

_____

10. O General Douglas Mac Arthur: "Voltarei!"

_____

2b. Passa as frases abaixo para o discurso indirecto:
    O Dieter disse:
1. "Amanhã falto à aula de História."

_____

2. "Vou convidar a Susan para ir à praia comigo."

_____

3. "A Susan vai-me dizer que não gosta de faltar à aula."

_____

4. "Mas eu vou insistir com ela."

_____

5. "Ela vai acabar por aceitar."

_____

6. "Então iremos para a Costa bem cedo."

_____

7. "Passamos a manhã na praia."

_____

8. "Almoçamos num restaurante que conheço lá."

_____

9. "Voltamos antes das seis."

_____

10. "Vamos curtir bem o dia."

_____

2c. Passa as frases abaixo para o discurso directo.
1. O professor de Português disse que na sexta-feira ia dar um teste.

_____

2. O James disse que o professor não devia fazer isso.

3. O professor disse que o teste ia ser muito fácil.

4. A Fie disse que eles tinham também um teste de História na sexta.

5. O professor disse que eles iam ter tempo para estudar para os dois testes.

6. O Dieter disse que o teste de História ia ser muito difícil.

7. O professor disse que todos eles eram bons em História.

8. A Susan disse que por culpa dele ela não ia poder dormir na noite de quinta.

9. O professor disse que não fosse tão exagerada.

10. O Giorgio disse que dois testes no mesmo dia era uma crueldade.

3. Mais sobre diminutivos e aumentativos, pp. 474-76

3a. Responde às perguntas abaixo.

1. Qual é a diferença de sentido entre **um livrinho** e **um livreco**?

2. **Miudinhos** significa o mesmo que **miuditos**?

3. Tu dirias ao professor "**O senhor é baixote**"? Porquê?

4. Seria aceitável perguntar numa *boutique* "**Tem alguma coisa mais baratucha?**" Porquê?

5. Que implicação tem a frase "**Logo à noite dou-te uma telefonadela**"?

6. Como é que se chamam realmente o Chico, o Quim, a Guida e a São?

_____

7. Como é que achas que o filho da professora, que tem quatro anos, lhe chama, **Mamã** ou **Minha mãe**? Porque é que dizes isso?

_____

8. O que é um laranjal?

_____

9. Achas que o barbeiro pergunta ao cliente que atende pela primeira vez "**Quer que lhe apare a bigodaça?**" Porque é que dizes isso?

_____

10. Qual é a implicação de "**Comi uma pratada de arroz de tamboril**"?

_____

3b. Escreve frases que ilustrem o significado dos seguintes termos:

1. (rapariguinha) _____

2. (doutorzito) _____

3. (estatueta) _____

4. (lojeca) _____

5. (soneca) _____

6. (casota) _____

7. (gorducha) _____

8. (olhadela) _____

9. (papá) _____

10. (mãezinha) _____

3c. Responde às perguntas abaixo.

1. O que é que um olival produz? _____
2. Como é que tu imaginas uma mulheraça? E um barbaças?

_____

3. O que é uma sardinhada? _____

Lição 20

4. Qual é a implicação de "**Tive de preencher toda aquela papelada**"?

_____

5. O que é que significa a palavra **gatunagem**?

_____

4. Como escrever uma carta, pp. 476-80

4a. Como é que escreverias o envelope de uma carta para um amigo em Portugal?

```
┌─────────────────────────────────────────┐
│                                           │
│                                           │
│                                           │
│                                           │
│                                           │
│                                           │
│                                           │
│                                           │
│                                           │
└─────────────────────────────────────────┘
```

4b. Como é que achas que a Susan respondeu à carta abaixo?

Coimbra, 4 de Maio

Querida Susan

Vim passar uma semana a Coimbra com os meus avós. O outro dia, em casa de uns amigos, conheci a directora de uma escola de línguas, que me disse que precisava de um professor (ou professora) de inglês para o próximo ano lectivo. Lembrei-me então de ti. São vinte horas semanais e pagam razoavelmente.

Eu sei que queres voltar para a tua universidade depois de acabares o curso em Lisboa. Pensei contudo que, se arranjasses um trabalho aqui, talvez gostasses de ficar mais uns meses em Portugal. Diz-me qualquer coisa, sim?

Um beijo da tua amiga,

Ana Maria

4c. A Rita é secretária de uma multinacional mas não está contente com o trabalho que tem. Viu este anúncio no jornal e decidiu responder. Como é que achas que ela redigiu a sua carta?

C.J. – INDUSTRIES

SECRETÁRIA BILINGUE

Para Portimão – ALGARVE

EXIGE-SE:
- Fluente Português / Inglês
- Dactilografia e funções Administrativas
- Experiência
- Iniciativa, dinamismo e responsabilidade

OFERECE-SE:
- Remuneração acima da média e de acordo com o desempenho.

**Rua Judice Biker, 11 – 2C
Apartado 429 – 8500 PORTIMÃO**

5. Substantivos colectivos, pp. 480-82

5. Preenche os espaços abaixo com substantivos colectivos.

1. Uma _____ de lobos causou grandes estragos entre os rebanhos.

2. Foi detectado um _____ de abelhas assassinas não muito longe daqui.

3. A polícia desmantelou uma _____ que se dedicava ao roubo de automóveis.

4. A _____ pesqueira portuguesa está agora bastante reduzida.

5. No Ribatejo podemos ver _____ de touros bravos pastando no campo.

6. Uma _____ da NATO entrará amanhã no porto de Lisboa.

7. Muitos barcos dispõem de helicópteros para detectar os _____ de atum.

8. Quando a polícia chegou, encontrou sobre a mesa um _____ de cartas, fichas e bastante dinheiro.

9. Não era preciso comprar todo um _____ de bananas.

10. Esta base aérea conta com uma _____ de busca e salvamento.

6. Coisinhas várias a recordar, pp. 482-84

6. Traduz as frases abaixo para português. Pensa bem se vais usar **a** ou **à** nas frases marcadas com um asterisco.

1. Sir! You can't park here.

_____

2. Yes, madam, we have chocolate mousse.

_____

3. Yes sir, I can do that immediately.

_____

4. I'll call you next Thursday.

_____

5. She answered that question but not the next one.

_____

6. She'll be away for the next three weeks.

_____

7. I can't come this Sunday, but I'll come the next one.

_____

8. Write down the following phone numbers: 326-4124, 976-4312 and 807-6481.

_____

9. St. Anthony was born in Lisbon.

_____

10. St. Vincent's **Vicente** church is not too far from Alfama.

_____

11. St. Patrick **Patrício** is the patron **padroeiro** saint of Ireland **Irlanda.**

_____

12. Santa Claus is really St. Nicholas **Nicolau.**

_____

13. St. Elizabeth **Isabel** was a Portuguese queen.

_____

14. The sign **letreiro** says: "Do not enter."

_____

15. She went to the English class.*

_____

16. We gave our papers to the lady teacher.*

_____

17. Did you close the door?*

_____

18. They ran to the window.*

_____

Instantâneos portugueses

A experiência americana através da literatura

O emigrante português nos Estados Unidos tem desde há mais de cem anos traduzido as suas vivências em poesia ou prosa. Muita da primeira, de carácter popular, revela uma técnica extremamente rudimentar, embora de enorme valor sociológico. Outros poetas, com formação universitária, atingem um nível artístico muito mais elevado. Em vários casos utiliza-se uma hábil manipulação do "portinglês" para reflectir o ambiente emigrante.

Algumas autobiografias, geralmente em inglês, têm também surgido. São a expressão de um muito justificado orgulho pelas conquistas conseguidas no novo país. A prosa ficcional tem-se mostrado relativamente escassa, ainda que algumas muito valiosas produções tenham surgido recentemente. O jornalismo, incluindo lúcidas apreciações da vida pré- ou pós--migratória, é outro dos géneros a que frequentemente os portugueses dos Estados Unidos se têm dedicado.[a]

NOTE: [a] If you are interested in this literature, your instructor may be able to provide you with guidance.

ambiente environment	**géneros** genres	**surgido** appeared
através through	**hábil** skillful	**vivências** experiences
	orgulho pride	

1. Há quanto tempo existe uma literatura emigrante portuguesa nos Estados Unidos?

_____

2. Que valor tem a poesia popular?

_____

3. De que técnica se servem alguns autores mais eruditos para acentuar a ambiência emigrante?

_____

4. Porque será que alguns autores de autobiografias escrevem em inglês?

_____

5. Que características apresenta a actividade jornalística?

_____

6. Conheces alguma obra de um autor emigrante português? Lês algum jornal português publicado nos Estados Unidos ou no Canadá? Que pensas destas produções?

Instantâneos portugueses

A Academia do Bacalhau

A Academia do Bacalhau foi fundada em 1968 por emigrantes portugueses residentes em Joanesburgo com fins de convívio e entreajuda. Hoje em dia existem 15 sucursais da Academia, espalhadas por cidades de Portugal, Moçambique, Suazilândia e África do Sul.

As reuniões da Academia fazem-se sempre à volta de uma mesa de almoço ou jantar onde o prato principal é evidentemente o bacalhau, símbolo da nostalgia dos emigrantes pela sua cultura ancestral. A refeição inicia-se com os participantes cantando o hino da Academia e levantando, baixando e entrechocando os seus copos. Depois o presidente usa um badalo para impor silêncio e pedir aos membros que apresentem os seus convidados. Um cargo de destaque na Academia é o do carrasco, que impõe multas aos membros que não sigam as regras da associação, como tratarem-se entre si por compadres e comadres ou chegar a tempo às reuniões. O dinheiro é depois utilizado em obras de assistência social.

à volta de around	**destaque** importance	**levantando** raising
badalo bell	**entreajuda** mutual aid	**multas** fines
baixando lowering	**entrechocando** clinking	**regras** rules
carrasco executioner	**espalhadas** spread	**sucursais** branches
convidados guests		**tratarem-se** calling

Escolhe a resposta mais correcta segundo o texto acima:

1. A Academia do Bacalhau foi fundada em 1968 na: a. Rodésia b. Nova Zelândia c. África do Sul
2. Esta organização dedica-se a fins de a. propaganda política b. promoção cultural c. contacto e apoio sociais
3. Hoje em dia há sucursais da Academia do Bacalhau na a. Europa e África b. América Central e do Sul c. Ásia e Oceânia
4. Nas reuniões come-se sempre bacalhau porque a. é um prato muito comum em todos os países b. os membros não comem carne c. isso representa uma tradição cultural
5. No início das reuniões os participantes a. ouvem **A Portuguesa** e observam um minuto de silêncio b. levantam-se um por um e dizem os seus nomes c. cantam o hino da Academia e fazem um brinde
6. O presidente impõe silêncio a. batendo com uma faca no seu copo b. tocando um badalo c. gritando que se calem
7. A obediência às regras da Academia é imposta pelo a. carrasco b. tesoureiro c. vice--presidente
8. Os membros devem tratar-se entre si por a. camarada b. compadre ou comadre c. Vossa Excelência
9. Os participantes nestes almoços e jantares chegam a. sempre a tempo b. cronicamente atrasados c. às vezes tarde
10. O dinheiro das multas é usado para a. obras de beneficência b. comprar mais bacalhau c. pagar o salário do carrasco

Instantâneos portugueses

A emigração sazonal

Muitos portugueses trabalham fora do seu país apenas durante uma determinada época. Tal é o caso, por exemplo, de trabalhadores agrícolas na França e na Suíça. Também vários madeirenses encontram emprego em hotéis e restaurantes das ilhas do Canal da Mancha apenas durante o verão. Grupos de operários e técnicos deslocam-se ao Próximo Oriente para se dedicarem a projectos de construção civil. Outros ocupam-se na instalação de **pipe-lines**. Há bastantes marinheiros portugueses em barcos de carga de países do Norte da Europa. Mais numerosos são contudo os que assinam contratos para trabalharem por um certo período a bordo de paquetes de cruzeiro de várias nacionalidades, não só como marinheiros mas também como empregados de mesa e de cabine.

barcos de carga merchant vessels   **marinheiros** seamen   **Próximo Oriente** Near East
Canal da Mancha English Chan   **paquetes de cruzeiro** cruise ships   **sazonal** seasonal
   nel

1. O que quer dizer emigração sazonal?

_____

2. Na tua opinião, porque é que a França e a Suíça só necessitam de trabalhadores agrícolas portugueses durante certa época do ano?

_____

3. E porque é que a Grã-Bretanha precisa de pessoal de hotelaria só durante o verão?

_____

4. Em que países é que achas que firmas portuguesas conseguem empreitadas de construção?

_____

5. A que tarefas se dedicam os tripulantes portugueses de barcos estrangeiros?

_____

Um instantâneo cabo-verdiano

Cabo-verdianos no mundo

Antes do 25 de Abril os cabo-verdianos tinham a nacionalidade portuguesa e alguns ainda a mantêm. Tal como Portugal, Cabo Verde é um país emissor de emigrantes. Um clima extremamente seco e um solo pouco produtivo causaram o êxodo de uma boa parte da população das ilhas. Muitos fixaram-se nos Estados Unidos. Alguns dedicaram-se à colheita de arandos em Massachusetts e outros trabalharam nos caminhos de ferro na Califórnia. Outros ainda partiram para a Guiné, São Tomé e Príncipe e Angola. Também chegaram ao Brasil e à Argentina. Os que se dirigiram à Europa vivem principalmente em Portugal,[a] na Holanda e no Luxemburgo. Neste último país são os únicos africanos autorizados a fixar residência.[b] E marinheiros cabo-verdianos podem encontrar-se navegando por todos os mares em barcos estrangeiros.

NOTES:
[a] Cape Verdeans were already mentioned in Lições 4 and 14.
[b] This was due to the fact that they held Portuguese passports and thus were technically considered Europeans.

arandos cranberries   **colheita** gathering   **emissor** producing
caminhos de ferro railroads   **solo** soil

Completa as seguintes frases:

1. Alguns cabo-verdianos têm passaporte português porque

_____

2. Muitos emigram porque _____

3. Duas actividades a que se dedicaram nos Estados Unidos foram

_____

4. Muitos cabo-verdianos fixaram-se em três colónias portuguesas:

_____

5. Os países sul-americanos em que se estabeleceram cabo-verdianos são

_____

6. Na Europa encontram-se sobretudo em _____

7. Os Cabo-verdianos foram autorizados a emigrar para o Luxemburgo porque

_____

8. Em barcos de várias bandeiras _____

Um problema de palavras cruzadas

Horizontais:

1. Em New Bedford muitos portugueses dedicam-se à ___; os primeiros emigrantes portugueses no Canadá queixavam-se muito do ___ e da alimentação
2. Os ___ eram uma antiga tribo de índios brasileiros
3. O cabelo ___ é o cabelo de cor avermelhada; ___ é um prefixo que significa **contra**
4. ___ é o sufixo plural de várias palavras terminadas em **il**; "América de Baixo" é o ___ que nos Açores se dá à Costa Leste dos Estados Unidos
5. ___ é um nome bíblico; ___ são as consoantes de **toca**
6. ___ em calão significa **falar**
7. O ___ recebeu um grande número de emigrantes portugueses; uma ___ é uma dama que acompanha a rainha
8. ___ é um pronome pessoal; o ___ é o supremo magistrado da nação; ___ é o oposto de **vir**
9. Os primeiros emigrantes portugueses nos Estados Unidos desertavam geralmente de um navio ___
10. ___ é um demonstrativo feminino; ___ é uma forma do verbo **ver**

Verticais:

1. Muitos dos primeiros emigrantes portugueses em França fixaram-se nos arredores de ___; um ___ é uma criança muito pequena
2. Quando chove, o Sr. Saraiva ___ uma gabardine; a Ferry Street é a ___ mais portuguesa de Newark, New Jersey
3. O **Expresso** ___ aos sábados; a União Macaense Americana é conhecida como ___; a Susan não ___ os jornais portugueses publicados na América do Norte
4. ___ é o oposto de **militar**; ___ é uma palavra latina que significa **esperança**
5. ___ é o oposto de **odeio**; geralmente colocamos um ___ debaixo de uma chávena
6. O ___ só se usa sobre o **a** ou o **o**; ___ é um forma do verbo **ir**
7. A ___ é o país que conta com o maior número de emigrantes portugueses; o ___ é o Imposto de Renda Singular
8. O ___ é um rio que atravessa a Alemanha; não é ___ ouvir falar português no Luxemburgo
9. Um ___ é uma faixa estreita de terra entre dois mares
10. ___ são as vogais de **tire**; muitos portugueses emigraram para o ___ para trabalhar nas plantações de cana-de-açúcar

Exercícios suplementares

4 500 000 PORTUGUESES NO MUNDO DISTRIBUIÇÃO POR CONTINENTE	
Continente	**%**
América (Canadá, EUA, Brasil, Venezuela e Argentina)	56,6%
Europa (24,0% nos países da UE)	27,2%
África (África do Sul, Angola e Moçambique)	14,3%
Oceânia	1,35%
Ásia	0,55%

A. 1. Quantos portugueses se calcula que vivam em países estrangeiros?

_____

2. Qual foi a razão principal para se fixarem lá?

_____

3. Qual foi o continente que absorveu mais emigrantes portugueses?

_____

4. Porque foi que os países industrializados da Europa necessitaram de emigrantes estrangeiros?

_____

5. Entre os países da União Europeia (Comunidade Europeia), qual foi aquele que aceitou mais emigrantes portugueses?

_____

6. Podes dizer alguma coisa sobre a comunidade portuguesa no teu país?

_____

_____

_____

B. Muitos emigrantes portugueses regressados de outros países da Europa abrem um pequeno negócio em Portugal. Tendo isto em mente, responde às seguintes perguntas:

Empresários das Comunidades Portuguesas

SR. EMIGRANTE

Se pensa regressar a Portugal, propomos-lhe investir na Covilhã, no ramo hoteleiro. Por motivos de saúde e idade, trespassamos ou cedemos as quotas da RESIDENCIAL MONTALTO, no centro da cidade.

Praça do Município, 1 – Telefone (075) 327609 – 6200 COVILHÃ

1. O que é que este anunciante pretende?

_____

2. Onde está situada a residencial?

_____

3. Por que razões é que ele pretende deixar este negócio?

_____

4. Porque é que tu achas que ele prefere dirigir o seu anúncio a emigrantes?

_____

5. Quais é que tu achas que sejam as razões principais pelas quais os emigrantes regressam a Portugal?

_____

C. 1. Em que países se localizam respectivamente estes dois restaurantes?

_____

2. Que tipo de comida é que oferecem?

_____

3. Que clientela é que tu achas que estes restaurantes atraem?

_____

4. Porque é que tu achas que essa clientela é atraída pela comida portuguesa?

_____

5. Conheces algum restaurante português no teu país? O que é que podes dizer sobre ele?

_____

_____

_____

Para poder receber subsídio de desemprego („Arbeitslosengeld") ou auxílio no desemprego ("Arbeitslosenhilfe") é necessário:

▶ participar pessoalmente à Repartição de Trabalho
que está desempregado

e

▶ fazer um requerimento pedindo subsídio de
desemprego ("Antrag auf Arbeitslosengeld") ou
auxílio no desemprego ("Antrag auf Arbeitslosenhilfe").

Para evitar ficar prejudicado é importante que, logo que
fique desempregado, vá sem demora à Repartição de
Trabalho.

D. Nos países europeus receptores de emigrantes existem excelentes sistemas de serviço social. Aqui podes ver um excerpto de um folheto distribuído aos trabalhadores portugueses pelo Governo alemão. O que é que nele se explica ao emigrante que perca o seu emprego?

_____

_____

_____

_____

E. Esta fotografia representa uma rua de New Bedford, Massachusetts, habitada predominantemente por emigrantes portugueses. Usando muito a tua imaginação, descreve a família que vive no primeiro andar do prédio que tem os dois toldos. Menciona quem são os membros da família, como se chamam, de onde são, por que razão emigraram, em que trabalham e quais são os seus planos para o futuro.

_____

_____

_____

_____

F. Na Califórnia realizam-se com muita frequência corridas de touros promovidas por emigrantes portugueses, sobretudo da Ilha Terceira. As leis californianas só permitem estas corridas quando associadas a uma festividade religiosa e se o animal não for ferido. Nesta base, responde às seguintes perguntas:

Sob os auspícios da I.P.F.E.S.

Grande Corrida De Toiros

Praça de Campo pequeno em Tracy

Sexta-feira, 18 de Junho 8 P.M.

Cavaleiro
Vitor Carrasqueira

Matadores
Antonio de Portugal
Portugal

Manuel Moreno
— Portugal

6 Toiros da Ganadaria de Frank Borba E Filhos de Escalon

Forcados Amadores DE Escalon Com Clarence Borba

Os portões estarão abertos a partir das 4.00 horas. Entradas; Adultos: $12.00. Crianças dos 6 aos 12; $6.00 menores de 6 anos GRATIS.

1. Podes imaginar o que significam as iniciais E.S. que figuram no nome da irmandade sob cujos auspícios a corrida se realiza?

_____

2. De onde vêm os matadores? Eles vão realmente matar o touro? Porquê?

_____

_____

3. E de onde são os forcados? Julgando pelo seu nome, achas que o cabo de forcados é emigrante ou luso-americano?

_____

_____

4. O que é uma ganadaria? Achas que o dono desta ganadaria é português? Porquê?

_____

_____

5. O que é que achas que representa para os portugueses da Califórnia poderem organizar corridas de touros?

_____

_____

6. Duas perguntas mais: achas que o uso das maiúsculas neste anúncio é apropriado? Porquê?

_____

_____

G. As mercearias especializadas em produtos portuguesas encontram-se com bastante frequência tanto em países europeus como americanos. Imagina agora o diálogo entre o dono desta mercearia e uma cliente que vem fazer as suas compras da semana.

SÃO MIGUEL
Supermarket Ltd.

Mercearia da Comunidade Portuguesa

*PEIXE FRESCO
*CARNES
*FRUTAS
*VEGETAIS

51 McMurchy Avenue South
Brampton, Ontario L6Y 1Y5

Tel. **450-1031**

CLIENTE: _____

DONO: _____

CLIENTE: _____

DONO: _____

CLIENTE: _____

DONO: _____

CLIENTE: _____

DONO: _____

CLIENTE: _____

DONO: _____

CLIENTE: _____

DONO: _____

Lição 20—Laboratório
Uma carta de Fall River

I. Pronúncia: Revisão — O vocalismo português
Read the following pairs:

andamos / andámos	este / Este	porco / porcos
cantamos / cantámos	lemos / Lemos	forno / fornos
estudamos / estudámos	sê / Sé	touro / toro
dançamos / dançámos	pê / pé	mouro / moro
voltamos / voltámos	lê-me / leme	dou-te / dote

pau / pão	lá / lã
mau / mão	Rá / rã
nau / não	chá / chã
vau / vão	Sá / sã
marau / Marão	vá / vã

II. Diga o que disser
   Here is a writing exercise using this construction. Use the verb suggested by the tape to make up a phrase to begin the sentences in your manual.

   MODELO: [Dizer] Diga o que disser, eu não acredito nada do que ele conta

Write answers here.

1. _____

2. _____

3. _____

4. _____

Vozes portuguesas—Um nível de vida melhor
This **Voz** will be read twice. Write in the missing words. Sometimes one word, sometimes two words will be missing.

   A finalidade de eles irem é _____ um nível de vida melhor,

portanto _____ um património em muito menos tempo, talvez

trabalhando até mais porque _____ que todas essas pessoas que vão

para fora por vezes até trabalham muito _____ trabalham cá e

possivelmente até fazem tipos de trabalhos que aqui não _____

,trabalho duro que em princípio os _____ não fazem.

III. O discurso indirecto

This is an exercise in several parts to get you used to reporting what people say. The first use will be in statements.

MODELO: (tape) A Sara disse: "Tiago, o meu irmão está no hospital."
(student) A Sara disse ao Tiago que o irmão dela estava no hospital.
(confirmation) A Sara disse ao Tiago que o irmão dela estava no hospital.
(repetition) A Sara disse ao Tiago que o irmão dela estava no hospital.

The second part is to report questions:

MODELO: (tape) A Luísa perguntou: "Jorge, onde está o meu carro?"
(student) A Luísa perguntou ao Jorge onde estava o carro dela.
(confirmation) A Luísa perguntou ao Jorge onde estava o carro dela.
(repetition) A Luísa perguntou ao Jorge onde estava o carro dela.

The third part is for answers:
MODELO: (tape) A Manuela respondeu: "Não, não tenho cinco dólares."
(student) A Manuela respondeu que não tinha cinco dólares.
(confirmation) A Manuela respondeu que não tinha cinco dólares.
(repetition) A Manuela respondeu que não tinha cinco dólares.

The fourth part is for reporting commands. You'll have to use the past subjunctive here, as in the model:

MODELO: (tape) A mãe pediu: "Alberto, não chegues muito tarde!"
(student) A mãe pediu ao Alberto que não chegasse muito tarde.
(confirmation) A mãe pediu ao Alberto que não chegasse muito tarde.
(repetition) A mãe pediu ao Alberto que não chegasse muito tarde.

Write answers here.

1. _____

2. _____

3. _____

Nome_____ Data_____Aula_____

4. _____

Vozes portuguesas—Uma nova percepção de Portugal
Circle the words that are printed wrong. The text will be read twice.

Acho que a maior parte das coisas continuam uma complicação tremenda. Isso é uma das coisas em que eu acho uma enorme diferença em relação ao Panamá porque lá procura-se facilitar a vida às pessoas e não complicá-la e aqui naturalmente é impossível. Há pessoas que dão informação que parece que gostam de a reter, não sei... Ou não sabem o que estão a dizer, pronto... A burocratização é uma das coisas terríveis que esta terra tem. A outra eu acho que é a própria mentalidade das pessoas que procuram dificultar ao máximo...

Vozes portuguesas—Ditadura e emigração
This **Voz** will be read twice. During the second reading, write in the missing words.

Nós tivemos uma ditadura durante praticamente _____ , não é? Então, como havia essa ditadura, havia sempre dificuldades em _____ , em fazer fortuna em Portugal. E então tudo o _____ cidade eram aldeias muito pobres e com _____ . Nós... a televisão tivemos vinte anos depois da Europa, pronto, e _____ estava vinte anos atrasada em relação à Europa. Então _____ , ou era atraente, sair de Portugal para ter _____ e novos carros e dinheiro diferente.

IV. Texto de compreensão: A diáspora portuguesa
Listen to the comprehension text and write answers to questions asked about it.

1. _____

2. _____

3. _____

4. _____

V. Ditado.
Do this dictation in the usual way.

_____

_____

_____

_____